Loye
Forst
Autorswiese
Kurrenberg
Paitbruch
Inse
Inserbruch
Tawel
Tawer Jagen
Tawe
Marienbruch
Gilge
Rautenburger Forst
Brandenburg
Rautenburg
Kastaunen
Rucken hagen
Dannenberg
Ranters dorf
Rauterskirch
Alt Dümpelkrug
Schwanen see
Wartenfeld
Raging
Erlenrode
Heidenstein
Ahlgarten
Mühlmeistern
Schönwiese
Rehwalde
Hohenberge
Eschenberg
Stellwagen
Kleinhohenberge
Gilgenfeld
Lischau
Warskillen
Budeweg
Nassenfelde
Mägdeberg
Langenberg
Johannsdorf
Lindendorf
Tranatenberg
Iwenheide
Schackwiese
Birkenheim
Iwenberg
Alt Iwenberg
Karlsdorf
Waldburg
Seckenburg
Elbings
Polenz hof
Ginkelsmittel
Alt Seckenburg
Kussenberg
Warsche
Warschfelde
Grünwiese
Dobhenen
Neufrost
Schalteck
Neufelde
Wildwiese
Grünhausen
Kleinschneckenwalde
Schneckenwalde
Noiken
Peterswalde
Julienbruch
Wiepen

SYSKOWSKI

Im Zeichen der Becherkrone

Dies Buch widmet der Verfasser seinem Vater Horst Syskowski, der als junger Mann den grünen Rock mit dem grauen und Ostpreußen gegen die bittere Fremde eintauschen mußte. Dennoch bewahrte er sich die Liebe zur Heimat wie zur Natur, gab sie an seinen Sohn weiter: Dafür sei ihm Dank.

H.M.F. Syskowski

Im Zeichen der Becherkrone

Auf Pirsch durch das nördliche Ostpreussen von Rominten bis zum Kurischen Haff

Neumann-Neudamm
Verlag für Jagd und Natur

Bildquellen:
Archiv E. E. Korkisch: S. 262f; Archiv W. Rothe: S. 12f, 255; Archiv H. Zander: S. 91, 104; Bundesamt für Kartographie und Geodäsie – Aussenstelle Berlin: vorderer und hinterer Vorsatz, S. 142; S. Brühl: S. 267; Galerie H. J. Hamacher: S. 131; Galerie jagd art Wellner: S. 82, 165, 293; E. Johannes: S. 16f, 21, 44, 71; H. J. Steinbach: S. 259; B. Winsmann-Steins: 229; Verlag J. Neumann-Neudamm: S. 118, 123, 188, 189, 204, 252f, 265; Verlag G. Rautenberg: S. 145
Alle übrigen Abbildungen vom Verfasser

Lizenzausgabe durch Verlag J. Neumann-Neudamm GmbH & Co. KG, 34212 Melsungen
Printed in Germany
Konzeption: H.M.F. Syskowski, Hamburg
DTP: Media Service Rosen, Malsfeld
Reproduktion und Druck: Werbedruck GmbH Horst Schreckhase, Spangenberg
Buchbinder: Langelüddecke, Braunschweig
ISBN 3-7888-0718-0

Vorwort

„Wo wir ruhen, wo wir wohnen:
Jener Waldeshort
Rauscht mit seinen grünen Kronen
Durch mein Leben fort."

Besonders im Herbst, wenn die Kraniche ziehen, kommt mir dies ostdeutsche Dichterwort des Joseph v. Eichendorff in den Sinn. Wohl jeder von uns, ob nun Waidmann oder anderer Naturfreund, hat einen Wald, der ihm besonders am Herzen liegt. Die Wildbahn meiner Sehnsucht freilich ist die Rominter Heide in Ostpreußen.

Das kommt nicht von ungefähr: In meinem Elternhaus, das „kriegsbedingt" in Westfalen steht, ist die ostpreußische Heimat bis heute ein häufiges Gesprächsthema. Schon früh faszinierten mich Vaters Jagdgeschichten. Und die masurischen Rehkronen an der Wand sprechen ebenfalls eine beredte Sprache. Nach und nach sog ich etliches landeskundliche Schrifttum in mich ein, vor allem aber Jagdliteratur. Es kam, wie es kommen mußte. Gerade die Rominter Heide avancierte vor meinem geistigen Auge zum Wald der Wälder. Die Besessenheit, dort einmal selber auf den Brunfthirsch zu jagen, stellte sich unterdessen ein …

Seit der Internationalen Jagdausstellung 1954 in Düsseldorf mit ihrer vielbeachteten „Schau Rominten" und WALTER FREVERTS literarischem Werk „Rominten" (München 1957) wurde es zusehends stiller um den in der deutschen Jägerschaft unterschwellig weiterlebenden Mythos des einstigen Staatsjagdreviers. HEINRICH v. OEPEN beendete die Durststrecke: Sein Buch „Jagen in Rominten" (Hamburg/Berlin 1982) entwarf ein Gegenwartsbild des polnisch bewirtschafteten Südteils der Rominter Heide. Und der Video-Dokumentarfilm „Rominten. Eine ostpreußische Jagdlegende" (Bergisch Gladbach 1988) des Regisseurs DIETRICH WAWZYN schuf eine Brücke von der Vergangenheit zur Jetztzeit. Erst der Schweizer Forstingenieur ANDREAS GAUTSCHI beleuchtete in seinem Werk „Rominten – gestern und heute" (Bothel 1992) wieder die ganze Heide: Denn der Hauptteil der Heide liegt zu zwei Dritteln im russischen Hoheitsgebiet Ostpreußens. Doch dies sogenannte Königsberger Gebiet stellte von 1945 bis Ende 1990 eine der abgeriegeltsten Militärsperrzonen des Imperiums dar. Der ganzen Rominter Heide widmeten sich endlich auch museale Sonderausstellungen ab 1994, so in Lüneburg, Stade und Groß Schönebeck.

Was blieb? Was ist? Was wird sein? Seit dem Frühjahr 1991 durchstreifte ich auf vielen Reisen ganz überwiegend den Nordteil der Rominter Heide, nach steinernen Resten deutscher Jagdkultur suchend ... und nach jagdbaren Hirschen. Angesichts der devastierten Region stößt der Betrachter dabei auf eine besonders krasse, oft wehmütig stimmende Realität. Nie hatte man die Gewißheit, auch im folgenden Herbst wieder in Rominten die Büchse führen zu können: Die Rahmenbedingungen erwiesen sich aufgrund des anhaltenden gesellschaftlichen und politischen Wandels innerhalb der Russischen Föderation als extrem schnellebig.

Sollte sich der eine oder andere Waidgesell gelegentlich karikiert fühlen, möge er wohlwollend bedenken, daß sich der Autor vorerst selbst auf die Schippe nahm, bevor er Kritik übte. Eigene jagdliche Vefehlungen unterschlug er nicht: Alle geschilderten Situationen beruhen auf strikter Wahrheit, wie ausdrücklich betont sei. In aller Demut vor der Schöpfung der ostpreußischen Natur und der Landesgeschichte soll das Buch informieren und aus masurischem Gemüt heraus unverzagt unterhalten. Es will jedoch nicht um jeden Preis gefallen, ganz nach dem alten französischen Motto: „Wer sich heute mit dem Zeitgeist vermählt, kann morgen schon Witwer sein."

Daß der Verfasser auf so reichhaltige Erlebnisse zurückblicken darf, verdankt er in erster Linie der Unterstützung seiner lieben Eltern. Herzlicher Dank gebührt in alter Jägertreue ebenfalls dem verehrten Freund Dr. Andreas Gautschi für die Durchsicht des Manuskripts, Alexander F. Sytschew, Ewgenij Koslowski, Jurij M. Romanow und Bogdan Pawlowski für die Verwirklichung jagdlicher Träume. Ein Dankeschön auch etlichen Förderern und Inspiratoren der geschilderten Streifzüge: Dieter Klaus Bielicki, Stefan Brühl, Jörg Eberitzsch, Hermann-Josef Hamacher, Lothar Hein, Gerd Hesse, Dr. Klaus Hesselbarth, Dr. Christoph Hinkelmann, Erich und Jürgen Johannes, Prof. Erhard E. Korkisch, Helmut Mattke, Erich Masemann, Dr. Wolfgang Rothe, Hans Joachim Steinbach, Friedericke Steinfatt, Vatslovas Uksas, Dietrich Wawzyn, Wilhelm Wellner sowie Burkhard Winsmann-Steins und Horst Zander.

Zur Blattzeit 1998 *H.M.F. Syskowski*

Inhaltsverzeichnis

Erstes Kapitel
Geduldete auf Abruf ... 8

Zweites Kapitel
Im Zeichen der Becherkrone ... 29

Drittes Kapitel
Wenn die Kraniche ziehen ... 52

Viertes Kapitel
Ein Lied der Freundschaft ... 76

Fünftes Kapitel
Aufschlußreicher Brückenschlag ... 89

Sechstes Kapitel
Zwischen Bangen und Hoffen ... 107

Siebentes Kapitel
Ungewöhnliches Lackmuspapier ... 127

Achtes Kapitel
Dicht daneben ist auch vorbei ... 143

Neuntes Kapitel
Was ein guter Vorsatz nützt … ... 164

Zehntes Kapitel
Heuschnupfen und hohe Halme ... 187

Elftes Kapitel
Schuß in den Ofen ... 205

Zwölftes Kapitel
Von Urhahnen und Balzgockeln ... 235

Dreizehntes Kapitel
… und die Sehnsucht bleibt ... 253

Vierzehntes Kapitel
Hochwild meines Herzens ... 269

Anhang
Wenn einer eine Reise tut ... 287

ERSTES KAPITEL

Geduldete auf Abruf

Tief durchatmen, tief durchatmen", eindringlich, fast beschwörend klangen die Worte eines älteren Mitreisenden. Weckerläuten hatte uns noch weit vor Sonnenaufgang aus den Betten der betonstarrenden Ferienpension gejagt, uns durch ein malerisches Ensemble alter hölzerner Fischerhäuser bummeln lassen. Nein, wir bummelten nicht; wir schritten, schritten pochenden Herzens. Im Nacken war eine sanfte Brise zu spüren: Salzige Ostseeluft durchströmte unablässig den Kiefernhochwald im Hintergrund des Fischerdorfs und vereinte sich mit harzigem Rindenduft. Vor uns breitete sich eine Wasserfläche aus, deren gegenüberliegendes Ufer sich nur im Dialyt 8 x 56 B/GA zu erkennen gab.

Im übermannshohen Uferschilf schien ein wackeliger Bootssteg für uns eine schmale Bresche geschlagen zu haben. Zwischen Pastelltönen und einem silbrigen Grau changierten die Farben des Himmels und der Wellen. Nur knappe Wortbrocken wechselten zwischen meinem Begleiter Kurt Schellmat und mir. Worte, die einem Dritten unschwer seine ostpreußische Herkunft ebenso wie unsere Gerührtheit verraten hätten.

Noch von den Strapazen einer zweitägigen Anreise übermüdet, sogen wir das Bild des vor uns liegenden Kurischen Haffs in uns auf:

Ein Traum war in Erfüllung gegangen – wie unzählige andere Ostpreußen auch hatten wir etliche Jahre darauf gehofft, eines Tages auf der Kurischen Nehrung zu stehen und sie zu erwandern.

Nun, im Juli 1990, gehörten wir zu einer der ganz wenigen deutschen Reisegruppen, denen es halblegal gelang, die von der Litauischen Sowjetrepublik verwalteten Kreise Ostpreußens – das Memelland – endlich wieder zu betreten. Noch führten alle Wege über Moskau. Und es kam einer Zitterpartie gleich, ob wir nach dem Weiterflug in Riga noch die Chartermaschine nach Kaunas würden besteigen dürfen ... Wir durften und gelangten per nächtlicher Überland-

Symbolisiert eindringlich die vernichtete ländliche Kultur: Der erhalten gebliebene Torbogen des Guts Husarenberg zwischen Gumbinnen und Hardteck

Aufforstung, besonders aber Sukzession hat die Bestände deutlich vergrößert: Am Westrand der Rominter Heide

fahrt mit einem alten sowjetischen Reisebus nach Schwarzort auf die Kurische Nehrung.

Die entfaltete nun fern aller sowjetischer Bürokratie im Morgengrauen ihren ursprünglichen Zauber, doch die Gegenwart holte uns ein: Von unserem Logenplatz am Schilf aus beobachtenen wir einen sandbeladenen Schubkahn, der seinen Weg in einigen Kilometern Entfernung durch die kurzen, abgehackten Wellen des Haffs trieb. Unvermittelt schallten in Diskolautstärke allzubekannte Töne an unser Ohr: „Lambada", der internationale Hit der Saison. Auch in Ostpreussen waren die Uhren also nicht stehen geblieben. Dennoch sollten wir manch Altvertrautes aus alten Schwarzweiß-Bildbänden und den Erzählungen der Altvorderen wiederentdecken.

Nur Elche zeigten sich bei dieser ersten einwöchigen Reise nicht. Dabei zählen gerade sie zum Kolorit der Kurischen Nehrung. Zu deutscher Zeit zogen „etwas über 100 Stück" dort ihre Fährte, nachdem Elchjägermeister Hans Kramer einen starken Reduktionsabschuß veranlaßt hatte. Der Einfall sowjetischer Truppen in Ostpreußen vernichtete 1945 fast den gesamten Elchbestand der Provinz. Von den rund 1.500 Stück dürften höchstens 100 die grausige Zeit überlebt haben.

In den folgenden Jahrzehnten erholte sich der Elchbestand, verstärkt durch Zuzug aus Litauen und Polen.

In den 80er Jahren sollen auf der gesamten Kurischen Nehrung wieder annähernd 200 Elche gestanden haben, bis man zum Ende des Jahrzehnts zu einer Bestandsverringerung aus Gründen des Biotopschutzes schritt. Seit der politischen Wende in Ost- und Ostmitteleuropa fand ein weiterer Aderlaß statt, nicht zuletzt durch westliche „Devisenjäger".

Das Schwarzwild entdeckte hingegen in den vergangenen Jahrzehnten die Nehrung als Refugium für sich und wurde zum Standwild. Fährten zeigten mir oft seine Anwesenheit. Ebenso wenig fehlt Rehwild, das rasenden Autofahrern auf der engen und kurvenreichen Nehrungsstraße doch recht häufig zum Opfer fällt. Zwar mag man als Gastjäger auf Sau und Reh im Nordteil der Nehrung ganz erfolgreich waidwerken, dort noch einen Elchhirsch zu strekken, ist aber bereits wieder weitestgehend aussichtslos!

Nur blühender Flieder erinnert hier an menschliches Wirken: In der abgetragenen Waldarbeitersiedlung Jagdbude

Von nur zwei Elchtieren am Straßenrand im Haupteinstandsgebiet zwischen Perwelk und Preil mal abgesehen, blieb es mir nur einmal vergönnt, einen Elchhirsch auf der Nehrung zu beobachten. Im Sommer des Jahres 1991 betreute ich eine Touristengruppe in Nidden; mit dem Bus ging es von dort südwärts auf der Nehrung zu einem Tagesausflug nach Königsberg.

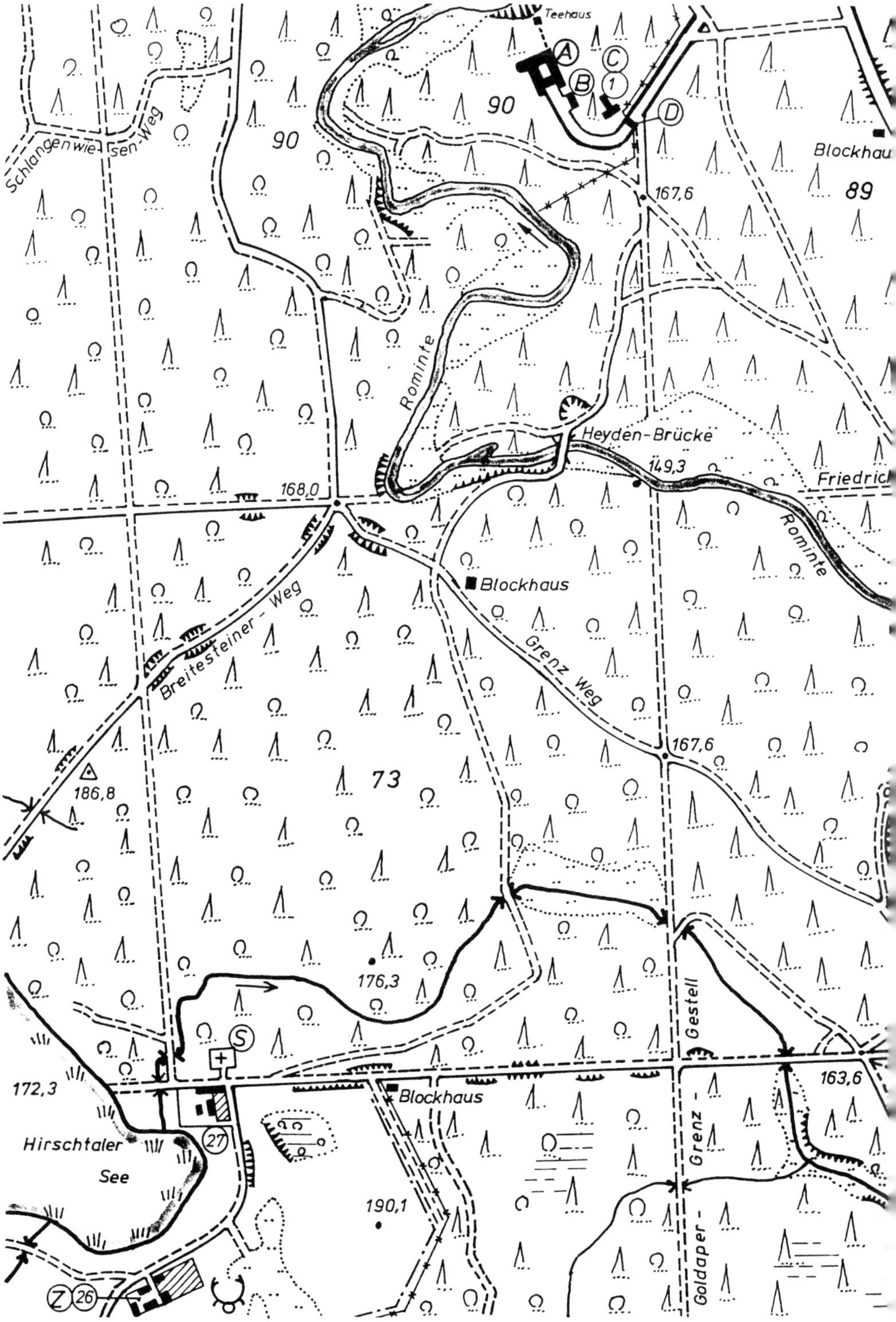

Seit 1945 im russischen Grenzsperrbereich gelegen: Fast alle der auf diesem historischen Orts plan von Jagdhaus Rominten eingezeichneten Gebäude existieren heute nicht mehr. Zeich nung aus „Ortsatlas der Dörfer der Rominter Heide in den Landkreisen Goldap und Stallupöner in Ostpreußen" (Essen 1995) mit freundlicher Genehmigung des Verfassers Wolfgang Rothe A = Reichsjägerhof – B = Wagenhaus – C = Verwaltung und Försterunterkunft (Jagd leitung) – D = Haupttor – E = Oberförsterei – F = Forstverwaltung – G = Beamten

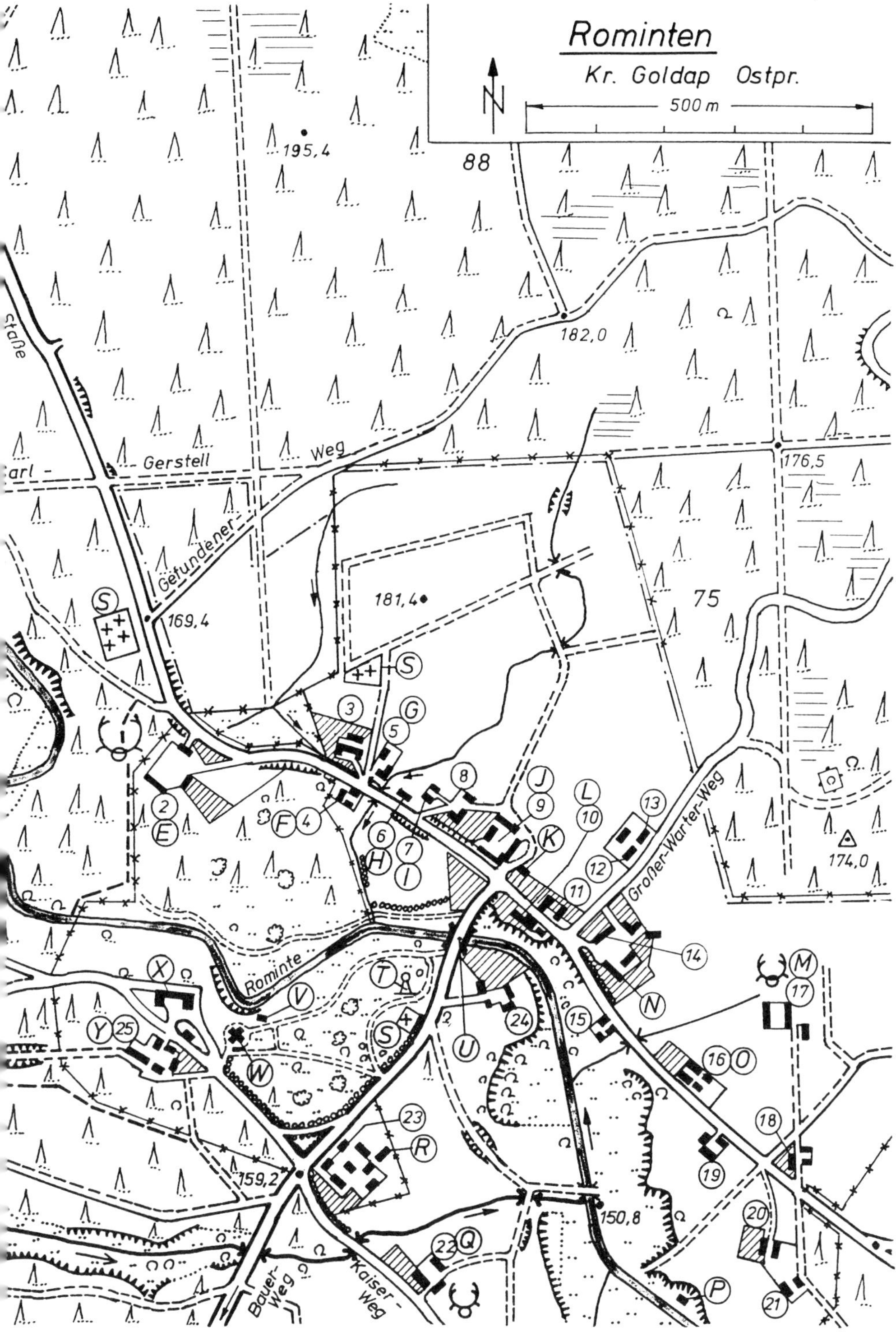

:holungsheim – H = Polizei – I = Altenheim – J = Hotel zum Hirschen u. Kolonialwaren
K = Feuerwehr – L = Posterholungsheim u. Poststelle – M = Revierförsterei Teerbude –
(= Kinderheim – O = Schule – P = Badeanstalt (von Posterholungsheim) – Q =
evierförsterei Reiff – R = Jugendherberge im Trakehner Hof – S = Friedhöfe – T = Na-
ırdenkmal – U = Hirschbrücke – V = Hirsch-Monument – W = Hubertuskapelle – X =
gdschloß – Y = Schloßverwaltung – Z = Revierförsterei Hirschtal

Südlich von Rossitten entdeckte ich rechts 40 Meter vom Straßenrand in lichtem Kiefernholz einen Elch. Ein Wink, schon hielt der Bus. Langsam nur entfernte sich der Geweihte in Richtung einer Dickung. Raus aus dem Bus, drei, vier Fotografen in meinem Schlepptau, so ging es bei gutem Wind hinterher. Als wir uns durch dichteres Holz durchgearbeitet hatten, stießen wir auf einer Strommasten-Schneise, die parallel zur Straße verläuft, in Büchsenschußweite auf den Elch, einen jungen Spießer. Der verhoffte kurz, schon klickten die Fotoapparate. Dann zog er wieder unbeeindruckt in ein Gehölz, während uns der Zeitplan zum Bus trieb. Wenig romantisch, doch ein einprägendes Erlebnis.

Szenenwechsel: Hahnengeschrei aus Hintergärten und das Schnabel-Klappern sich begrüßender Altstörche auf dem nahegelegenen Kamin; von Hörnerklang und Hundsgeläut einmal abgesehen, mag es wohl kaum einen fröhlicheren ländlichen Weckruf geben … Heinrichswalde, einst wie heute Verwaltungsort des Kreises bzw. Rayons Elchniederung, bot mir im Frühjahr 1991 oft diesen gefiederten Morgengruß. Gern hatte ich anstelle eines Hotels im betonentstellten Königs-

Die namensgebenden Hirschplastiken fehlen: Die Rominter Hirsch-Brükke. Der sie überquerende „Bauern-Weg" weist geradewegs auf die hohen Bäume des früheren Cafégartens beim Hotel zum Hirschen

berg lieber die gerade entstandene – und unterdessen längst wieder geschlossene – Pension in der Elchniederung zum Ausgangsort meiner landeskundlichen Exkursionen gewählt.

Neben einigen Reiseleitungen verblieb genügend Zeit, die Region auf eigenen Wegen zu erkunden: Und die benötigte ich auch, schließlich ist das Königsberger Gebiet etwa so groß wie Schleswig-Holstein.

Die Rominter Heide stand, wie kann´s anders sein, auf der Fahrtenliste ganz oben. Damals konnte man noch zu Spottpreisen Taxis und Übersetzer mieten. Und so machte ich mich eines sonnigen Morgens mit litauischem Fahrer und einer russischen Deutsch-Lehrerin aus Tilsit auf den Weg.

Über Kreuzingen, Insterburg und Gumbinnen steuerten wir den nordwestlichen Rand der Heide an. Dabei gelangt man schnell zu dem Schluß, die devastierteste Kulturlandschaft Europas zu durchqueren.

Etliche Dörfer wurden nach Flucht und Vertreibung der deutschen Bewohner als Baumaterial, oft einschließlich der Grundmauern, abgetragen. Im Laufe der Jahrzehnte fand in mehreren Zyklen eine Ballung der sowjetischen Landbevölkerung in neu angelegten Kolchosen und Sowchosen statt, so daß wiederum etliche Dörfer aufgegeben wurden. Mit dem anhaltenden gesellschaftlichen Wandel seit der politischen Wende in Ostmittel- und Osteuropa hat die Landflucht, zumal der jüngeren Menschen, drastisch zugenommen. Auf weiten Strecken dürfte die heutige ländliche Bevölkerungsdichte bei zehn bis – hochgegriffen – 15 Personen pro Quadratkilometer liegen.

Südlich von Gumbinnen wird die Landschaft zunehmend hügelig. Statt auf spiegelglatter, abgefahrener Teerbahn ging es bald auf altem deutschen Kopfsteinpflaster weiter. Chausseebäume aus alter Zeit milderten streckenweise das Bild der weitläufigen Landschaft. Wie überall im Königsberger Gebiet hatte man riesige Äcker und Weiden geschaffen, die unterdessen, wenn überhaupt, nur einen extensiv bewirtschafteten Eindruck hinterließen.

Kein Dorf, kein Haus am Wegesrand. Ein ansteigender Hang, hohe Weidenbäume zur Linken … und ein alter klassizistisch wirkender Torbogen etwas abseits der Straße. „Husarenberg" verriet die Landkarte. Einst ein stattliches Gut, war von dem Herrschaftshaus und den Wirtschaftsgebäuden nichts mehr übrig geblieben außer diesem Torbogen. Darauf ein großes Nest. Ein Jungstorch war zu sehen. Als ich mich näherte, duckte er sich instinktiv nieder, nur der Schnabel blickte noch hervor, ein kaum lohnendes Fotoobjekt.

Wie in Norwegen trugen die Wände einen ochsenblutrot

Langsam näherten wir uns der Rominter Heide. Zu deutscher Zeit umfaßte das einst gegatterte Staatsjagdgebiet rund 25.000 Hektar Fläche, davon 24.000 Hektar Holzboden. Laut Dietrich Eschment dominierte die Fichte mit 73 Prozent am Gesamtbestand der Holzarten, gefolgt von der Kiefer mit 14 Prozent.

Seit Kriegsende ist die Heide in Folge der innerostpreußischen Demarkationslinie zweigeteilt. Der nördliche, russisch administrierte Hauptteil hat sich von 16.000 Hektar auf etwa 23.500 Hektar durch anhaltende Sukzession ebenso wie durch Aufforstung ausgedehnt. Das Waldbild ist vielgestaltiger geworden: Nach Angaben der russischen Forstverwaltung in Hardteck ist die Kiefer mit 36 Prozent am Holzartenbestand Hauptbaumart, gefolgt von der Birke mit 27 und

strich: Das kaiserliche Jagdhaus Rominten einst

der Fichte mit 22 Prozent. Doch genug der Zahlenakrobatik, ergibt ihre Aussage doch nur ein sehr theoretisches Bild.

Verschlafen präsentierte sich uns als westliches Tor zur Heide das Dorf Hardteck. Einst war die Gemeinde rund 1.200 Deutschen Heimstätte, heute wohnen dort 400 russische Bürger. Von Westen kommend, stößt man flugs auf einen kleinen Hain mit einem Monument: Das Kriegerdenkmal für die im Ersten Weltkrieg Gefallenen des Kirchspiels ist nahezu unzerstört geblieben, die Namen der Gefallenen sind noch immer deutlich lesbar. Ein Wunder, wenn man bedenkt, daß die Sowjets nach Einnahme Nord-Ostpreußens möglichst alles vernichteten, was auf deutsche Identität schließen läßt, zumal aber Zeugnisse preußischer Militärtradition. In ideologischer Verblendung machten

Im Kellergemäuer rostet ein gußeiserner Küchenherd vor sich hin: Noch existieren die Fundamente des Kaiser-Flügels als steinerne Zeugen

sie sogar Kriegsgräberstätten der russischen Gefallenen des Ersten Weltkriegs dem Erdboden gleich, um der eigenen Bevölkerung nicht eingestehen zu müssen, daß die Deutschen einst auch ihren gefallenen Feinden menschliche Achtung nicht versagten.

Laut schnatternd begrüßten uns schneeweiße Gänse, als wir uns den leeren Mauern der ihres Dachs und Interieurs beraubten evangelischen Kirche näherten. Vom Torgiebel des um 1880 erbauten Gotteshauses schaute voll Neugier ein Storch aus seinem Nest auf uns herab. Doch eine Sehnsucht ließ mich die Exkursionsgefährten weitertreiben. Endlich, end-

Auf ihnen ruhte die hölzerne Konstruktion zwischen Kaiser- und Kaiserin-Flügel: Die vier Granitsockel des Verbindungsgangs stehen an alter Position

Gewölbe im Rominte-Hang: Wahrscheinlich der einstige Pumpen- und Aggregatraum

lich sollte es in meinen „Wald der Wälder" gehen. Würde sich das Geheimnis um die Ortschaft Jagdhaus Rominten, vormals Kaiserlich Rominten, lüften lassen?

Am Ostrand Hardtecks thront das Bahnhofsgebäude, scheinbar unzerstört, auf hohem Bahndamm. Eine Eisenbahnunterführung sollte sich uns als Nadelör erweisen. Am jenseitigen Ausgang sperrten große Abwasserrohrsegmente den Weg. Nur unter mühevollem Rangieren bewältigte mein Fahrer die Slalomaufgabe; fast wäre dort das Exkursionsvorhaben im Keim erstickt. Eine aufgewühlte Landschaft ließ Sandgewinnung erkennen. Die nächste Ansiedlung am Wegesrand war Schelden, längst hatte uns Nadelwald umfangen. Walter Frevert beschreibt in „Rominten" einen Schießstand der Rominter Förster bei Schelden: Am nördlichen Wegrand entdeckten wir eine Reihe von Sockeln, sie mochten einst die Dachkonstruktion der Schützenstände aufgenommen haben. Die kleine Straßenansiedlung mit ihren Waldarbeiterhäusern machte im Vergleich mit dem Meßtischblatt einen erstaunlich vollzähligen und vereinzelt sogar gepflegten Eindruck.

Viele andere Ansiedlungen und Förstereien sind hingegen von der Landkarte und erst recht vom Erdboden verschwunden. Da sind Traumbilder zu korrigieren. Fromme Wünsche setzten bei uns ein, als es galt, die Rominte im Bereich der einstigen Großen Brücke über eine klapprige Behelfskonstruktion aus Holz zu überwinden.

Abgetriebene Flächen mit einzelnen Kiefernüberhältern symbolisierten im Fahrtverlauf die russische Form der Forstwirtschaft, die stark auf Naturverjüngung setzt. Radikalster Holzeinschlag war dem Krieg gefolgt: Altholzbestände wird das Auge vergeblich suchen. Alte Nutzbäume finden sich höchstens in Geländeformationen, die ein Bringen des eingeschlagenen Holzes nahezu ausschließen. Die sind allerdings recht selten.

Doch weiter auf der „Goldaper Straße", noch ein kleines Stoßgebet, dann war auch die Kleine Brücke oder deren klägliche Nachfolgerin überwunden. Laubholz- und Kiefern-umrauscht, näherten wir uns dem vom Erdboden verschwundenen Ort Jagdbude. Schon im 16. Jahrhundert war die Stätte Sitz einer Försterei und vor allem Sitz der namensgebenden landesherrlichen „Jagdpude". Heute ist der von den Sowjets abgetragene Ort nurmehr durch seine Weggabelung erkenntlich ... und durch blühende Fliederbüsche als Zeichen früherer menschlicher Siedlungstätigkeit. Gebäude sucht man vergebens, allenfalls einige Fundamente lassen sich noch entdecken. Eine Rominte-Brücke südlich der Ortschaft rottet vor sich hin, die Wiesen jedoch sind nicht verbuscht.

Ein Abstecher führte uns zum damals wie heute vielumschwärmten Marinowo-See. Das einst auf Pfählen im See fußende Kurhaus, ein beliebtes Ausflugsziel der Ostpreußen, war nurmehr Erinnerung. Wir fanden am nordöstlichen Ufer ein kleines Ferienlager für Jugendliche. Ich ließ meine Dolmetscherin gezielt Angler nach der Rominter Hirsch-Brücke fragen. Denn daß der Ort Jagdhaus Rominten selber noch existent wäre, mochte ich inzwischen bezweifeln.

Einigen war die in ihren Augen schöne Brücke wohlbekannt. Und der Ort existiert zumindest nominell weiter. Dort sollte es eine Grenztruppenkaserne geben. Wenn es uns auch nicht gerade behagte, einfach so ins Grenzsperrgebiet zu fahren, wollten wir doch bei der Truppe um Erlaubnis bitten, das Ortsgelände von Rominten zu begehen.

Längst hatte ich der Übersetzerin und dem Fahrer erläutert, daß wir Deutschen seit Kriegsende nahezu keine Informationen über die jagdkulturellen Stätten besaßen. Das machte auch die beiden mehr als neugierig. Vom Marinowo-See aus ging es folglich auf der „Jagdbuder Straße" wieder südwärts. Der Weg wurde kurvenreicher und holpriger, der Wald schien sich zu verdüstern. Dann wieder blühender Flieder am Wegesrand. Noch eine scharfe Kurve und hangabwärts, dann hielten wir vor einem Straßen-T. Jagdhaus Rominten?! Ein rostiger, verfallender Drahtzaun querte das vor uns liegende Terrain. Weit geöffnet lud ein Zauntor uns zu verhaltener Weiterfahrt. Rechts, ja, das mußte die Hirsch-Brücke sein, auf ihrem verbliebenen Geländerteil zog sich der Zaun weiter bis ans andere Ufer der weit unten fließenden Rominte. Wir schlugen jedoch den Weg nach links ein. Wenige Fahrminuten, dann hielten wir vor der Kaserne.

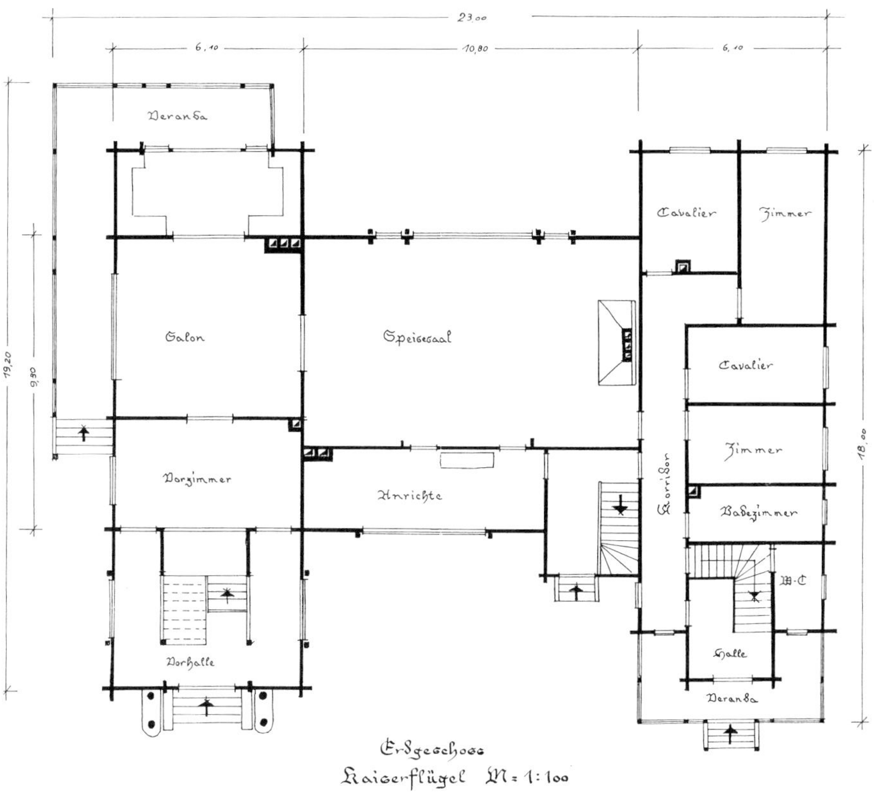

Nimmt sich bescheiden aus: Grundriß des Kaiserflügels von Wilhelms II. Rominter Jagdhaus

Meine Übersetzerin und der Fahrer gingen betont lässig auf einen gelangweilten Posten am Kasernentor zu. Schon eilte ein Offizier herbei. Ein langes, für mich unendlich langes Debattieren nahm seinen Anfang; dann und wann ein Kopfschütteln des Dienstgrads. Schließlich wurde ich um meinen Paß gebeten. Das war den Grenzsoldaten noch nicht untergekommen, daß sich ein Deutscher aus kulturellen Gründen für die Ruinen dieses untergegangenen Dorfs interessierte. Noch stand ein Ergebnis aus, ein weiterer Offizier erschien, verschwand gelegentlich, um Telefonate mit höheren Vorgesetzten zu führen.

Was wir drei innerlich längst nicht mehr gehofft hatten, erfüllte sich: Wir erhielten Zutritt ins Gelände, unter der verständlichen Auflage, keine Grenzbefestigungsanlagen zu fotografieren. Dabei begleitete uns ein junger, ebenso blonder wie baumlanger Offizier, dem in einiger Entfernung ein sibirisch anmutender Schütze mit einer geschulterten Kalaschnikow folgte. Wieder ging es über die Hirsch-Brücke. Wie zu vermuten war, fehlen die namensgebenden, bronzenen Hirschstatuen, die Podeste sind verwaist. Das östliche Brückengeländer ist zu erheblichem Teil ebenfalls abgetragen.

Den „Bauern-Weg" entlanggehend, drangen wir in Marschrichtung rechts über eine Schneise in den Fichtenbestand ein. Auf einer mit Fichtenanflug bestandenen Blöße zeigte uns der Offizier die Ruinen des Kaiserlichen Jagdhauses. Kaiser Wilhelm II., der in den Jahren 1890 bis 1913 die Rominter Heide als sein beliebtestetes Revier bejagte, ließ dort 1890/91 durch norwegische Zimmerer das Jagdhaus im nordischen Stil errichten. Man findet gemauerte Kellerwände vor, die sich oberirdisch bis in Kniehöhe erstrecken. Die Steinsockel, die einst die Holzpfeiler des Verbindungsgangs der Schloßflügel trugen, sind noch vorhanden. Gleiches gilt für die Fundamente des Kaiserin-Flügels, der als bauliche Ergänzung samt Verbindungsgang 1904 errichtet wurde. Anzeichen ließen darauf schließen, daß zumindest der Kaiserin-Flügel in Flammen aufgegangen sein mochte.

Reste des eingestürzten Schieferdachs liegen noch im Umfeld herum: Das frühere Brunnenhaus am Rominte-Ufer

Munter plätscherte die Rominte mäandernd vor sich hin. Ein achteckiges Gemäuer an ihrem Ufer zog unsere Neugier auf sich, was störte da schon der mühselige Abstieg. Auf halber Höhe des Romintehangs gähnte uns ein stattliches Kellergewölbe mit großem Torbogen an. Handelte es sich womöglich um eine Wildkammer? Nein, es mußte wohl der Aggregat- bzw. Wasseraufbereitungsraum der Anlage sein, wie einige wenige verbliebene Zuleitungen vermuten lassen.

Das achteckige Gebäude am Rominte-Ufer stellte einst ein schmuckes Häuschen dar. Doch

Lange diente es wie das Lehrerhaus der sowjetischen Grenztruppe als Kommandantur: Das geschleifte Rominter Schulhaus

längst sind Türen und Fenster herausgerissen. Reste des Dachstuhls, der in einer Laterne mündete, modern im und um das Gebäude herum vor sich hin. Anfängliche Vermutungen, es handele sich um das Teehäuschen der Kaiserin, bestätigten sich nicht.

Mühsam erklommen wir wieder den Steilhang. Der Offizier erzählte von schönem verschiedenfarbigen Wegpflaster, das erst geraume Zeit nach Kriegsende von Rominten fortgeschafft wurde. Er hielt die gezeigten Ruinen für Görings Bauwerke, Kaiser Wilhelm II. war ihm in diesem Zusammenhang als einstiger oberster Jagdherr nicht bekannt. Unseren Rückweg zum „Bauern-Weg" säumte eine Eichenallee, stark durchwachsen mit Fichte.

Östlich des „Bauern-Wegs" lassen einige weitere, kniehohe Fundamente auf den Trakehner Hof, wo die Fahrbereitschaft für den Kaiser, später eine Jugendherberge, untergebracht war, schließen. Jäh wurde der sich durch den eigentlichen Grenzzaun südwärts ziehende „Bauern-Weg" von einem massiven, brusthohen, roten Stahltor unterbrochen. Ein Postenhäuschen schien verwaist. Kehrt und zurück über die Hirsch-Brücke. Dabei fielen uns die hohen Laubbäume auf, die an den Cafégarten des verschwundenen Hotels zum Hirschen erinnern. Im Raum nordwestlich der Hirsch-Brücke sind ebenfalls keine Gebäude mehr existent.

Biegt man jedoch von der Hirsch-Brücke in östliche Richtung auf die „Jagdbuder Straße" ab, erreicht man nach wenigen Minuten das Geviert der Grenztruppenkaserne. Der aus weißem Kalksandstein erbaute Komplex steht auf dem Gelände des früheren Kinderheimer Hofs. Im Hintergrund befindet sich noch ein alter Fachwerkschuppen aus Backstein und Holz.

Etwas östlicher stehen am Straßenrand einsam die Ruinen zweier Häuser, das Schul- und Lehrerhaus. Sie wurden erst einige Jahre zuvor eingerissen und hatten bis dahin als Grenztruppen-Kommandantur gedient. Der östliche Dorfteil bietet den Anblick einer ungepflegten Wiese, die im Norden und Osten von Wald umsäumt ist. Wiederum ein Stück weit östlicher findet man noch die Reste der Fundamente eines Waldarbeiterhauses, die von Nadelholzanflug kaschiert werden. Auch wenn die Sonne scheint, wirkt alles unwirtlich und verlassen.

Am Südrand der Dorflichtung verläuft der Hauptzaun der Grenzanlagen. Er ist dort nur mannshoch, dafür aber eng mit Stacheldraht versehen. Andernorts ist er bis zu drei Meter hoch. Auf den Pfosten ruhen etwa halbmeterlange Querbalken, die ihrerseits mit mehreren Stacheldrahtreihen überspannt sind und ein Überklettern vereiteln. Eine am Zaun befestigte Leitung wird wohl kaum dazu dienen, ihn unter Strom zu setzen. Einzig wichtig ist die Erkenntnis, daß der Zaun wahrscheinlich ein Wechseln von Schalenwild zwischen den beiden Teilen der Heide weitestgehend unterbindet: Beim Überfliehen dürfte sich selbst Rotwild an den Querdrähten die Wamme aufschärfen.

Aus dem Wäldermeer ragte ein Wachtturm empor. Mein Reisegespann und ich schauten uns an: „Geduldete auf Abruf", längst hatte sich dies Gefühl trotz allen Eifers historischer Spurensuche schleichend unserer bemächtigt. An der Kasernenauffahrt zurück, verabschiedeten wir uns höflich von unseren ebenso zuvorkommenden wie geduldigen Begleitern. Weitere Formalien blieben aus, unbeanstandet konnten wir unseres Weges ziehen. Für mich aber hatte sich ein Jugendtraum verwirklicht. Das Drahttor westlich der Hirsch-Brücke war immer noch ohne Wächter; es schloß sich nicht …

„Biblisch gesprochen, haben die neuen Herrn des Landes wahrlich nicht mit den Pfunden gewuchert. Allein die Natur legt ihren Schleier besänftigend über eine Wirkungsstätte preußischer Forstleute, deren Beispielhaftigkeit nicht vergessen werden darf." –

Mit diesen Worten habe ich einige Zeit später eine Zeitungsreportage über die höchstwahrscheinlich erste deutsche Rominten-Begehung mit amtlicher russischer Erlaubnis seit Kriegsende ausklingen lassen.

Leider hatte ich mich in aller Hektik des Erlebens bei den Offizieren nicht nach dem jagdlich Verantwortlichen des Rayons (= Kreises) Ebenrode, vormals Stallupönen, erkundigt, um gegebenenfalls Jagdmöglichkeiten zu erörtern. So kam es, daß in der Hirschbrunft 1991 andere deutsche Jäger erstmals wieder seit 47 Jahren im Hauptteil der Rominter Heide jagen konnten. Dabei erlegte Revierförster Dieter Klaus Bielicki einen kapitalen, zehnjährigen Fächerkronenhirsch von 10,4 Kilogramm Geweihgewicht im Bereich Albrechtsrode. Die Aneignung der Trophäe wurde ihm allerdings von russischer Seite verweigert. Bis zum heutigen Tage widersprechen sich die Aussagen beider Parteien zum Thema. Zwei andere Trophäen jagdbarer Hirsche konnten hingegen exportiert werden.

Präsentieren Hirsch- und Wolfstrophäen aus dem Haselberger Raum: Bogdan Pawlowski (li.) zu Besuch bei Jurij M. Romanow (re.) im Gebäude des russischen Jagdverbands zu Königsberg

Schon jetzt ins Grübeln geraten, lieber Leser? – Werfen wir zunächst einen theoretischen Blick auf das Jagdwesen im Königsberger Gebiet, bevor es wieder in das Gelände geht. Nachfolgende Auskünfte ergaben sich 1992 bei einem ausführlichen Gespräch mit dem kooperativen Verwaltungsvorsitzenden des „Kaliningrader Regionalverein der Jäger und Angler", Jurij M. Romanow.

Wie in der Russischen Föderation gilt auch im Königsberger Gebiet eine klare Trennung zwischen Forst- und Jagdwesen. Im Gegensatz zu deutschen Richtlinien müssen russische Förster keine jagdlichen Befähigungen vorweisen. Anders sieht es beispielsweise in Litauen, also auch im Memelland, aus, wo forstliche und jagdliche Aufgaben durchaus auf die Förster vereint sind. Auch in Polen sind die Förster zumeist Waidmänner, wenn auch nur als Mitglied von Jagdgesellschaften. Die nämlich haben 80 Prozent aller Waldflächen als Revier angepachtet. Nur 20 Prozent der polnischen Waldjagdflächen werden von Förstern auch in staatshoheitlicher Funktion jagdlich bewirtschaftet.

Dem schon genannten russischen Regionalverein der Jäger zu Königsberg gehören 33 Jagdkooperativen an. Diese verteilen sich auf die Rayons (= Kreise) und Städte und haben etwa 10.000 Einzelmitglieder. Die russischen Besatzungstruppen unterhalten ihrerseits einen eigenen „Mariner-Jagdverein" mit rund 5.000 Mitgliedern. Sämtliche Jagdvereine unterliegen in ihrem Handeln einer gesonderten staatlichen Jagdaufsichtsbehörde, gleichfalls mit Sitz in Königsberg. Diese läßt durch Wildbiologen verbindliche Abschußpläne für einzelne Wildarten erstellen. Über 50 hauptberufliche Jäger im gesamten Gebiet vollführen den Jagschutz, organisieren Gesellschaftsjagden und betreiben mit Bürogehilfen die Vergabe der Jagdlizenzen.

Die Höhe der Wildbestände wird nach russischer Gewohnheit im Herbst ermittelt, also unter Einbeziehung des im laufenden Jahr gesetzten Jungwildes. Dies ist unterdessen von deutscher Seite angemerkt worden, wo zumeist Frühjahrerhebungen üblich sind: Folglich haben Vergleiche mit Vorkriegsstatistiken nur bedingte Aussagekraft!

Seit 1969 ist die Jagd auf den Elch im Königsberger Gebiet wieder erlaubt. 1991 erlegten russische Schützen 250 Stück. Nach russischen Zählungen zogen 1992 rund 1.500 Stück Elchwild im Gebiet ihre Fährte. Stangenelche überwogen, doch verrieten einige Schauflertrophäen und Abwurfschaufeln, daß vereinzelt brave Elchhirsche im Medaillenrang vorhanden waren.

Auf der nördlichen, zum litauischen Hoheitsgebiet zählenden Hälfte der Kurischen Nehrung fiel 1985 übrigens der stärkste Schaufler des Baltikums. Nach einer schriftlichen Mitteilung von Heinz-Jürgen Fengewisch verfügt die 344 Internationale Punkte zählende Trophäe über eine Auslage von 122,40 Zentimetern und Schaufellängen von 101,80 bzw. 85,00 Zentimetern.

Zurück ins Königsberger Gebiet: 2.000 Stück Rotwild veranschlagten die russischen Jagdschützer. Hauptreviere stellen die sogenannten Lehmreviere des südlichen Elchwalds, die Memelforsten im Großraum Haselberg, der Großraum Insterburg mit verstreuten Waldungen und die Rominter Heide dar. 1984 fiel der seinerzeit stärkste Rothirsch des gesamten sowjetischen Machtbereichs in den Lehmrevieren des Elchwalds: Nach schriftlichem Hinweis von Burkhard Winsmann-Steins wog die keineswegs edle Trophäe frisch 16 Kilogramm, beein-

Dem Erleger, Revierförster Dieter-Klaus Bielicki, vorenthalten: Gennadij Losjakow präsentiert die unter seiner Führung 1991 erbeutete Kapitaltrophäe

druckt durch 118 Zentimeter Stangenlänge und wurde mit 248 I.P. vermessen.

Rund 4.000 Schwarzkittel kamen nach russischen Angaben im gesamten Gebiet vor, zumal im Haselberger Raum. Als Störfaktor der Landwirtschaft werden sie bis heute unnachgiebig verfolgt, sei es auf herbstlichen und winterlichen Drückjagden, sei es auf dem Anstand. Auch Hochsitze, sonst ungebräuchlich, kommen dabei zum Einsatz. Der weit überwiegende Teil der Jägerschaft verfügt nur über Waffen mit nichtgezogenen Läufen: Neben Flintenlaufgeschossen wird das Schwarzwild leider auch mit Posten beschossen.

11.000 Stück Rehwild zogen 1992 ihre Fährte im Gebiet, ein Jahr zuvor erlegte man 2.200 Exemplare. Rund 25.000 Hasen fristeten nach statistischen Angaben im Gebiet ihr Dasein. Sie werden von Mitte November bis Mitte Januar bejagt. Von den vielen stillgelegten Landwirtschaftsflächen profitieren besonders Rebhühner, deren Ketten man bei ländlichen Streifzügen recht häufig begegnet. Besonders nachhaltig betreiben die Russen die Wasserwildjagd auf Gänse und Enten im Bereich der Haffe und Seen im Sommer und Herbst sowie zehn Tage im Frühjahr. Zehn Tage ist dann auch die Jagd auf Schnepfen erlaubt.

Wölfe sind nicht nur im Norden Ostpreußens seit 1945 wieder Standwild. Wie einst fallen noch heute in strengen Wintern zusätzlich Wölfe aus Weißrußland über Litauen nach Ostpreußen ein. Füchse und die aus dem Osten zugewanderten Marderhunde gelten als starke Verbreiter der Tollwut. Streunende Hunde beeinträchtigen die Wildbahn zusätzlich als eine hartnäckige Geißel. Sie werden gezielt auf Kontrolljagden bekämpft.

Genug der grauen Theorie. Bevor ich jedoch die Büchse im Königsberger Gebiet führen konnte, stand erst noch eine filmische Annäherung ins Haus. Doch das ist eine eigene Geschichte.

ZWEITES KAPITEL

Im Zeichen der Becherkrone

Rumms!", dicht neben der Teichrose schlug das Flintenlaufgeschoß ins Wasser der Rominte ein. Kamera-Assistent Andreas Hindrichkeit hatte Alexander Sytschew darum gebeten, einmal mit dessen Hahnflinte schießen zu dürfen. Anschließend war ich an der Reihe, hielt das gute deutsche Büchsenmacherstück in meinen Händen. Silbermatt leuchteten die 80 Zentimeter langen Rosendamast-Läufe in der Frühlingssonne. Wohl war mir bei dem Vergnügen nicht: Ein Fehlschuß hätte meine Jägerehre vor den jagdlichen Laien, besonders aber vor Alexander Sytschew, dem Kreisjägermeister zu Ebenrode, in Zweifel gezogen. Schlimmer noch: Die altersdünnen Schwarzpulver-Läufe bargen Nitropulver-Patronen.

Sehnsüchtig zählte ich nochmal alle meine Finger ab, spannte den Hahn, ging ins Ziel und feuerte schicksalsergeben. „Rumms!", die Teichrose versank mit Volltreffer. Alexander Sytschew nickte zufrieden und stopfte die restlichen Patronen wieder in die ledernen Schlaufen. Die Situation in den Rominte-Wiesen bei Jagdbude war für mich gerettet.

Doch greife ich hier meiner Erzählung über die Dreharbeiten zum Dokumentarfilm „Heimkehr ins verbotene Land" weit voraus. Zurück in den Sommer 1991. Wie gut, daß meine liebe Freundin Renate nicht nur stets mit viel Geduld, sondern auch mit einem Videorecorder aufwartete: Endlich konnte ich mich der Vergangenheit Romintens neben der Buchlektüre auch durch das Medium Film nähern.

Kaum hatte mir der freundliche Postbote das Päckchen mit der Videocassette „Rominten – eine ostpreußische Jagdlegende" ausgehändigt, saß ich auch schon vor dem Bildschirm. Der aus Angerburg stammende Regisseur Dietrich Wawzyn mischt in dem Dokumentarwerk geschickt historische Schwarzweiß-Sequenzen mit Gegenwartsbildern aus dem polnisch bewirtschafteten Südteil der Heide.

Nachdem ich den Film gleich zweimal in mich hineingesogen hatte, griff ich sofort zum Telefonhörer, und wenige Tage später saß ich bei dem freundlichen Landsmann auf dem Sofa seines Büros in Bergisch Gladbach. Ja, auch er hätte schon daran gedacht, nach Filmen über Trakehnen und Rominten die Trilogie durch einen Film über den

Elchwald mit einem Abstecher ins nördliche Rominten zu komplettieren. Doch wie sich sehr bald herausstellen sollte, mangelte es an historischem Filmmaterial über den Elchwald, was einen derartigen Themenschwerpunkt vereitelte. Sei´s drum – wir würden also auch die anderen, so lange streng verborgenen Naturschönheiten im gesamten nördlichen Ostpreußen mit der Kamera einfangen und eine Bestandsaufnahme machen.

Aufstieg an der Hohen Düne mit Blick auf´s Haff: Südlich von Nidden gelegen, zählt sie mit mehr als 60 Metern Höhe zu den reizvollsten Landschaftsformationen der Kurischen Nehrung

Am Sonnabend, den 23. Mai 1992, trug uns eine Maschine der Lithuanian Airways von Hannover nach Palanga, einem kleinen Flughafen nahe dem gleichnamigen litauischen Seebad. Mit von der Partie neben dem Regisseur und mir der hochdekorierte Kameramann Hein Hindrichkeit, sein Sohn und gleichzeitiger Assistent Andreas. Als Berater in Sachen Pferdewesen begeleitet uns zudem der bekannte Trakehnerzüchter Dietrich v. Lenski-Kattenau. Die Schilderung des Besuchs von heutigen Trakehner-Gestüten, wie Schillgallen im Memelland und Georgenburg bei Insterburg, ganz zu schweigen von der historischen Zuchtstätte Trakehnen, würde hier allerdings die Jägergeduld wohl ebenso überstrapazieren wie diverse Stadtbummel.

Widmen wir uns, lieber Leser, daher sofort einem unvergleichlichen Naturschauspiel; die Kurische Nehrung steht als Kontrapunkt zum seendurchfluteten Masuren im Stimmungskanon ostpreußischer Landschaften mit obenan. Treffender drückt es Wilhelm v. Humboldt aus: „Die Kurische Nehrung ist so merkwürdig, daß man sie eigentlich ebensogut wie Spanien und Italien gesehen haben muß, wenn einem nicht ein wunderbares Bild in der Seele fehlen soll."

Unser Drehteam bezog in einem deutsch-litauischen Joint-venture-Hotel in Nidden Quartier. Das als historische Künstlerkolonie bekannt gewordene Fischerdorf liegt etwa auf halber Strecke der rund 97 Kilometer langen und etwa zwischen 350 und 4.000 Meter breiten Landzunge der Nehrung. Im Gegensatz zum nördlicher gelegenen Dorf Schwarzort, das sich aufgrund eines herrlichen, seit dem Mittelalter erhalten gebliebenen Kiefernhochwaldes als Luftkurort ausweist, beeindruckt Nidden durch das Malermotiv der nahegelegenen Hohen Düne, die es auf weit mehr als 60 Meter Höhe bringt. Auf einer der vorjährigen Dünenwanderungen hatte ich sogar einmal eine Elchfährte im bewaldeten Grabscher Haken ausgemacht.

Zwischen Kurischem Haff (li.) und der Ostsee (re.): Die 97 Kilometer lange, jedoch nur 350 bis 4.000 Meter breite Kurische Nehrung lockt Wanderer mit abwechslungsreichen Impressionen

Weite Strecken der Kurischen Nehrung waren seit dem Mittelalter zur Gewinnung von Baumaterial abgeholzt worden. Die Sandmassen der Nehrung gerieten daraufhin zum Spielball der Winde und begruben nach und nach sieben Fischerdörfer und restliche Wäldchen unter sich. Erst im 19. Jahrhundert setzten Wiederaufforstungen durch preußische Dünenwärter ein.

Während unserer Dreharbeiten konnten wir uns recht ungehindert zwischen dem nördlichen, seit Kriegsende unter litauischer Verwaltung stehenden Nehrungsteil und der russisch administrierten Südhälfte bewegen. Dort beeindruckte uns das verschlafen wirkende Dorf Pillkoppen mit seinen hölzernen Fischerhäusern aus deutscher Zeit: Tourismus spielt im Gegensatz zum litauischen Bereich keine vorrangige Rolle.

Bei unserer Spurensuche in Rossitten begannen wir auf dem ausserhalb gelegenen deutschen Dorffriedhof. Der liegt nahe der heutigen russischen Ruhestätten und ist wie fast alle deutschen Friedhöfe in Ostpreußen ab 1945 geschändet und geplündert worden. Im russischen Hoheitsbereich Ostpreußens hält dieses Tun, teils von organisierten Banden durchgeführt, bis auf den heutigen Tag an. Wir fanden das von russischen Ornithologen restaurierte Grabmal des berühmtesten Rossittener Bewohners unversehrt: Prof. Johannes Thienemann.

Der begründete 1901 die Vogelwarte Rossitten und widmete sich der Erforschung des Vogelzugs, zumal des Weißstorchs, beispielsweise auch der Waldschnepfe. Die ornithologischen Schriften dieses Waidmanns sind heute erfreulicherweise wieder als Nachdrucke erhältlich. Im Dorf selbst ist in Haffnähe, in einem alten, doppelstöckigen Gebäude eine biologische Forschungsstation der Akademie der Wissenschaften zu Sankt Petersburg beheimatet. 1956 knüpften Leningrader Ornithologen an die deutsche Forschungstradition an. Ein hölzernes Schaugebäude für Sommerfrischler, das eine Sammlung präparierter Vögel barg und Volieren in seinem Umfeld hatte, nutzte man nun als kleine Bootsbauhalle. Das Haus befindet sich südlich der früheren evangelischen Kirche.

Im Gegensatz zu Thienemann, der seine Beobachtungsstation Uhlenhorst in Ostseenähe positioniert hatte, betreiben die Russen eine Fangstation in Haffnähe, bestehend aus einer Blockhütte und Fangnetzen. Besucher sind durchaus gern gesehen. – Gern gesehen sind Besucher ebenfalls in der litauischen Vogelwarte am gegenüberliegen-

An Blech- und Eternitdächer mag sich der deutsche Reisende nur langsam gewöhnen: Das frühere Forstamtsgebäude Rossitten

den, östlichen Haffufer im Memelland. An der Windenburger Ecke, beim alten Leuchtturm, leitet der litauische Ornithologe Dr. Leonas Jezerskas aus Kaunas eine Forschungsstation, die über eine hübsche Schausammlung mit präparierten Vögeln und Rossittener Archivalien verfügt. Mächtige, mit Motorwinden an hohen Stahlpfosten aufziehbare Netze unterstreichen als seine persönliche Erfindung den Charakter der Vogelwarte. Oft hatte ich mit meinen Reisegruppen seinen Erläuterungen über den Vogelzug im Frühjahr und Herbst gelauscht. Bis zu 300.000 gefiederte Reisende pro Tag sind dann auf dieser exponierten Zuglinie keine Seltenheit.

Der Vogelwartenleiter übt an Besuchern gern seine Deutschkenntnisse, die er einst während der deutschen Besatzungszeit als Gymnasialschüler in Kaunas erwarb. In östlicher Gastfreundschaft – nur auf Kraftfahrer und Filmteams wird angenehme Rücksicht genommen – verabreicht er dann jede Menge Sekt, Schnäpse und Liköre: Wahrhaftig keine sozilistische Mangelwirtschaft.

Hatte ich auch stets wohlweislich vor dem Vogelwartenbesuch das Atzen der Lunchpakete angeordnet, blieb unsere Trunkfreudigkeit meist eine begrenzte. Das veranlaßte den umsichtigen Gastgeber stets

Mal Hotel, mal Luftwaffenerholungsheim: Heute wird dies Rossittener Gebäude von russischen Ornithologen als Verwaltungs- und Versuchsräumlichkeit genutzt

zu der anregenden Frage: „Aber meine Daame, warum arrbeiten (= trinken) Sie denn nicht?" Meist nützte das wenig, dann hakte er nach: „Oh meine Daame, wie gefällt Ihhnen das Muster von diese schönne Tapete?" Deren unvermittelte Blickwendung diente natürlich dem prompten Nachfüllen des betreffenden Glases.

„Mit mir treibst du das Spiel nicht", dachte ich. „Verährter Jäger, sehen Sie durch´s Fenster die seltene Entenart auf dem Haff!" Und schon übertraf ein neuer Pegelstand in meinem Gemäß meinen Hochmut. Bat ich abschließend immer um etwas Spenden, für die Netzanlagen des einsam Forschenden, versteht sich, schloß sich als krönendes Ritual generell das Absingen seines deutschen Lieblingsliedes an: „Oh Tannenbaum, oh Tannenbaum ..." – auch bei 30 Grad Celsius im Sommerschatten. Und weil´s so schön ist, oder weil wir die anderen Strophen nicht auswendig kannten, wurde die erste immer mehrmals wiederholt.

Ein atemberaubendes Panorama bietet sich vom beglasten Turm des Forschungsgebäudes: Vom Nordwesten bis Südwesten zieht sich das schmale, blaugrün bis gelb nuancierende Band der Kurischen Nehrung am Horizont entlang. Die breite Brackwasserfläche des Haffs legt sich schon bei geringem Wind in gekräuselte Wellen. Denn es ist flach, oft nur zwei bis fünf Meter tief. Blickt man aber südwärts, fächert sich das Memeldelta vor einem auf. Als grünes Band erahnt man die teils zu Schilfgürteln verwilderten Haffwiesen und den dahinterliegenden Elchwald.

Zurück zu unseren Dreharbeiten: Zwar hatten wir auch die klassischen Elch-Einstandsgebiete auf der nördlichen Nehrung zwischen Perwelk und Preil mit ihren, zuweilen von Birken durchmischten Kiefernwäldern erkundet. Eindringlichere Bilder erwartete ich erfahrungsgemäß jedoch aus einer Bootsfahrt auf den Gewässern des nördlichen Elchwalds am gegenüberliegenden Haffufer, also im Königsberger Gebiet. Nach reichlicher Vorbereitung bestiegen wir dann in Nidden eine angemietete Motorjacht, die zusätzlich noch ein flachbodiges Motorboot von Vatslovas im Schlepptau hatte. Damals wurde ein Eindringen litauischer Schiffe in den russischen Hoheitsbereich, der die südliche Haffhälfte einschließt, noch nicht durch unmittelbaren Zwang seitens russischer Patrouillenboote unterbunden.

Grüne Algen, von den Schiffsschrauben zu einer undurchsichtigen Brühe aufgequirlt, umschrieben den Gewässerzustand des Kurischen Haffs, das kurz vor dem „Umkippen" stand. Die ins Haff mündende Memel trug schließlich auch die eingeleiteten Abwässer der

Der alte Dorffriedhof Rossitten erinnert an den Begründer der 1901 ins Leben gerufenen Vogelwarte: Das wiederhergestellte Grab von Johannes Thienemann

Zellulosefabriken Tilsit und Ragnit mit sich. Inzwischen hat sich die Wassergüte wieder erfreulich verbessert.

Von Backbord her grüßten immer näher das Band des Uferschilfs und die schier nicht enden wollenden Erlenbestände des Elchwalds. Als wir schließlich in die Gilge, den südlichen Mündungsarm der Memel, einbogen, entfaltete sich bald zu beiden Uferseiten das gleichnamige Fischerdorf im Antlitz eines sehr aschenputtelhaften Dornröschenschlafs. Von den Moslems vertriebene Rußlanddeutsche aus Kasachstan hatten sich angesiedelt, um eine neue Existenz aufzubauen. Schon sahen sie sich ob ihres Fleißes von lethargischen russischen Dorfbewohnern bereits wieder angefeindet.

Nicht mehr bewohnte Gebäude tragen die Russen nach und nach als wilde „Baustofflager" ab: So auch das frühere Forstamtsgebäude Tawellenbruch

Gilge-aufwärts, an der Abzweigung zum Seckenburger Kanal, zeigte sich auf der Landzunge her die Försterei Marienbruch. Ihre Backsteingebäude sind erhalten geblieben. Das kann man vom Forstamtsgebäude Tawellenbruch, vormals Tawellningken, leider nicht behaupten. Wiederum flußaufwärts, fristet es, trotz Hochwasserdeichs vom Strom aus gut sichtbar, ein zeitlich nurmehr sehr begrenztes Dasein. Schon fehlte das Dach, leere Fensterhöhlen gähnten uns an. Ein

Für romantische Flußexkursionen taugen nur Boote mit wenig Tiefgang: Die Tawelle, ein von der Gilge ins Haff mündender Seitenfluß, versandet immer mehr

Storch hatte auf einem der Frontgiebel sein Nest bezogen. Bald wird nichts mehr davon künden, daß dort einst Forstamtmann Heinrich Weber als einer der herausragendsten Heger des Elchwildes wirkte. Denn flugs werden verlassene Bauten von den heutigen Landesbewohnern ausgeplündert und bis auf die Grundmauern abgetragen.

Wir ankerten am Haffdeich und stiegen in Vatslovas kleines Kajütboot um. Da es kaum Tiefgang hat, konnten wir in die stark versandende Tawelle eindringen. Im Gegensatz zur deutschen Zeit, als Wasserwege in Ostpreußen von großer wirtschaftlicher Transportbedeutung waren, werden sie heute vernachlässigt. Das wirkt sich natürlich negativ auf die Vorflut aus. Das streckenweise kanalisierte Gewässer zeigte sich im Sonnenschein von seiner reizvollen Seite. Überhängende Äste der Uferbäume und Schilfgürtel mit abstreichenden Stockenten verleihen der Tawelle Weltabgeschiedenheit.

Kein Mensch weit und breit. Wir drangen bis zum abgetragenen Fischerdorf Tawe vor. Gelb blühende Teichrosen und ein Fischreiher auf einsam verbliebenem Brückenpfeiler boten willkommene Kameramotive. Mit Unbehagen dachte ich daran, daß Vatslovas und ich auf einer Exkursion im Vorjahr mit dem selben Boot beim Verlassen der

Hochwassergeschützte Fahrwege waren einst durch massive Holzbrücken verbunden: Impressionen einer Bootstour am Tawener Wasser

Tawellemündung ins Haff auf Grund gelaufen waren und nur unter größten Anstrengungen wieder frei kamen.

Jetzt näherten sich Bremsen unserem Boot. In zügiger Wendefahrt hängten wir die Blutsauger ab und steuerten auf die Abzweigung ins Tawener Wasser zu. Fahrdämme, die einst den regelmäßigen Frühjahrsüberschwemmungen getrotzt hatten, waren längst ihrer Verbindungsbrücken beraubt. Die uns umgebenden Bruchwälder erschienen uns vollends weltabgewandt. Der Eindruck verstärkte sich erst recht, als wir in den Zipfelteich einbogen und zwölf Seeadler in den Lüften kreisten. Ohne die symbolhafte Begegnung mit den Wappenvögeln fiele es doch schwer, die Pracht dieser Waldseen in angemessene Worte zu kleiden.

Auf weiten Abschnitten bedecken zusammenhängende Teppiche von Teichrosen die Wasseroberfläche, und einem schmalen Schilfgürtel schließt sich sofort der Hochwald an. Letztlich fuhren wir noch den engen, länglichen Quednauteich aufwärts. Im äußersten, nördlichen Uferbereich dösten zwei Angler vor sich hin, die sich über einen Dammweg von Inse her genähert haben mochten. Ein aufsteigender Höckerschwan bot noch ein willkommenes Motiv, dann war die Bootsfahrt als einer der Filmhöhepunkte erfaßt. Wieder ging es über die Tawelle, die Gilge und das Kurische Haff zurück nach Nidden.

Wer heute eine solche Bootsexkursion in die Gewässer des Forstamts Tawellenbruch plant, findet in Gilge Sportfischer, die ihn im Motorboot gerne durch die Gegend fahren.

Einige Tage später rundeten wir auf dem Landweg unsere Elchwald-Impressionen ab. Östlich Kurrenberg in der Elchniederung drangen wir auf einem geschotterten Fahrdamm in Richtung des Fischerdorfs Inse vor. Auf nicht ganz halber Strecke, wir hatten kaum auf einer Brücke das Flüßchen Pait überquert, entdeckten wir das Kaiserliche Jagdhaus Pait mit weiteren Häusern aus rotem Backstein im Umfeld. Nur wenige Male hatte es der Kaiser als Jagdunterkunft zu Anfang dieses Jahrhunderts genutzt.

Wilhelms II. Domizil macht einen abweisenden Eindruck: Fenster, aber auch die meisten Türen sind zugemauert. Das Gebäude dient einer nahe gelegenen Nerz-Zuchtfarm als Futtermittellager. Den russischen Bewohnern von Inse ist das Haus nur mal wieder im Zusammenhang mit Hermann Göring bekannt. Litauische Pläne, es in einem Joint-venture zur Hotelanlage zu gestalten, fanden mangels aus-

Ruhig mäandert das Flüßchen dem Haffdorf Inse entgegen: Die Pait beim gleichnamigen Jagdhaus

reichender touristischer Infrastruktur des Umfeldes keinen Widerhall. Auf Veranlassung des Reichsjägermeisters wurde mit Beginn des Jagdjahres 1938/39 das Staatsjagdrevier Elchwald begründet, das laut Hans Kramer etwa 74.000 Hektar Gesamtfläche bei 61.000 Hektar Holzboden umfaßte. Der Elchwald besteht nicht nur aus den klassischen Elcheinstandsgebieten wie dem Ibenhorster Forst und dem Forst Tawellenbruch.

Er verfügt weiter südlich ebenfalls über Rotwildrefugien, die Lehmreviere im Bereich der Kreise Labiau und Wehlau. Bei den Russen stellt der Elchwald heute zumindest eine forstliche Verwaltungseinheit mit einer Gesamtfläche von 80.000 Hektar dar.

Vergeblich suchten wir an einem weiteren Tag im südlichen Elchwald das nicht mehr vorhandene Oberforstamtsgebäude Pfeil im Kreis

Schwerlich hätte sich Kaiser Wilhelm II. träumen lassen, daß dort einstmals Russen Vorräte für eine Nerz-Zuchtanlage deponieren würden: Das frühere Jagdhaus Pait

Labiau. Es hatte einst dem zweiten und letzten Elchjägermeister Hans Kramer als Amtssitz gedient. Hingegen präsentierte sich uns das Forstamtsgebäude Neu Sternberg, sinnvoll durchrestauriert, als gutes Hotelanwesen. Ein deutsch-russisch-litauisches Joint-venture hält die Anlage, sogar um ein zusätzliches Gästehaus erweitert, bis heute in Betrieb. Als Personal fungieren wegen ihrer Umsicht fast ausschließlich litauische Gastarbeiter.

Was im Verlauf von abendlichen Überlandfahrten passieren kann, mag folgendes Beispiel bekunden: Wiedermal fuhren wir in völliger Dunkelheit von einem Drehort in Richtung einer Übernachtungsstätte. Vatslovas und ich achteten wie immer auf etwaige Schnapsleichen, die selbst fernab der Dörfer plötzlich zwischen den Baumstämmen der unbeleuchteten Chausseen auf die Straße torkeln können. Nichts dergleichen – nur schwarzbuntes Vieh, das am Wegrand müde vor sich hingraste. Ein scheinbar nettes Bild.

Plötzlich durchzuckte es den Fahrer und mich, während die Gefährten im hinteren Bulli schlummerten: Zur Rechten stand eine Kuh, doch war eines ihrer Hinterbeine mit einer Kette verbunden, deren anderes Ende an einem Baum am linken Fahrbahnrand befestigt war. Straff spannte sich die Kette handbreit-hoch über dem spiegelglatten Asphalt. Ein „Rumms" nur, schon waren wir über das Hindernis hinweg … wie durch ein Wunder hatten weder die Kuh noch wir Schaden genommen. Noch immer dösten die Gefährten ahnungslos vor sich hin.

Jagdliche Belange deckte unter anderem unser Aufenthalt in der Provinzmetropole Königsberg ab. Wir filmten im Gebäudehinterhof des „Kalinigrader Regionalvereins der Jäger und Angler" den Bielicki-Hirsch. Der war im Vorjahr durch den gleichnamigen deutschen Revierförster in der Rominter Heide zur Strecke gekommen. Hein fing mit seiner Kamera in Nahaufnahmen die herrlichen Fächerkronen der schwarzstangigen Trophäe ein: Filmdokumente von seltener Aussagekraft. Inzwischen ist das kapitale Geweih im Gold-Medaillen-Rang von den Russen längst weit unter Wert verschachert worden. Die Spuren verlaufen im Sande …

Szenenwechsel: Auch heute noch zählt Gumbinnen zu den wichtigsten Städten im nördlichen Ostpreußen. Es ist keine mittelalterliche Stadtgründung, sondern gewann seine Bedeutung erst durch das „Retablissement" des Soldatenkönigs Friedrich Wilhelm I. Feindliche Einfälle und Pestepidemien hatten in der frühen Neuzeit für einen erheblichen Bevölkerungsschwund gesorgt, den der Landesherr durch Ansiedlung reformierter Schweizer, aber auch Pfälzer, Nassauer und nicht zuletzt Salzburger Protestanten auszugleichen suchte. Das 1721 zur Stadt erhobene Gemeinwesen wurde immer stärker zu einem

Verwaltungszentrum. Zählte die Stadt 1939 rund 25.000 deutsche Bürger, sind es heute etwa 30.000 Russen.

Zwar hat auch Gumbinnen unter den Kampfhandlungen des Zweiten Weltkriegs leiden müssen, doch erschließt sich dem aufmerksamen Betrachter einstiger, gediegener Wohlstand an erhalten gebliebenen Hausfassaden in klassizistischem Stil oder rotem Backstein. Breite, baumbestandene Durchfahrtsstraßen lassen großzügige Planung erahnen.

Von Westen kommend, trug uns der Bulli auf der R1 ins Zentrum der Stadt, wo wir auf ein stattliches, rot gestrichenes Gebäude, die „Neue Regierung", Sitz des einstigen Regierungspräsidiums, stießen. Es beherbergte unterdessen eine Lampenfabrik. Wir bogen in südlicher Richtung ab und überquerten die Pissa, um an ihrem Südufer beim Magazinplatz zu halten.

Den Stadtvätern bereitete der Flußname im 19. Jahrhundert ästhetisches Kopfzerbrechen. So wandten sie sich mit einem Bittgesuch an König Friedrich Wilhelm IV., die Pissa umbenennen zu dürfen. Die Fama besagt, daß sie vom König mit dem Namensvorschlag „Urinokko" abgewimmelt wurden …

Auf dem Magazinplatz steht heute die Büste des im Kampf um Gumbinnen gefallenen Sowjetoffiziers Gusev. Doch wie scheinbar eh und je bietet das nahebei befindliche alte Hotel Kaiserhof Reisenden wieder Quartier.

Das bekannte Gumbinner Elchstandbild aus der bayerischen Künstlerhand von Ludwig Vordermayer hatte lange im Exil des Königsberger Tiergartens ausgeharrt und war erst vor einiger Zeit wieder auf Betreiben der Kreisgemeinschaft Gumbinnen im Zusammenspiel mit den russischen Stadtbehörden heimgeholt worden. Da sein einstiger Standort mit Gusevs Büste belegt ist, wählte man für den neuen Betonsockel des Elchs eine Grünanlage im weiteren Verlauf der Königstraße. Dort präsentierte sich uns die 1910 gegossene Bronzeskulptur unversehrt. Meine Gedanken schweiften einen Moment in die deutsche Zeit ab, als es unter den Gymnasiasten trotz Strafandrohung als standesgemäß galt, nächtens auf dem Elchrücken zu reiten.

Vordermeyer hatte im Forstamt Tawellningken, nachmals Tawellenbruch, einen starken Schaufler, der durch den berüchtigten Schacktarp (= teils überfrierendes Hochwasser bei beginnendem Eisgang) gebunden war, modellieren können, also eine lebendige Vorlage gehabt. Er schuf später ein weiteres Elchstandbild, das 1928 in Tilsit auf dem Anger Aufstellung fand.

Uns hielt es nicht lange in Gumbinnen. Ostwärts ging die Fahrt nach Ebenrode. Andreas Gautschi hatte im vorangegangenen Herbst den dortigen Kreisjägermeister Alexander Sytschew kennengelernt. Auf meine Bitte hin hatte er ihn unterdessen brieflich über unser Filmprojekt informiert und um dessen Mithilfe ersucht.

Ebenrode empfing uns heruntergekommen; die baulichen Lücken des Krieges, geschleifte Kirchen und häßliche Kalksandsteinblöcke boten wenig Einladendes. Abgewirtschaftet auch die im Stil der Heimatschutzarchitektur in den 20er Jahren erbauten Häuser.

Bevor wir uns zu Alexander Sytschew begaben, betraten unsere Dolmetscherin und ich erstmal eine Apotheke. Andreas Hindrichkeit fühlte sich von argen Kreislaufschwankungen gebeutelt. Eine entsprechende Medizin gab es, wie befürchtet, leider nicht. So erwarb ich einige Kopfschmerztabletten, die der nichtsahnende Patient in geraumen Abständen einnahm – und zügig genas. Es lebe der Placebo-Effekt: Aus gutem Grund hatte ich ihn nicht in die Apotheke mitgenommen.

In der Goldaper Straße stießen wir auf das etwas zurückgesetzte deutsche Haus, in dem Alexander Sytschew mit Frau und Tochter wohnte. Nach telefonischer Absprache hatte Alexander schon vor der Haustür auf uns gewartet. Nennen wir ihn im weiteren Erzählverlauf gleich nach russisch-salopper Anredesitte beim Vornamen, oder, noch besser beim Kosenamen Sascha.

Vor uns stand ein kleiner, durchtrainierter Anfangsvierziger mit offenem, wachen Gesichtsausdruck. Er trug einen schlichten Tarnanzug. Auf der dazugehörigen Feldmütze prangte das goldfarbene Berufsjäger-Abzeichen: Ein Elchhaupt auf verschränkten Büchsen. Noch ahnte ich nicht, welche übergroßen Jagdfreuden ich im Schulterschluß mit dem umsichtigen Waidgenossen teilen würde. Kein langes Palaver, statt dessen eine knappe, freundliche Begrüßung und schon bestieg Sascha unseren Bulli.

Vatslovas bog nach den Wegangaben Saschas südwärts ab. Unterwegs klärte uns Sascha über seine Funktion auf. Demnach stand er der Jagdgenossenschaft des Rayons Ebenrode vor. Da zum Rayon Ebenrode auch die nördlich der russisch-polnischen Demarkationslinie gelegenen Teile des Kreises Goldap gehören, fielen in seinen Aufgabenbereich auch weite Teile der Rominter Heide. Für den ganzen

Dichter Fichtenanflug sperrt den Weg zur verwunschen wirkenden Stätte: Kaminsims der Jägerhof-Wohnhalle

Über ihm war ein aus Tonröhren gefertigter Schornstein eingeknickt. In dem Schlußstein des Kaminbogens befand sich das grob eingemeißelte Wappen der Reichsjägerschaft. Russische Einschüsse hatten es nicht unkenntlich gemacht.

Schöne Fußbodenkacheln zierten das Umfeld des Kamins. Wir befanden uns augenscheinlich in der großen Halle. Meine Vermutung stimmte. Denn in dem wir uns nach vollendeter Einstellung vorwärts mühten, stießen wir auf die große Terasse mit ihrem breiten Treppenaufgang. Das Vorfeld bis hin zum Romintehang ist mit Fichten unterschiedlichen Alters bestückt. Schützengräben ziehen sich zwischen ihnen durch das Erdreich und gemahnen schlimmster Zeiten. Es bedarf größter Phantasie, sich vorzustellen, wie einst dort Brunfthirsche im Pylonenschein zur Strecke gelegt wurden. Unten am Hang schlängelt sich munter die Rominte durch längst ungepflegte Wildwiesen, als wäre niemals etwas geschehen.

Zurück zum Reichsjägerhof: Bruchsteine zierten die im abschüssigen Gelände mehr oder minder aufragenden Grundmauern und das Terassenumfeld. Auch der Eingang zu Hermann Görings Bunker stieß ins Auge.

Im Gespräch mit Zeitzeugen, aber auch im Vergleich historischer Fotos kann man sich nicht der Erkenntnis entziehen, daß der 1936 erbaute Reichsjägerhof sowohl von der Lage als auch im architektonischen Einklang mit der Landschaft einen Vergleich mit dem exotisch wirkenden Kaiserlichen Jagdhaus nicht zu scheuen braucht. Diese Aussage stellt eine späte Hommage an den ausführenden Architekten, Regierungsbaurat Friedrich Hetzelt, dar. Um nachvollziehen zu können, wie sehr das aus einheimischen Kiefern gefertigte und mit Reet gedeckte Bauwerk symbiotisch in der Landschaft aufging, muß man das Gelände selbst erwandert haben.

Das hat, bitteschön, nichts mit einer billig zu unterstellenden Sympathie für Hermann Göring in seiner Funktion als Reichsjägermeister zu tun: Zwar verdankt ihm die Reichsjägerschaft die Durchsetzung eines bis heute weitgehend fortwirkenden Jagd- und Naturschutzrechtes, das immer noch keine fachliche Kritik zu scheuen braucht. Und seine Funktion als Gallionsfigur der Jägerschaft bewahrte diese weitgehend davor, in die gleichmacherischen Fänge der national*sozialistischen* Partei zu geraten. Aber es darf nicht vergessen werden, daß Hermann Göring auch als oberster Jagdherr große moralische Schuld auf sich lud. Sein Egoismus ließ anfängliches wohlwollendes Interesse an verdienten Forstbeamten verebben, wenn sie ihm nach seinen Geschmack nicht mehr genug kapitale Trophäenträger freigaben oder aufgrund „verfehlten" gesellschaftlichen Umgangs, z.B. mit Juden, den Zorn örtlicher Parteibonzen auf sich zogen.

Hier nur zwei Beispiele: So mußte der erste offizielle Elchjägermeister, Forstmeister Bruno Orlowski, ohne Nennung von Gründen auf Görings Geheiß 1936 Tawellenbruch verlassen und blieb anhaltenden dienstlichen Schikanen ausgesetzt. Das mochte unter anderem in der jahrelangen, reibungslosen Zusammenarbeit Orlowskis mit dem Ministerpräsidenten Otto Braun begründet sein. Wahrscheinlich aus „mangelnder persönlicher Sympathie" unternahm Göring nichts, als der jagdfachlich hochversierte, doch regimeferne Nassawener Oberforstmeister Ferdinand Wallmann 1936 versetzt wurde.

Bis weit in den Krieg hinein wurde das Rominter Rotwild mit Sesamkuchen zur besseren Geweihbildung gefüttert, während es bereits stark an geeigneter Nahrung für Kleinkinder mangelte. Und als deutsche Frontsoldaten auf ostpreußischem Boden in härtestem Ringen mit der Roten Armee lagen, hatte Göring nichts Besseres zu tun, als in der Brunft 1944 auf den Kapitalhirsch Leutnant zu pirschen. Hatte es nicht selbst ein überpassionierter Wilhelm II. unterlassen, während des Ersten Weltkriegs in Rominten zu jagen? Wer weiterer Klarheiten bedarf, lese bitte ANDREAS GAUTSCHIS Dissertation.

Wohltuend unpolitisch gestaltete sich unsere Mittagsrast am Marinowo-See. Vatslovas hält nämlich in seinem VW-Bus stets Campinggeschirr bereit. Na, das Feuerholz war schnell gesammelt und Kartoffeln fix geschält. Sascha entlud in den Topf zu dem Dill, Fisch und junge Aale, das gab ein nicht ganz legales Festmahl.

Als i-Tüpfelchen kredenzte Vatslovas jedem ein Gläschen Meschkinnes, worunter die Litauer im Gegensatz zu uns Masuren nicht Bärenfang (= Honiglikör), sondern selbstgebrannten Obstler verstehen. Kameramann Hein prüfte erstmal, wieviel „Umdrehungen" der Stoff enthielt und goß ein Schnapsgläschen ins Lagerfeuer: Weit über einen Meter schlug die bläuliche Stichflamme empor. Ja, die Litauer sind halt nicht nur begnadete Holzschnitzer, fintenreiche Schmuggler, verwegene Wilderer, sondern auch gekonnte Schwarzbrenner. Dieser Meschkinnes führte jedenfalls zu keinerlei Kopfschmerzen.

Als wir uns nach harmonisch verlaufener Arbeit abends in Ebenrode trennten, begleitete ich Sascha noch kurz in sein Heim. Fiebernd glitten meine Blicke über die Wohnzimmerwände: Brave bis kapitale Rehkronen, einige schwache bis mittlere Elchschaufler, besonders aber drei Rominter Hirschgeweihe ließen das Herz höher schlagen.

Darunter befand sich ein ungerader 22-Ender. Frisch abgekocht mochte die Trophäe „nicht mehr" als 9,5 Kilogramm auf die Waage gebracht haben, doch Aug-, Eis- und Mittelsprossen messen jeweils mindestens 45 Zentimeter. Neben der linken, zweigeteilten sechsendigen Krone überrascht vor allem die rechte. Acht Enden bilden in sich eine gedoppelte Becherkrone – welch eine Trophäe.

Sascha hatte den Hirsch im September 1990 im Nassawener Forst mit Flintenlaufgeschoß aus 50 Metern Entfernung befeuert, doch ging der zügig ab. Erst nach rund zehn Tagen intensiver Suche fand er den Verluderten und konnte sich so zumindest noch der Trophäe versichern, die er allerdings sehr kurz kappte.

Nun war der Funke endgültig übergesprungen: Auch ich wollte in Rominten die Büchse führen – gewissermaßen im Zeichen der Becherkrone!

Im Kaiserhof zu Gumbinnen bettete das Drehteam die Häupter zur Nachtruhe, während Vatslovas nach Litauen raste, um weiteren Benzinvorrat zu ergattern und die belichtete Filmausbeute in Sicherheit zu bringen. Angesichts der Unbestimmbarkeit russischer Behördeneinfälle keine schlechte Idee.

Der nächste Tag sah uns erneut bei gutem Wetter und noch besserer Laune. Sascha entpuppte sich wieder als interessanter Gesprächspartner. Diesmal hatten wir neben ihm auch seine Hahnflinte und das edle Geweih mit an Bord.

Nun standen die Forstämter vorrangig auf dem Drehplan. Nassawen liegt in hügeligem Wiesengelände, das auf drei Seiten vom Wald umschlossen wird. Noch tragen einige deutsche Gebäude rote

Trophäen wie diese aus den 80er Jahren haben auch heute in Rominten Seltenheitswert: Alexander F. Sytschew mit seinem ungeraden 22-Ender

Dachziegel, die bei Sonnenschein im Farbenspiel blütengeschmückter Wiesen aus der Ferne ein Idyll vorgaukeln können. Die beiden Nassawener Seen, Freunden der Jagdliteratur als Pachtgewässer Walter Freverts bekannt, lagen als klare Augen der Landschaft im Wiesengrund. Der Amtssitz dieses letzten Nassawener Oberforstmeisters blieb von der Straße her weitgehend durch hohe Laubbäume verdeckt.

Wir gingen die Auffahrt hoch und erblickten zuerst zur Rechten einen kleinen Stall, auf dem ein Storchenpaar nistete. Die verputzten Wände waren mit etlichen Gewehreinschüssen regelrecht gespickt. Das Wohnhaus schien unbewohnt bzw. als Lagerraum genutzt, sein Dach defekt. Der Putz fehlte auf weiten Flächen. Im leicht zurückversetzten Dienstbotengebäude wohnte ein Mitarbeiter Saschas mit seiner Familie. Das dem Wohnhaus gegenüberliegende Amtsgebäude existiert nicht mehr. Die Russen hatten einen Holzschuppen errichtet, in dem Laubholzäste als Winteräsung für das Wild getrocknet wurden. Ein weiterer desolater Schuppen am Kopf des Hofplatzes komplettiert das „Gebäude-Ensemble".

Der abschüssige Garten an der straßenseitigen Hausfront war mit etlichen Bienenhäusern bestückt. Violetter Flieder umrahmte das Bild. Ein kleines, niedliches Mädchen spielte dort mit einem Welpen, während die wachende Babuschka auf einer Holzbank die Sonnenstrahlen genoß.

Noch war Nassawen unter großem Aufwand zu restaurieren. Der Berufsjäger hatte daran aber keinesfalls Interesse, denn er fürchtete, in einem solchen Fall seine Bleibe einzubüßen.

Bei unseren weiteren Fahrt hielten wir in den Wiesen am Rominte-Ufer bei Jagdbude. Wieder grüßte uns Flieder, als wir den gepflasterten Weg hangabwärts nahmen.

Am frühen Morgen des Vortages hatten wir noch reichlich auf dem privaten Markt vor dem Bahnhof in Tilsit eingekauft: Jetzt gab´s erstmal ein stärkendes Mahl mit Rühreiern, Speck und frischen Zwiebeln aus der Pfanne über dem Lagerfeuer, während wir unsere Füße im kühlen Wasser baumeln ließen. Die hölzerne Rominte-Brücke hatte ihre Planken weitgehend eingebüßt und taugte nurmehr für einen Balance-Akt zu Fuß.

Sascha wurde schließlich ins Wiesengras plaziert, vor ihm lag sein kapitales Hirschgeweih. Er sprach sein knappes Statement ins Kameraobjektiv und Mikrophon. Hein vergaß natürlich nicht, die Geweihkronen und Saschas Damastflinte, die auf dessen Knien ruhte, als willkommene Schnittbilder miteinzufangen. Und als die Filmausrüstung verstaut war, kam es zur eingangs erwähnten Flintenschießerei.

Das Forstamtsgebäude Barckhausen, vormals Warnen, wollten wir natürlich auch auf Zelluloid bannen. Es befand sich in anfänglicher Renovierung. Im Trubel umherstehender Bau- und Landwirtschaftsfahrzeuge woben die auf hohem Giebel nistenden Störche ein ideelles Band zur Vergangenheit. Die Gegenwart holte uns allzuschnell wieder ein: Auf der Rückwand des roten Backsteinbaus hatten Russen eine Satelliten-TV-Empfangsschüssel von mehr als einem Meter Durchmesser angebracht. Sei´s drum, jedenfalls schien das Anwesen in fleissigerer Hand als Nassawen zu liegen.

So ein Drehtag geht schnell zu Ende. Wieder standen wir vor Saschas Heim in Ebenrode. Die Verabschiedung fiel sehr herzlich aus. Sascha eilte zwischendurch ins Haus und kam mit einem kurz abgeschlagenen Spießer-Geweih heraus. Eine interessante Trophäe, die rechte Stange wies eine Rosenstockverletzung auf, die eine Art Augsprosse hatte wachsen lassen. Sascha überreichte mir das Geweih als Erinnerungsgeschenk!

Zufrieden bestiegen wir den Bulli. Weitere, landeskulturell bedeutsame Schauplätze wie der Bernsteintagebau Palmnicken standen noch als Drehschauplätze an.

Als wir am Sonnabend, den 6. Juni 1992, in Palanga wieder mit unseren 17 Kisten Kameraausrüstung den Flieger bestiegen, hatte uns der wackere Vatslovas in zwölf Tagen 2.500 Kilometer zu Lande und 200 Kilometer auf dem Wasser chauffiert. 2000 Meter Farbfilm dokumentieren unsere Spurensuche anläßlich der „Heimkehr ins verbotene Land". Sie gerieten zu einer regionalen Bestandsaufnahme, die sich unter heutigen, wiederum strikteren Rahmenbedingungen nur schwer realisieren ließe.

Daheim wurde Saschas Geschenk übrigens auf die Schiefertafel vom kaiserlichen Brunnenhaus aufgebrettet und erhielt als Heimatgruß natürlich einen Ehrenplatz an der Wand. So nährte auch diese Trophäe nachhaltig den Wunsch, bald in Rominten zu jagen.

DRITTES KAPITEL

Wenn die Kraniche ziehen

Seit den Dreharbeiten sehnte ich den Herbst und damit die Hirschbrunft in Rominten herbei. Zur Buchung einer Jagdreise über den exilpolnischen Rothirschfachmann Bogdan Pawlowski, der 1991 erste Jagdgäste vermittelt hatte, sollte es trotz sondierender Absprachen jedoch nicht kommen. Ein namhaftes Stuttgarter Jagdreiseunternehmen hatte unterdessen mit Hilfe eines litauischen Repräsentanten mehr Eindruck beim russischen Jagdverband in Königsberg gemacht. Schnell waren die drei Rominter Hirschlizenzen unter Stammkunden aufgeteilt. Um dennoch in der geliebten Heide zu pirschen, erwarb ich eine Elch-Lizenz. So würde ich auf das Konzert aus Hirschruf und Kranichschrei nicht verzichten brauchen.

Büchsenmachermeister Franz Dumbeck, Münster, baute mir in den Sommermonaten einen soliden 98er Stutzen im Kaliber 9,3 x 62 und bestückte die Waffe per Suhler Einhakmontage mit einem Zeiss Diavari 2,5 - 10 x 52. Er schoß die Waffe mit dem 19g-Torpedo-Universal-Geschoß ein. Da es in allen Teilen Ostpreußens fast immer an brauchbaren Nachsuchehunden mangelt, sind Kaliber wie 9,3 x 62, 9,3 x 74 R und ähnliche besonders empfehlenswert, nicht nur, wenn es auf den Brunfthirsch geht.

Am Sonnabend, den 5. September 1992, war es endlich soweit. Von Hannover aus startete eine Chartermaschine der Lithuanian Airlines, um in eineinhalbstündigem Flug das litauische Seebad Palanga, zu deutsch Polangen, zu erreichen. Je weiter wir nach Osten vordrangen, desto schlechter wurde das Wetter. Einzig die markante dänische Ostseeinsel Bornholm zeigte sich, als die Wolkendecke kurzfristig aufriß, um sich dann völlig zu schließen. Ruppig gestaltete sich die Landung auf der kurzen Bahn.

Im Kreis der wenigen „Heimwehtouristen", die auf die Kurische Nehrung weiterreisen wollten, ging es zu Fuß unter tief hängender Wolkendecke über das Rollfeld zur kahlen Abfertigungshalle. Dort wartete bereits Alexander Sytschew, um bei den Einreiseformalitäten

Und immer wieder sumpfige Partien: Blick vom alten Bahndamm im Raum Neuteich

zu helfen. Zwar verfügte ich über litauische und russische Visa sowie über das Voucher des Jagdreisevermittlers, doch eine litauische Waffen-Transitgenehmigung fehlte. Das schien die litauischen Zöllner keineswegs in Verlegenheit zu bringen. Mit Neugierde bestaunten sie unter lobenden Worten die Waffe, begnügten sich mit einem Blick auf die deutsche Waffenbesitzkarte. Dann ließen sie uns ziehen. Auf der Höhe von „Nimmersatt, wo das Deutsche Reich ein Ende hat", wie es die Schulkinder zur Kaiserzeit lernten, überquerten wir die imaginäre Grenze zum ostpreußischen Memelland. Seine drei Kreisorte Memel, Heydekrug, Pogegen am Streckenrand gaben sich schlicht und sauber. Diese Bilder sog ich wohlweislich in mir auf, bevor wir am Nordstrand der Memel die litauische und anschließend russische Zollabfertigung erduldeten. Noch besaßen auch die Russen ein Zollhaus am nördlichen Ufer.

Kaum hatte uns die Luisenbrücke den Weg nach Tilsit gewiesen, bot sich der übliche klägliche Anblick des Königsberger Gebiets. Nichts wie eilig hin nach Ebenrode, dem Ausgangspunkt unserer Jagdfahrten. In Saschas gastlicher Heimstatt in der Goldaper Straße, wo bereits Ehefrau und zwölfjährige Tochter mit dem Essen auf uns warteten, würde ich in den folgenden Tagen wohnen. Doch wo waren seine Trophäen? Die lagerten zu dem Zeitpunkt in Königsberg, wo soeben eine Gebietstrophäenschau zu Ende gegangen war. Eine aufschlußreiche Rangliste ausgestellter Schalenwildtrophäen bewies, daß bislang immer mal wieder starkes Wild im nördlichen Ostpreußen seine Fährte zog.

In der Nacht setzte so heftiger Regen ein, daß ich erwachte. Die sonntägliche Frühpirsch fiel sprichwörtlich ins Wasser. Bedrückender Müßigang folgte. Im russischen Fernsehen gaben sich Walt Disneys Zeichentrickfiguren ein Stelldichein. Auch Werbung bis hin zu windigen Finanzanlagemöglichkeiten verdeutlichte den allumfassenden Wandel in der russischen Gesellschaft.

Nachmittags ließ der Regen deutlich nach. Wir stiegen in den Lada, um die Umgebung von Ebenrode zu erkunden. Ziemlich am Ortseingang von Göritten, zur rechten Hand in Fahrtrichtung, direkt an der Landstraße, betrachtete ich zwei Rominter Waldarbeiterhäuser aus der kaiserlichen Ära. Zwar fehlen die charakteristischen Drachenkopfverzierungen, auch sind die Balkone vernagelt; dennoch können die ochsenblutroten Gebäude ihre Herkunft aus dem zentralen Ort der Heide, Jagdhaus Rominten, nicht verleugnen. Wie weitere Rominter

Fault von unten her weg: Der in den Königsberger Luisen-Wahl verpflanzte Kaiser-Flügel des wilhelminischen Jagdhauses Rominten leidet unter unzulänglichem Fundament

Holzhäuser wurden sie von den Sowjets nach 1945 sytematisch im Grenzanlagenbereich demontiert und andernorts wieder errichtet. Weniger augenfällig ist übrigens ein anderes Rominter Holzhaus, das in Ebenrode steht: Nähert man sich von Westen über die alte R1 der Stadt, sichtet man zur linken Hand das stilistisch entfremdete Gebäude, bevor man auf den Neuen Markt zufährt.

Nun noch eine improvisierte Entenjagd auf halber Strecke zwischen Ebenrode und dem Grenzort Eydtkau. Sascha drückte mir seine russische Querflinte sowie einige Schrotpatronen in die Hand, postierte mich an einem verschilften Tümpel und ließ seinen mehrfach prämiierten Laika-Rüden stöbern. Es waren jedoch keine Quakquak, wie im Russischen Stockenten heißen, zu Hause. „In der Nacht wieder Regen und nochmals Regen", verrät das Tagebuch.

Montag, 7. September 1992: Unablässig prasselte der Regen hernieder. Zügig ging es auf der teils kurvenreichen, spiegelglatten und von Chausseebäumen gesäumten Landstraße südwärts. Mich fröstelte. Nein, Alexander Sytschews umsichtiger Fahrweise durfte ich vertrauen. In jungen Jahren hatte er als Fernfahrer die Weiten des sowjetischen Imperiums durchmessen. Als fürsorglicher Familienvater würde er keine unnützen Risiken eingehen.

Spurensuche in Göritten: Am Rand der Durchfahrtsstraße wurden einige Rominter Waldarbeiterhäuser wieder aufgebaut

Im Gegensatz dazu hatte ich auf meinen landeskundlichen Streifzügen durch Ostpreußen schon ganz andere Erfahrungen gemacht: Egal, ob polnische, russische oder litauische Taxifahrer, die allermeisten suchen ihrer Fahrweise „sportive Akzente" zu verleihen, in dem sie bevorzugt an Steigungen und in unübersichtlichen Kurven Lastwagen überholen. Dies blieb mir nun erspart.

Doch die innere Anspannung wich nicht. Sollte es sich lohnen, daß wir um 04.00 Uhr aufgestanden waren? Es regnete immer noch Bindfäden, große Luftblasen schwammen förmlich auf dem Asphalt. Dutzende und Aberdutzende Poggen, wie im ostpreußischen Volksmund Frösche liebevoll genannt werden, querten die Fahrbahn im Scheinwerferkegel. Ihre Sprünge nahmen sich im Vergleich zu denen der vereinzelten Kröten spärlich aus. Heimlich freute ich mich, wenn es den Mitgeschöpfen gelang, vor unseren Reifen zu entkommen. Die Lichter eines Fuchses am Chausseerand leuchteten im Fernlicht, bevor er absprang. Oft begegneten uns reflektierende Augenpaare streunender Katzen.

Göritten, Schloßbach und Wenzbach blieben schemenhaft am Wegesrand zurück. Im grellen Licht sporadisch aufgestellter Hofleuchten wirkten sie noch ungastlicher als am Tage. Schon war zur Linken der schöne Aussichtspunkt Kaltensee am Wystiter-See aufgetaucht und entschwunden. Diese Strecke sollte mich noch so oft in die Rominter Heide führen, und immer würde ich den Weg erwartungsvoll pochenden Herzens befahren.

Längst hatte uns Hochwald umfangen. Nördlich von Albrechtsrode bogen wir zur Rechten in den Bestand ein, hielten auf einer Schneise. Schnell klappten wir die Sitze um; bis zur hereinbrechenden Dämmerung würden wir noch etwas schlummern. Der Regen ließ deutlich nach. Langsam kam Büchsenlicht auf, die Wolkendecke zerriß. Wir stiegen aus und machten uns marschbereit, schulterten die fertiggeladenen Büchsen. Unter rötlichem Himmel mit weißen Wölkchen zog ein Keil Kraniche trompetend seine Himmelsbahn. Ein erster Gruß der heimatlichen Wildbahn und ein gutes Omen: Die Mütze ab! Doch schon griff Sascha trotz kurzer Beine stürmisch aus. Da blieb keine Zeit zum Sinnieren.

Auf Schneisen ging es durch einen Laubholzanflug, das hüfthohe Gras triefte vor Nässe. Doch die Gummistiefel schafften Abhilfe. Sie sind meines Erachtens in jeder Jahreszeit das einzig passende jagdliche Schuhwerk in Ostpreußen, vom winterlichen Ansitz mal abgesehen. Weiter ging der zügige Marsch durch die Botanik, von einer Pirsch konnte nicht die Rede sein. Laubholz wechselte mit Fichten, Birke war auffallend stark vertreten.

Plötzlich erhob sich auf einer kleinen Blöße vor uns ein kräftiges Poltern. In mächtigen Fluchten entwich ein wildbretstarker, tiefrotbrauner Hirsch auf knappe Entfernung in Richtung einer Dickung. Das zurückgeworfene Geweih bot einen prächtigen Einblick in die Kronen. Herrliche Sekunden: Rund acht Kilogramm mag die Trophäe gewogen haben, etwa 16 Enden.

Dachte ich, Sascha würde nun ruhiger weiterpirschen, sah ich mich schnell eines anderen belehrt. Immer weiter, gerade einmal Lichtungen wurden hastig abgeglast. Zwei Stück Kahlwild flüchteten, später wurde ein Haselhuhn auf Schrotschußentfernung laut purrend hoch.

Durch Biber aufgestaute Sumpfflächen und Gewässer gaben eindrucksvoll Zeugnis über deren Tätigkeit. Kreuz und quer ging es über Schneisen. Immer wieder Fallholz, das zu überklettern war. Langsam wurde der Pfad abschüssig, stieß auf einen querlaufenden, für Autos passierbaren Weg. „Alte Eisenbahn nach Kuiken (= Albrechtsrode)", ließ sich Sasche knapp vernehmen. Die Gleise waren längst demontiert. Die Baumkronen schlossen sich wie bei einer Chaussee über dem gut erhaltenen Gleisdamm, ein prima Pirsch- und Spazierweg. Nur kurzes Gras als Bewuchs.

Wir schlugen den Weg in südlicher Richtung ein. Sascha griff zu seinem 7 x 50 und blickte in Marschrichtung. Ich glaste hingegen mit meinem Zeiss Dialyt 10 x 40 die Lichtung zur Rechten ab. Der ansteigende Hang schloß früher mit dem Südrand der Ansiedlung Schönbruch ab. Das ergab bei der späteren Frühstückspause ein Blick in die deutsche Kreiskarte.

Da! Zwei rote Flecken: Bock und Ricke standen sonnenbeschienen in halbhohem Gras, etwa 70 bis 80 Meter entfernt. Sascha blickte noch immer den Bahndamm entlang. Ein kurzer Anstoß und meine Frage „Streljaj?" ergab die gewünschte Antwort „Da". Noch einige Schritte nach links, dann störten weder überhängende Äste noch die wenigen halbmannshohen Fichten auf der Lichtung meine Schußbahn.

Das Wild äste ruhig vor sich hin, die Ricke sicherte nur einmal zur gegenüberliegenden Seite. Am Zielstock angestrichen, suchte ich durch's Diavari bei 3,5facher Vergrößerung das Ziel. Nach kurzer Todesflucht lag der Bock, vom Gras verschlungen.

Wohl hatte ich blitzartig an der Wange repetiert, um gegebenenfalls einen zweiten Schuß loszuwerden, doch Sascha winkte ab. Ohne große Pause suchten wir den Anschuß und fanden sogleich auch den Bock. Einschuß hochblatt in Kalibergröße, Ausschuß waidwund handbreit. Gescheide war ausgetreten.

Sascha überreichte mir in sichtlicher Zufriedenheit den Schützenbruch. Jubelnd ließ mein Taschenjagdhorn das Signal „Reh tot" ertönen. Übrigens mein erster Ostpreußenbock, ein braver Sechser mit Dachrosen, etwa fünf Jahre alt. Als ich meinem Pirschführer zu verstehen gab, daß Vater über einen zu jung geschossenen Bock ärgerlich reagieren würde, lautete die Antwort: „Serrr guttt". Wie gern hätte ich ihn doch in dem Moment bei mir gehabt.

Die rote Arbeit erledigen wir nach besinnlicher Pause gemeinsam, wobei Sascha zwei Läufe abschärfte, um Kerzenleuchter für mich zu fabrizieren. Immer steckte der Unermüdliche voller Ideen.

Der Bock wurde zum Auskühlen in einen Apfelbaum gehängt, nicht sonderlich verblendet. Ein Hilfsjäger sollte ihn später holen. Das abgeschärfte Haupt jedoch wanderte in den Rucksack, angesichts streunender Pilz- und Obstsucher eine unerläßliche Sicherheitsmaßnahme. Nur einige zerbrochene Dachziegel erinnerten neben Obsthölzern an Schönbruch. Der Rückweg begann mit dem Überqueren des Bahndamms. Sascha verwies auf den Friedhof. Ihn hatten wir beim Anmarsch nicht beachtet. Das gleiche trostlose Bild wie andernorts auch: Geplünderte Gräber, zerstörte Grabtafeln. Nirgends sah ich zuvor

Schönbruch ist verschwunden: Auf der Waldlichtung fiel der erste Rominter Bock des Verfassers

Grabsteine in Form niedriger abrupt endender Baumstämme, mit Efeu-Ornamenten umrankt. Die Querbalken mit den Namenszeichen hingegen fehlten. In wenigen, krassen Worten charakterisierte Sascha die russischen Verursacher und gab so seinem Gerechtigkeitssinn Ausdruck.

Besänftigende Bilder in Fortsetzung des Rückwegs: Eine Entenmutter tummelte sich mit ihren herangewachsenen Jungen auf einem, durch Biber gestauten Wasser. Weiterer Anblick ergab sich nicht. Am Lada angekommen, labte uns heißer Kaffee. Vorbei am stattlichen, ruhig daliegenden Wystiter-See ging es zurück nach Ebenrode.

Allein: die Jagd war noch nicht beendet. „Partisan", grummelte Alexander auf Schwarzfahrer in Form von Hirschläusen, die ich meinerseits als „Bolschewiki" betitelte. Bis zum zügigen Niederschreiben der Tagebucheindrücke im Vormittagsverlauf konnte ich vier weitere erlegen. Ein Exemplar ließ uns Mannsbilder zufrieden und bewies insofern Geschmack, als daß es in der Stadtwohnung Frau Sytschewa anfiel. Die war nicht eben glücklich, kannte die Sache freilich.

Der Abend führte uns westlich von Ebenrode zum Rand eines Gehölzes bei Stubbenhof. Auf schlammigen Feldwegen ging es bis zum Gehölz, wo wir den Wagen verbargen. Immer war Sascha darauf bedacht, Diebstahlchancen möglichst auszuräumen. Auf dem Weg zum Anstand gewahrten wir einen im Blattgewirr verschwindenden Schreiadler. Auf abgeernteten Feldern ließen es sich einige Mäusebussarde und eine streunende Katze gut gehen.

Wir wollten auf Schwarzwild, das zwischen dem Gehölz und dem westlicher gelegenen Teufelsmoor wechselt, anstehen. Kaum war der Stand gewählt, holte Sascha sein Messer hervor und baute aus brusthohen Weidenästen eine Verblendung. Dies Verfahren zum Verschwimmen-Lassen von Konturen wandte er stets genauso im Wald an, wenn wir an Erfolg versprechender Stelle längere Zeit verweilten.

Als sich kein Stück Wild zeigte, traten wir bei fortgeschrittener Dämmerung den Rückzug an. Kaum hatten wir im Wagen Platz genommen, ereilte uns der Schlamassel bei Durchqueren einer wassergefüllten Furt. Der brave Lada blieb am Gegenufer stecken. Schieben, schieben, die Strecke immer wieder mit Weidenhölzern aufpolstern und nochmals schieben, lautete das Gebot der folgenden Stunde. Dann waren wir dem Schlammloch entronnen.

Am folgenden Tag fiel die Frühpirsch aus. Das Wetter wechselte unablässig zwischen Regengüssen und Sonnenschein. So nutzen wir den Tag, um dem Landesjagdverband in Königsberg unsere Aufwartung zu machen. Immerhin benötigt man auf der alten R1, die unter Trassenverlagerung stetig zur Schnellstraße ausgebaut wird, rund drei Stunden bis zur alten und gegenwärtigen Provinzhauptstadt. Zeichen der Zeit: Etliche der alten Chausseebäume lagen gefällt am Straßenrand. Altersfäule und Straßenerweiterung reichten sich die Hand zum Totentanz.

Das schummerige Treppenhaus des ockergelben Hauses in der Königsberger Altstadt, in dem der Jagdverband residiert, nahm uns auf. Frischer Leinölduft der renovierten Holztreppen umfing uns. Geschäftiges Treiben, ein Kommen und Gehen. In seiner freundlichen Art empfing uns Jurij M. Romanow. Ein gebrochen deutsch sprechender Assistent erläuterte mir die soeben abgebaute Trophäenschau. Von den rund 40 präsentierten Rothirschtrophäen bewegten sich zwei Drittel im Medaillenrang. Die Rangfolge führte der Bielicki-Hirsch mit 214 Internationalen Punkten, doch taucht in der offiziellen Ausstellungsliste nicht der Erleger, sondern sein russischer Jagdführer Losjakow auf …

Was sich bereits zu deutscher Zeit abzeichnete, war nun Fakt: Die meisten Spitzenhirsche stellte der Elchwald. Erst Platz 9 zierte mit dem ungeraden 22-Ender von Alexander Sytschew wieder ein Rominter Hirsch. Die Memelforsten brauchen Rominten zahlen- und gütemäßig keineswegs zu scheuen. Dies galt auch für Elchtrophäen. Gute Böcke fielen in den Kreisen Insterburg und Ebenrode.

Ein Meer von Enden breitete sich im Präsentationssaal aus. Am Boden harrten starke Hirschgeweihe ihrer Abholer. Einige stark zurückgesetzte, uralte Hirsche ließen einstige Stärke erahnen.

Erst langsam setzt sich die handwerkliche Kunst sorgfältigen Abkochens und Zurechtsägens der Schädel durch. Einzelne Geweihe waren durchaus sauber aufgebrettet. Trophäenschilde aus Litauen (sic!) oder liebevolle Eigenarbeiten, wobei deutsche Katalogvorlagen Pate gestanden haben dürften, fehlten nicht.

Die Schau deckte den Erlegungszeitraum der vorangegangenen zehn Jahre ab. Fazit: Noch zogen jagdbare Trophäenträger im nördlichen Ostpreußen ihre Fährte. Auch ließen die meisten Geweihe in ihrem Aufbau eine räumliche Zuordnung auf ihre Großreviere zu.

Im Gefühl, daß der allumfassende gesellschaftliche Wandel in der Russischen Föderation vor der Jagd kaum halt machen würde, bestieg ich grübelnd Saschas Lada.

Auf zum Königsberger Luisenwahl, einer Parkanlage in der Nähe der Luisenkirche. Dort erwartete uns eine besondere Begegnung. Während der Kaiserin-Flügel des Wilhelminischen Jagdhauses zu Rominten bei Kriegsende wahrscheinlich in den Flammen aufgegangen war, wurde der Kaiser-Flügel auf sowjetischen Generalsbefehl hin in Königberg wieder errichtet. Die Hubertus-Kapelle in Jagdhaus Rominten wurde übrigens 1950 abgerissen, wie der russische Denkmalschutzexperte Anatolij Bachtin weiß. Einzig das Grün der umstehenden hohen Bäume wirkte versöhnlich.

Die Drachenverzierungen fehlten, das Blechdach trug zur weiteren Verfremdung bei. Eine seitliche Außenwand muß es sich immer wieder gefallen lassen, anläßlich von Jugenddiscos als „Herrentoilette" zu dienen. Da man nur unzulängliche Fundamente setzte, modert der

Holzbau unaufhaltsam von unten vor sich hin. Eine Frage der Zeit, wann auch dies jagdkulturelle Bauwerk rettungslos verloren sein dürfte. Mehrere deutsche Konzepte zur Restaurierung und etwaigen Rückführung nach Rominten scheiterten bereits an der grundsätzlichen Finanzierungsfrage.

Den Knall vernahm er nicht mehr: Der Dumbeck-Stutzen im Kaliber 9,3 x 62 hatte verläßlich Dienst getan

Noch ließ uns Königsberg nicht los. Denn beim vorabendlichen „Schlammschieben" hatte die Vorderachse wohl Schaden genommen. So durften wir in der staatlichen Autowerkstatt noch einige Stunden Wartezeit genießen, bevor eine viertelstündige Reparatur den Bagatellschaden beseitigte. Unter anhaltendem Regen, der den abendlichen Anstand eh vereitelt hätte, trafen wir in Ebenrode ein.

Bei wechselhaftem Wetter traten wir die Frühpirsch an, diesmal südlicher als zwei Tage zuvor. Als wir uns in einem lichten Fichtenbestand einem Waldtümpel näherten, entdeckten wir zwei Kraniche.

In Seelenruhe reinigten sie Gefieder und Schwingen. Sascha ließ mir Schreibtischmenschen verständnisvoll Zeit, dies Bild tief zu verinnerlichen. In scheinbarer Weltabgeschiedenheit wirkten die Vögel vertraut, ein Idyll der Gnade – schwerlich durch ein Jagderlebnis aufzuwiegen. Von fern her untermalte das Trompeten anderer Kraniche die Szenerie.

Doch weiter. Eine Haselhenne bot den nächsten Anblick. Dort ein Alttier, da eine Ricke. An einer anmoorigen Stelle Trittsiegel vom Elch, jedoch geraume Zeit alt. Eine kurze Rast auf gemähter Weide. Die Heuhaufen hatten unter dem häufigen Regen der voranggegangenen Tage schon stark gelitten. Über Kalkhöfen erreichten wir bei einsetzendem Nieselregen ein deutsches Backsteinziegelhaus. Sascha hatte gehofft, den dort wohnenden Berufsjäger anzutreffen, damit jener uns per Auto zu unserem Ausgangspunkt fahren möge. Der Chauffeur glänzte durch Abwesenheit.

Bis dato hatte mich Sascha, der über noch kürzere Beine als ich verfügt, in Grund und Boden gelaufen. Nun war der Zeitpunkt für eine Revanche gekommen. Ich munterte zum Rückmarsch, etwa acht Kilometer lang, auf. Der gestandene Waldläufer wollte natürlich nicht sein Gesicht verlieren und machte gute Mine zum Spiel. Hand auf´s Herz: Eigentlich ging es mir darum, soviele Minuten wie möglich im Revier zu sein. Das Ansinnen wurde schleunig belohnt: Etwa 50 Kraniche präsentierten sich tanzend und trompetend auf den Weiten eines Sturzackers, wieder hieß es, zu verweilen. Hätte ich doch nur ein Spektiv bei mir gehabt. Und als wir in der Nähe des schon bekannten Bahndamms Brotzeit hielten, entdeckte ich einen Tannenhäher in den Birken.

Plötzlich tauchten in einiger Entfernung drei stämmige Fixköter am Bahndamm auf. In Sekundenschnelle hatte ich die Büchse an der Wange, und der Zielstachel sog sich am stärksten Hund fest. „Njet", hieß es auf einmal; es handelte sich um die uns nachgeschlichenen Hunde des nicht angetroffenen Berufsjägers. Wer deren Bewegung im Gelände verfolgte, brauchte kaum zu grübeln, daß er da ein paar eingespielte Haus-Wölfe vor sich hatte …

Abends ging es wieder zum Anstand bei Stubbenhof östlich des Teufelsmoors. Der zwei Tage zuvor gesichtete Adler thronte auf einem Strohballen. Zwar herrschte zunehmender Mond, doch blieb die Sicht mäßig. „Kaban (=Keiler)", flüsterte Sascha plötzlich und versuchte mich einzuweisen. Kaum wollte das Anvisieren gelingen: Fehl-

„Eilung": So treffend knapp nennt der ostpreußische Volksmund aufziehende Gewitter. Hier bei Klein Schanzenort

schuß. Absolut ärgerlich, die Chance auf das Klavier war vertan, wie eine Kontrollsuche zeigte. Sascha hatte mir angeboten, mit dem Handscheinwerfer zu sekundieren. Das hatte ich mir jedoch grundsätzlich verbeten und behielt diese Linie konsequent bei.

Nach nur vierstündigem Schlaf ging es wieder los. Bei Albrechtsrode bogen wir in den Bestand ein. Bereits kurz nach Verlassen des Ladas stießen wir auf drei Stück Kahlwild. Im Wegverlauf gerieten wir an den Erlegungsort meines Bocks. Der zum Bergen des Stücks abgestellte Revierjäger hatte es übrigens vom Fuchs angeschnitten vorgefunden.

Wieder gerieten wir an drei Stück Kahlwild. Hirsche meldeten verhalten auf den Ruf. Wir schrieben unterdessen den 10. September. Die Pirsch führte durch teils schulterhohe Brennesseln und Disteln. Eine Lichtung, die wir abglasten, gab ihr Geheimnis in Form eines schrekkend abspringenden Rehbocks preis. Pirschzeichen verschiedener Schalenwildarten. Zurück in Richtung Bahndamm. Von einer alten Überführung aus, die wir erklommen, bot sich ein Blick auf mehrere Freiflächen. Als ich am Wegesrand einen toten Marderhund genauer unter die Lupe nehmen wollte, riß mich Sascha zurück: Mehr noch als der Fuchs gilt der Enok mittlerweile als Tollwutüberträger.

Wieder war es Saschas Eile zu verdanken, daß wir im Sumpfgelände nördlich Neuteich einen Bock und zwei Ricken vergrämten. Sonnenbestrahlt plazierten wir uns auf dem Bahndamm hinter einem Busch, um uns mit Hasenbrot zu trösten. Nach und nach zogen am Himmel ein Kranich, ein Rohrweihenweib und ein Fischadler mit zwei auf ihn hassenden Kolkraben vorüber. Ein Abstecher zum prächtigen Wystiter-See ließ den Morgen harmonisch ausklingen.

Der abendliche Pirschgang fiel organisatorischen Schwierigkeiten zum Opfer. Um 21.00 Uhr fuhren wir nach Klein Schanzenort am Nordrand der Heide. Ein Insthaus des früheren Guts diente nun als Gästehaus des Jagdvereins. Grau veputzt und mit roten Dachziegeln versehen, strahlte es innen durch Holzvertäfelung eine gewisse Gediegenheit aus. Feldbetten luden zur Rast.

Ein morgendlicher Anstand auf dem Bahndamm bei Neuteich blieb erfolglos. Sascha postierte sich einen Büchsenschuß weiter. Ein Schmaltier näherte sich ihm neugierig bis auf Armlänge, ein Bild für die Götter. Verunsichert zog es sich langsam zurück, es hatte natürlich kei-

Ein Revier starker Forellen: Die munter fließende Rominte, von der Neuen Brücke überspannt

nen Wind bekommen. Neben vier Kranichen bot ein Schwarzspecht durch seinen Anblick, sein Hämmern und Rufen herrliche Kurzweil. Eigentlich lag zu unseren Füßen hangabwärts gutes Elchgelände mit sumpfigen Wiesen. Doch auch dort zeigte sich dies ostpreußische Symboltier nicht.

Von Klein Schanzenort aus unternahm ich einen mittäglichen Spaziergang zum Marinowo-See. In der Sonne dösend, lauschte ich dem Konzert zweier sich über den See hinweg zurufender Kolkraben. Haubentaucher teilten mit ihrer Bugwelle die spiegelglatte Oberfläche des Sees. Ein Rohrsänger sorgte im Uferschilf für netten Tumult. Dann noch ein Abstecher zur aufgelockerten, teils buschigen Landschaft des Jagens 166. Bei meiner Rückkehr erhielt ich von Sascha heftige Vorwürfe. Er legte mir nahe, künftig nur in Begleitung loszuziehen. Er selbst liefe, sofern unbewaffnet, nur mit CS-Gas umher. Die beliebte Ausflugsgegend schätzte er als gefährlich ein. Streitlustige Säufer und Gelegenheitsräuber seien zu fürchten.

Nach erquickendem Nachmittagsschlaf brachte uns eine humpelige KFZ-Fahrt in die Waldungen des Raums Dobauen. Längst existieren in der äußersten südöstlichen Ecke des Königsberger Gebiets keine bewohnten Dörfer mehr; sie wurden nach Kriegsende abgetragen. Großflächige Aufforstungen haben ebenso wie Naturverjüngung auch dort die Rominter Heide ausufern lassen. Einige kleine Seen schmücken die malerisch verwinkelte Hügellandschaft.

Im Nassawener Forst erlegt: Dies von Alexander Sytschew erbeutete Keilergewaff weist stattliche 27 Millimeter Gewehrbreite auf

Brennesseln und dichtes Unterholz verwehrten weitgehend die Sicht. Im Blattgewirr zwei sichernde Stück Kahlwild. Ein verlandender See mit abgestorbenen Birken zog Sascha an. Er wies auf Elchfährten. Doch der Anstand blieb erfolglos. Mit Einbruch der Dunkelheit vernahmen wir sehr mäßiges Rufen mehrerer Rothirsche. Um 21.00 Uhr waren wir wieder beim Wagen.

Im Raum Albrechtsrode ging es auf die Frühpirsch. Wir schrieben Sonnabend, den 12. September. Schon war eine Woche meines Aufenthalts verstrichen. Zu Anfang gleich die „klassische Kombination" Alttier, vor- und diesjähriges Kalb. Ein Knacken, da wechselte ein dreijähriger Zukunftshirsch über die Lichtung. Pirschzeichen allerorten: Elch-, Rot-, Schwarz- und Rehwild, doch jagdbares Wild kam nicht vor den Stutzen. Schließlich noch eine Ricke auf einer Lichtung. Zwei keckernde Eichhörnchen, deren Fellchen rostrot in der Sonne erstrahlten, jagten einander mit wahrhaft akrobatischen Sprüngen von Stamm zu Stamm, und ein überaus emsiger Kleiber machte die Biologiestunde schließlich komplett.

„Nach Stallupönen 3 Meilen": Historischer Wegweiser in Tollmingen

Auf der Rückfahrt hielt Sascha abrupt: Bock?! Raus aus dem Wagen, geduckter Haltung pirschten wir ihn an. Doch bevor ich ihn ins Visier bekam, fühlte er sich durch herannahende Dorfkinder gestört und sprang ab. Bei Schanzenort wurden meine Gedanken von einem Schreiadler abgelenkt, der auf einem Heuhaufen saß.

Die Abendpirsch fiel aus, Sascha sollte seiner geliebten Banja (= Dampfbad) nicht entsagen müssen.

Sonntags ging es in der Früh um 04.00 Uhr wieder auf Pirsch. Die Rominte über die Neue Brücke überquerend, erreichten wir für mich neues, unbekanntes Terrain. Im Baustil des Bogens ähnelt die Neue Brücke der Hirsch-Brücke bedingt. An beiden Seiten war das Geländer schon längst abgetragen. Das über weite Strecken sehr hügelige Gelände war vorwiegend mit Fichtenbaumhölzern bestockt. Endlich mal fast keine Birken. Die Pirsch erfolgte vorwiegend auf Waldwegen, kaum in den Beständen. Vereinzelt meldeten Hirsche. Im aufgewühlten Boden eines Fichteneinschlags entdeckten wir die relativ frische Spur eines einzelnen sehr starken Wolfs. Ein prächtiger Fichtenüberhälter wurde von einem Kolkrabenhorst geziert. Die eingeschlagenen, sehr geradwüchsigen Fichtenstämme hatten ihr Zielalter noch lange nicht erreicht ... schnelles Geld sollte wohl in die Forstkasse wandern.

Auf dem Rückweg pirschten wir uns an eine Lichtung heran. Am gegenüberliegenden Waldrand zog auf 100 Meter ein alter ungerader Zwölfender mürrisch brummend entlang.

Beim Lada frühstückten wir, Kolkraben lieferten den musikalischen Hintergrund. Auf einmal fiel weit ab ein Büchsenschuß: Wilderer! Sa-

Erinnert an den gefallenen Forstmeister Dr. Paul Barckhausen: Das erhalten gebliebene Forstamtsgebäude Warnen befindet sich heute in russischem Privatbesitz

scha unterstanden für die Heide nur drei Berufsjäger. Da konnte von ausreichendem Jagdschutz keineswegs die Rede sein. Am Wegesrand fanden sich viele Pilze. Ein weiterer Büchsenschuß in der Ferne.

Auf der Rückfahrt nach Klein Schanzenort stießen wir auf einen liegengebliebenes Campmobil. Drei finstere Galgenvögel baten um Mitnahme, was Sascha nur zu beschleunigter Weiterfahrt veranlaßte.

Ein abendliches Verhören von Hirschen mit Stellungswechsel per PKW blieb erfolglos.

Am Montag, den 14. September, verlief die Frühpirsch wieder im Bereich der Neuen Brücke. Drei Hirsche schrieen. Im lichten Fichtenholz, hügelauf, hügelab, pirschten wir zügig einen beständig Rufenden an. Zweimal bekamen wir ihn in Anblick: Ein siebenjähriger Zukunftshirsch von 18 Enden. Fast vertraut stand er in einer Senke. Oh, wie da mein Zeigefinger juckte. Abgesehen davon, daß der Hirsch somit noch etwas jung war, wollte ich Sascha keine diplomatischen Schwierigkeiten bereiten. Nur 30 Meter hätte die Schußentfernung betragen.

Nachmittags siedelte ich von Klein Schanzenort in Saschas Ebenroder Privatwohnung um. Denn die Hirschjäger wurden in der Jagdhütte erwartet, allerdings nicht nur von den russischen Jägern … sondern auch von der Miliz, die ihnen jegliche Jagdausübung untersagte. Obwohl ohne Zuständigkeit, hatte der Ebenroder Rayon-Chef (= Kreisdirektor) einige Zeit zuvor an einen deutschen „Spekulanten", wie der russische Volksmund zweifelhaft anmutende Investoren gern betitelt, die Waldnutzungsrechte der nördliche Heide auf 30 Jahre hinaus verpachtet. Dieser Deutsche hatte in Hessen als Juwelenhändler schon den Offenbarungseid leisten müssen, bevor er sich anschickte, die Russen „am deutschen Wesen genesen" zu lassen. Da er das Jagdwesen als zu seinen erworbenen Rechten gehörig interpretierte, beeinflußte er den Rayon-Chef, Miliz zu entsenden. Landesrechtliche Zuständigkeit negierend, untersagte diese nun den deutschen Hirschjägern die Jagdausübung. Selbst Einwände anwesender Königsberger Jagdfunktionäre verhallten zwecklos.

Jäger aller Herren Länder sind freilich gewitzte Menschen: Ohne sich in langanhaltende juristische Kompetenzstreitigkeiten zu verzetteln, ließ man die Jagd lediglich einen Tag lang scheinbar ruhen, um dann doch dem Waidwerk nachzugehen.

Reste einer vergangenen Architektur: Terassenmauer am Reichsjägerhof

Ich war in meinem Ausweichquartier von der Maßnahme verschont geblieben, konnte Montag abends noch auf Anstand am Rand des Teufelsmoors. Es sollte wieder auf Sauen gehen. Schon beim Anmarsch mit meinem Jagdführer Viktor vernahmen wir lautes Quieken, bis sich in 100 Metern Entfernung eine Bache mit sechs Frischlingen davonmachte. Den siebenten, eine 20 Kilogramm schwere Frischlingsbache, hatte mein 19 Gramm schweres TUG leicht schräg von vorn unterhalb des Blatts den rechten Vorderlaufansatz zertrümmert. Tapfer versuchte das Wild zu entkommen. Bevor ich repetiert hatte, stürmte der baumlange Viktor schon vor.

An einen Fangschuß war nicht mehr zu denken. Schon hatte er einen Hinterlauf gepackt und winkte mich herbei. Mit dem Nicker fing ich den Kujel ab. Eine weitere wildbretentwertende Kugel war anscheinend unerwünscht, wie sich später herausstellte. Diensteifrig ließ sich Viktor nicht die Arbeit nehmen, den Frischling sofort aufzubrechen und zu zerwirken. In der Ferne aber hörten wir das Brechen und Quieken anderer Schwarzkittel. Bald waren seine beiden Berufskollegen, die mit uns gefahren waren, von ihren Anständen zu uns gestoßen. Sie zeigten zufriedene Gesichter.

Oft waren diese wettererprobten Männer in ihren Tarnanzügen, sogar mit Gesichtsschleier, draußen, um Wildschadensbegrenzung zu betreiben. Autobatterie-gespeiste Handscheinwerfer und Doppelflinten mit Flintenlaufgeschossen stellen dabei die einzige Ausrüstung dar.

In Windesfahrt ging es abschließend in die Feldflur östlich Ebenrode, wo sie aus dem Auto die Felder nach Böcken ableuchteten. Mit Mühe nur erwehrte ich mich der – von Herzen kommenden – Aufforderung zum Schuß. Die Böcke waren mir angeblich zu „malenkij"; wie sollte ich den fürsorglichen Begleitern deutsche Jagdauffassung in Ermangelung hinreichender Sprachkenntnisse vermitteln?

Am folgenden Morgen vereitelte strömender Regen die Frühpirsch. Nun, wer Jagdfahrten nach Ostpreußen plant, muß wissen, daß ab Ende August die Wetterlage häufig unbefriedigend ist: Das hilft, Enttäuschungen vorzubeugen.

Zum Abend hin hatte sich das Wetter scheinbar nicht gebessert, doch als mich die Berufsjäger abholten, war der Himmel sternenklar. Wir plazierten uns an der südlichen Kante des Teufelsmoors, nachdem wir mal wieder eine abenteuerliche Ralley hinter uns gebracht hatten.

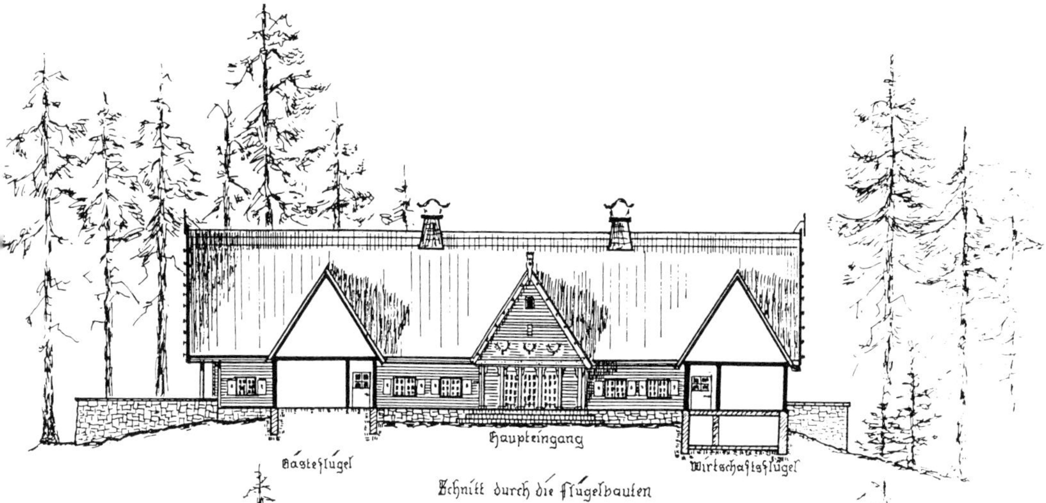

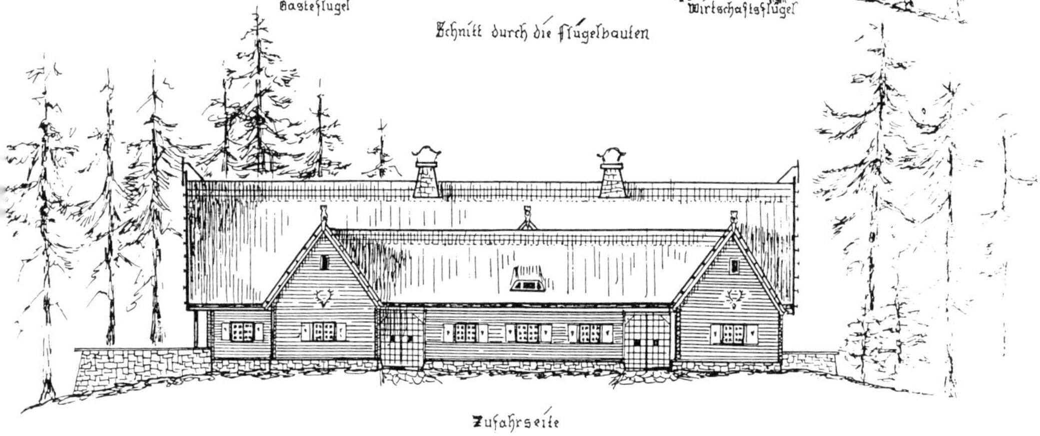

Unaufdringlich in die Landschaft gefügt: Seitenansichten des Reichsjägerhofs

Von weitem ließen sich zwei Ricken mit ihren Kitzen ausmachen. Auf freier Feldflur ein mausender Fuchs. Bei schwindendem Büchsenlicht tauchte ein wohl noch ziemlich junger Bock auf, blieb nicht ansprechbar. Der begleitende Jäger konnte nicht nachvollziehen, warum mein Finger gerade blieb. Der abnehmende Mond, immer noch eine stattliche Scheibe, tauchte rötlich gefärbt hart über den Baumwipfeln eines Gehölzes auf. Wir meinten die Geräusche nahenden Schwarzwildes zu vernehmen, doch zeigte sich kein einziger Kujel. Auf dem Rückmarsch zum Wagen nutzten die Russen ihre Scheinwerfer zum Ableuchten und entdeckten einige Ricken. Nach abenteuerlicher Schlammfahrt erreichten wir ohne Zwischenfälle die R1 und damit bald Ebenrode.

Anhaltender Regen erübrigte am Mittwoch die Frühpirsch. Erst gegen Mittag klarte das Wetter auf. Den Tag über wartete ich auf Sascha, der am Abend völlig durchnäßt erschien, müde und abgespannt. Die Hirschjäger sollten schließlich nicht als Schneider heimfahren. Vergeblich suchten wir noch den Dolmetscher in Gumbinnen auf. So erledigten wir das Jagdprotokoll „mit Händen und Füßen". Längst wußten wir intuitiv, was der jeweils andere von uns dachte, beabsichtigte und auszudrücken versuchte.

Der kommende Tag diente Exkursionszwecken im Ebenroder Kreisgebiet. Zwei von Saschas Berufsjägern holten mich nach dem Mittagessen ab. Über den östlichsten Streckenabschnitt der R1 ging es zum Grenzort Eydtkau. Die flache Landschaft wirkt besonders ausgeräumt, schwerste Kämpfe hatten den Landstrich gegen Ende des Zweiten Weltkriegs heimgesucht. Wer moderne Landkarten mit historischen vergleicht, sieht, daß in den östlichen Grenzregionen der Provinz besonders viele Dörfer vom Erdboden verschwunden sind. Das gilt übrigens auch für die heute unter polnischer Hoheit stehenden Kreise Goldap und Treuburg.

Eydtkau wurde links und rechts der sie durchziehenden Fernstrasse von den Sowjets mit hohen Mauern versehen und als Kaserne zweckentfremdet. Traurig ragt die Ruine der evangelischen Kirche mit ihren beiden Turmstümpfen wie eine gestrandete Arche aus der lückenhaften Häuseransammlungen hervor. Der nördlicher gelegenen Grenzstadt Schirwindt im Kreis Schloßberg blieb das Folgeschicksal kulturverachtenden Dahindämmerns erspart: Sie wurde einschließlich ihrer Grundmauern von den sowjetischen Eroberern abgetragen.

Nichts wie fort. Bei Narwickau abgebogen, ging es durch Ackerweiten nach Göritten. Kein Stück Niederwild bot Abwechslung auf einer der endlos wirkenden Weideflächen. Erst in Schloßbach hielten wir endlich an der erstaunlich gut erhaltenen 1778 erbauten evangelischen Kirche. Sie diente über Jahrzehnte als Lagerhaus. Die großen Kirchenfenster sind mit Glasbausteinen versehen. Wer Vergleiche mit anderen Gotteshäusern im Königsberger Gebiet zieht, mag hoffen, daß dieser Bau noch lange der Witterung trotze.

Am Nordostufer des Wystiter-Sees: Die kleine litauische Grenzstadt Vistytis grüßt mit dem Turm ihrer evangelischen Kirche

Von den 222 Kirchengebäuden, die bei Kriegsende im Bereich des sowjetisch verwalteten Königsberger Gebiets standen, überdauerten die allermeisten die Kriegshandlungen fast unbeschädigt. Sie wurden vielfach aus „ideologischen Gründen" abgerissen, sofern man sie nicht zu weltlichen Zwecken, etwa als Getreidelager oder Schweineställe, mißbrauchte.

Weiter südwärts bogen wir nach dem malerischen Stauteich des einstigen Gutes Baibeln endlich einmal östlich ab. Auf geteertem Weg ging es am steilen Nordufer des Wystiter-Sees entlang zur Grenze nach Litauen. Am Seeufer breitete sich, von den Russen „Polygon" genannt, ein wissenschaftliches Fischereiforschungslager mit einigen Gebäuden und Pontonsteg aus. Im weiteren Wegverlauf standen sichtlich gelangweilt russische Grenztruppler. Sie hinderten unsere Weiterfahrt nicht. Nun noch den Einlauf des Wystiter-Sees in die Pissa überbrückt, standen wir am Schlagbaum der Russen. Einige Zigaretten wechselten den Besitzer, schon war der Bürokratie Genüge getan. Nicht so bei den Litauern, die eine regelrechte Grenzstation errichtet hatten. Nach etlichem Hin und Her durften wir uns in Vistytis umschauen. Neben wohltuender Ordnung und Sauberkeit gefiel die evangelische Kirche. Das Licht der Reformation war im 16. Jahrhundert von Ostpreußen in die Randbereiche des Nachbarlandes hinübergestrahlt.

Nicht gefallen konnte ein kunstvoll geschnitzter eichener Wegweiser, der ostpreußische Städte, wie z.B. Königsberg, Tilsit und Gumbinnen, mit litauischen Namen belegte: Ein besonders deutliches Zeichen litauischen Gebietsanspruchs, der immer wieder geäußert wird. Vistytis, mehr Dorf als (nominell) Stadt, hatte so in einer halben Stunde mehr über die litauisch-russischen Beziehungen offenbart, als dies lange Seminare erbracht hätten. Erfreulich unkompliziert die erneute Grenzpassage. Aufgrund der verschärften Visumordnung der Folgejahre ließ sich ein solcher Abstecher ohne große Umstände bislang nicht wiederholen.

Durch das Herz der Rominter Heide gelangten wir zum Reichsjägerhof. Dessen Ruine war weiterhin unberührt. Trotz strömenden Regen genossen wir den Blick über das Romintetal. Als abwechslungsreich und malerisch erwies sich der Weg von Jagdbude nach Schönheide. In Tollmingen sprach mich ein Geschwisterpaar an. Ihr Vater namens Thierfelder war am Ort Gutsverwalter gewesen. Ich möge Dr. Wolfgang Rothe, den mir bekannten Sohn des letzten Gutsherrn, grüßen. Ja, Heimatliebe kennt keine Entfernungen: Der vor mir stehende Herr war aus Australien angereist, während seine Schwester im Westen Deutschlands lebte.

Letzter Halteort des Ausflugs war Trakehnen, wo wir am Landstallmeisterhaus vom russischen Betreiber eines kleinen Ortsmuseums freundlich in Beschlag genommen wurden. Mit viel Tatkraft hatte er eine durchaus sehenswerte Schausammlung über die Lokalgeschichte und Pferdezucht liebevoll zusammengetragen. Mit deutschen Worten gab er aufschlußreiche Erläuterungen, daß die Zeit nur so flog.

Über Mühlengarten erreichten wir um 16.00 Uhr Ebenrode. 120 Kilometer Wegstrecke auf zum Teil dürftigen Straßenverhältnissen lagen hinter uns. Der Regen hielt leider an, an einen abendlichen Anstand war nicht zu denken.

Ebenso grüßte der folgende Morgen. Es war Freitag, der 18. September. Zeit zum Packen und Nachbessern des Tagebuchs. Abends erschien der einmal mehr durchnäßte Sascha. Nachdem er sich ein wenig zurechtgemacht hatte, aßen wir und bepackten den Lada. Schon war die Dämmerung hereingebrochen, als wir uns auf den Weg zum litauischen Flughafen Palanga machten.

An der Memel entfachten die litauischen Zöllner ein Palaver wegen fehlender Papiere. Dennoch überzeugte noch einmal Saschas natürliche Autorität. Schweigend verlief die Fahrt. Im Memelland löste ich ihn vom Steuer ab. Zu später Stunde standen wir vor dem Tower Palanga. Kein Hotel weit und breit. Auf Saschas Klopfen hin öffnete ein litauischer Sicherheitsmann. Schnell die Sachen ins Dienstgebäude, dann ein kurzer, aber herzlicher Abschied von Sascha. Während ich auf einer Holzbank bis zum Morgen ruhen durfte, mußte der Bedauernswerte die gleiche Strecke sofort zurückfahren.

Beim Einchecken am Morgen geriet ich mit zwei westdeutschen Jägern ins Gespräch. Wie ihr Gepäck verriet, hatten sie im Raum Alytus je einen nicht sonderlich starken, doch sehr ebenmäßigen Zwölfender geschossen. Die Gegend gilt als bestes Rotwildrefugium Litauens. Auffallend, daß dort immer wieder Hirsche des Rominter Typs zur Strecke kommen. Deren Ahnherren mochten vor der Kriegsgreuel in Ostpreußen geflohen sein.

Der Rückflug nach Hannover verlief reibungslos, gewährte Zeit zum Sinnieren: Das Eis war gebrochen … und ich würde wiederkehren nach Rominten. „Ich hab noch einen Koffer in Berlin", lautet der Anfang eines alten Schlagers. „Ich hab noch ein Paar Stiefel in Ebenrode", konnte ich gegenhalten: Sie hatten nicht wieder ins Gepäck gepaßt. Würden sie mir auf neuen Pirschzügen durch den geliebten Heimatwald den Weg bahnen? Ich hoffte es.

Ein ausgesprochenes Storchendorf: Besonders im Umfeld der evangelischen Kirchenruine von Breitenstein, Kreis Tilsit-Ragnit, brüten alljährlich Dutzende Adebare

VIERTES KAPITEL

Ein Lied der Freundschaft

Hat man einmal in östlicher Abgeschiedenheit fern des Zivilisationslärms spannend gepirscht und auf dem Anstand ungestört sinniert, wird man künftig derartigen Verlockungen nicht widerstehen können. So ging es auch mir, als ein preiswertes Angebot über eine Birkhahnjagd in Polen auf meinen Schreibtisch flatterte. Es sollte an die weißrussische Grenze nördlich des Urwalds von Bialowies gehen.

Schnell müdeten meine Telefonate im jagdlichen Bekanntenkreis Mitfahrer auf, die sich erwartungsgemäß als wackere Reisegesellen entpuppten. Denn noch schlimmer, als womöglich mit blankem Lauf heimzukehren, kann eine Jagdreise sein, bei der man die Unterkunft und jagdliche Erlebniswelt mit unleidigen oder orgiastischen Zeitgenossen zu teilen gezwungen ist.

Am Dienstag, den 13. April 1993, trafen wir uns sternförmig bei unserem Fahrzeuginhaber, meinem lieben Corpsbruder Dr. Roland Mühlbauer. Mit von der Partie war ein nicht minder liebenswürdiger ostpreußischer Landsmann, Oberstleutnant a. D. Wolf-Gero Simniok, ebenfalls Alter Corpsstudent.

Eigentlich hätten wir es uns leicht machen können und von Westfalen aus über Berlin, Frankfurt/Oder, Posen und Warschau in das östliche Polen reisen mögen. Zum einen kommt es an der Oder-Neisse-Linie bei Frankfurt/O. jedoch oft zu langen Staus, und die Ost-West-Stecke durch Polen ist als Transitstrecke nach Weißrußland wegen hohen LKW-Aufkommens ebenfalls kein Vergnügen. Zum anderen wollten wir nimmermüden ostpreußischen Heimatkünder die Chance nicht ungenutzt lassen, unserem schwäbischen Waidgesell die Reize Masurens missionierend vor Augen zu führen. Also wählten wir die klassische Route über Pomellen bei Stettin, um das eigentliche Reiseziel bogenförmig vom Norden her anzusteuern.

Die Wartezeit an der Grenze bei Pomellen blieb gering. Die polnische Waffenkontrolle gestaltete sich problemlos. Bei tiefschwarzer Nacht überquerten wir im weiteren Fahrtverlauf die Thorner Weichselbrücke und schlängelten uns durch das Kulmer Land. Da kam mir beiläufig Löbau, im nordöstlichen Ausläufer der Region gelegen, in den Sinn: Dort werden immer wieder erstaunlich starke Rehkronen erbeutet, bei der Bodengüte allerdings auch nicht so verwunderlich.

Nachdem wir vor Soldau die ostpreußische Landesgrenze gedanklich wahrgenommen hatten, parkten wir den Wagen in der Feldflur, um das Zwielicht des nahenden Morgens schlummernd abzuwarten. Leichte Frühnebel zogen über kahle Ackerflächen, als sich zwischen Neidenburg und Willenberg für uns die Konturen der hügeligen masurischen Landschaft immer mehr erschlossen. Auf einer Brache standen in verhältnismäßiger Enge ein Dutzend Kraniche und Weißstörche, mit der Nahrungssuche beschäftigt. Ein seltenes Fotomotiv, doch spielten die Lichtverhältnisse noch nicht mit.

Auf dem gleichen Wegabschnitt, in Nähe eines Waldes, sollte mir im Sommer 1996 übrigens während einer Exkursion für wenige Momente ein sichernder Wolf am Chausseerand begegnen, der beim Näherkommen unseres Autos jedoch sofort in den Bestand zurücksprang.

Nach einem warmen Frühstück im Ortelsburger Hotel Krystyna, dessen Interieur uns selbst im Vergleich mit anderen polnischen Hotels betont kitschig anmutete, zeigten wir einem begeisterten Mühlbauer die Schönheiten der masurischen Landschaft und fuhren über Nikolaiken und Lyck der historischen Landesgrenze entgegen. Voller Stolz verwies Simniok in seiner engeren Heimatgegend bei Scharfenrade, vormals Ostrokollen, auf eine der wenigen erhalten gebliebenen ostpreußischen Holzkirchen. Das evangelische Gotteshaus wird nicht mehr benutzt und soll künftig als Museum dienen.

Kaum hatten wir wieder polnischen Boden betreten, blickten wir auf einen raumschiffähnlichen Kirchenneubau. Seit dem Ende des Sozialismus war in allen Teilen Polens ein regelrechter Kirchenbau-Rausch ausgebrochen. Längst ist jedoch ein großer Teil der Bevölkerung aufgrund der anhaltend dogmatischen Einstellung der katholischen Amtskirche verbittert und sähe die riesigen Geldmengen lieber in sozialen Einrichtungen verplant, z.B. für Krankenhaussanierungen.

In Bialystok verfuhren wir uns erstmal kräftig: Die Straßenqualität ist in Polen durchaus brauchbar. In sozialistischer Zeit übertraf diese deutlich den Zustand mitteldeutscher Landstraßen. Wegweiser werden jedoch kaum in einem anderen Land Europas so mißverständlich beschriftet und aufgestellt.

Schließlich entkamen wir der nüchtern wirkenden Stadt und hielten uns strikt südwärts, bis wir das Dörfchen Suchowolce bei Klesczcele erreichten.

Ein kleines, sauberes Straßendorf lag vor uns. Schnell fanden wir das Forsthaus aufgrund des im Hof abgestellten grünfarbenen Geländewagens. Schon begrüßte uns das Försterehepaar und ein eigens aus Warschau angereister Dolmetscher sowie der Vorsitzende des zuständigen Jagdclubs.

Das Forsthaus unterschied sich kaum von den anderen Häusern des Dorfs. Das recht neue, eingeschossige Haus mit ausgebautem Dachzimmer wirkte gemütlich. Hin und wieder bot es deutschen Gastjägern, die auf Böcke waidwerken wollten, Quartier. Angesichts der sandigen Böden ist die Trophäenqualität recht mäßig.

Nach einem späten Mittagsmahl brachen wir im Auto des Jagdclub-Vorsitzenden zu einem kleinen Streifzug durch die Umgebung auf. Sandige Partien mit kargen Kiefernwäldern und Kartoffeläckern wechselten sich mit dränierten, moorigen Wiesen und Weiden ab. In einer Sandkuhle erhielten wir ausdrücklich die Möglichkeit, Probeschüsse mit unseren Waffen abzugeben.

Schließlich näherten wir uns durch einen lichten Birkenhain einer im Rücken waldgesäumten, großflächigen Wiese. Auf ihr standen in einer Reihe drei große Heuhaufen. Nein, das waren ja Ansitzschirme. Deren Fenster waren auf einen rund 100 Meter tiefen und 500 Meter breiten Wiesenabschnitt ausgerichtet, der von einem Abflußgraben voraus gegrenzt wurde. Massive Gebrächspuren wiesen auf Schwarzkittel hin, Maulwurfshaufen ergaben weitere schwarze Irritationspunkte in der fahlen, gelbgrünen Ebene.

Nachdem uns der Jagdvorsitzende unsere Stände zugewiesen hatte, war jeder von uns allein. Die Schirme waren ebenerdig errichtet, also nicht in den Boden eingelassen. Kiefernstangen bildeten das Grundgerüst. Die Außenwände bestanden aus einem lückenhaften Geflecht von Ästen und Strohbüscheln. Das Sitzbrett ruhte auf einem in den Boden gerammten Pfahl. Hätte ich bloß meinen Zielstock mit auf die Reise genommen. An einer festen Gewehrauflage mangelte es jedenfalls deutlich.

Mit hereinbrechender Dämmerung fiel ein halbes Dutzend Birkhähne auf den Balzplatz ein und erging sich in Imponiergehabe. Weit rechts außerhalb meines Schußbereichs hatten sie sich vor Mühlbauers Schirm eingespielt. Mir zeigten sie zumindest im Dialyt 8 x 56 B/GA ihr prächtiges Kleid. Ihr Zischen und Fauchen war trotz der Entfernung gut zu hören. Dann beendete ein lautes „Paff" die Szene, alle Hähne strichen zügig ab. Mühlbauer hatte ein .22 Hornet-

Projektil aus seiner Walther KKJ vergeblich auf die Reise geschickt. Der Balzplatz blieb leer. Eine Kontrollsuche erbrachte kein zufriedenstellendes Ergebnis. Immerhin hatte er auf 100 Meter Distanz schiessen müssen.

Sollte sich das Balzspiel nicht auch mal in höchstens 50 Metern Entfernung von meinem Stand ereignen, blieben meine Karten schlecht. Denn ich war nur in Besitz meiner Gebr. Merkel-Bockdoppelflinte im Kaliber 12/70 und eines Anschütz-Stutzens im Kaliber .22 lfB. Ein zwar hochpräzises, freilich nur bis 50 Meter Schußdistanz auf Birkwild waidgerecht einzusetzendes Zielfernrohrgewehr.

Nach gemütlichem Abend ging es wieder zu nachtschlafender Zeit aus den Federn. Rund ein Dutzend schwarzer Ritter belebte den Balzplatz, jedoch auch diesmal mit Schwerpunkt zwischen meinen Waidgesellen. Diesmal hatten sich auch zwei Hennen am Rande hinzugesellt. Erneut war es Mühlbauer, der die Waffe sprechen ließ. Der von ihm beschossene Hahn führte einen wahren Veitstanz auf und stieß sich im Todesringen die Sicheln aus, die wir nachher einzeln im Gras zusammensuchen konnten. Ein Phyrrussieg: Der Präparator würde knifflige Arbeit zu erledigen haben.

Nach erfolgtem Aushakeln und dem erforderlichen Auskühlen kam der Hahn in den Gefrierschrank, während wir nach einem ausgiebigen Frühstück nochmals in die Betten sanken. Die Anreise zehrte noch an unseren Knochen. Als wir gegen Mittag aufstanden, wartete der Erleger – das Einschlafen war ihm verständlicher weise schwer gefallen – mit Fachwissen auf. „Habe da gerade in einem alten bayerischen Jagderlebnisbuch gelesen. Ein Förster beschreibt darin, wie man die Hahnen herbeilocken kann. Tschuii – Tschuiii – Tschuiii ... Das müßte doch eigentlich auch hier möglich sein."

Abends ging es in die Feldflur, und wir wurden im Bereich gezäunter Weiden weit voneinander verteilt. Auch dort hatte man Schirme der „üblichen" Bauart plaziert. In der Ferne sah ich zwei wild Balzende. Eine Birkhenne flog in einiger Distanz vorüber.

Endlich fiel auf dem unbefestigten Weg vor mir ein Hahn ein. Er richtete sich auf und begann zu schleifen. Schließlich verharrte er nach längerer Zeit und äugte zum Schirm herüber, was mich angesichts der lückenhaften Tarnung vermehrt erstarren ließ. Im Fernglas zeigten sich herrliche Sicheln deutlich. Einen Schuß aus der Flinte durfte ich wegen der mangelnden Garbendeckung trotz der durchschlagskräftigen Ladung meines Erachtens nicht dulden. Und auch die

.22 lfB schien mir zu riskant. Also verzichtete ich, was die Polen nicht nachvollziehen konnten.

Als es stärker dämmerte, wurden wir von unseren Schirmen abgeholt. Unterwegs wollte man uns zu einem Schuß auf einen Mäusebussard verleiten, doch bis der Wagen hielt, strich der Vogel bereits

Zwischenhalt in Masuren: Ostpreußische Holzkirchen, wie beispielsweise in Scharfenrade, sind selten geworden

ab und enthob uns der Situation. Eindringlich wurde uns mehrmals versichert, daß die Bussarde an brütenden Hennen und Gelegen zu Schaden gingen.

Hoch stand der Abendstern, als Simniok und ich uns an verschiedenen Plätzen anstellen ließen, um den Schnepfenstrich auszukosten. Auf einer Schneise in einem Birkenwäldchen harrte der Revierförster mit mir aus. Im sich verstärkenden Dämmerschein glitt in zwanzig Meter Höhe von rechts ein Schnepfenhahn heran. Doppelt fehlte ich ihn. Um es kurz zu machen, auch bei der zweiten Gelegenheit des Abends war der Waldvogel „hinten zu kurz".

Ein lauter, ungewohnter Knall aus der Ferne: Meinen Waidgesell haute es vom Jagdstock in den trockenen Graben, als sein Drilling bei

Ein Balzmorgen im Osten: Nach einem Ölgemälde von Prof. Gerhard Löbenberg

einer Schußabgabe doppelte. Dann war auch seine Chance vertan. Der auf Keiler ansitzende Mühlbauer hatte keinen Anblick, seine mitgeführte, bewährte Bockdoppelbüchse schwieg.

Im warmen Dachgeschoß war erstmal Putz- und Flickstunde angesagt. Meine Flinte zerlegend, sprach ich Simniok an: „Landsmann, darf ich Ihnen den Drilling gleich mit putzen?" – „Aber, aber, Syskooo, Sie haben doch in der Jägertruppe gedient!" – „Jawoll, selbstverständlich, Herr Oberstleutnant!" – „Na, dann wissen Sie ja auch, daß es Reinigen und nicht Putzen heißt!" – „Jawoll, Herr Oberstleutnant! Aber soll ich nu´ oder nich´?" – „Sehr freundlich, gern doch." – „Dann legen Sie den Drilling ruhig schon mal auf den Tisch. Erbitte im übrigen Geduld, muß erst noch mein *Putz*-Zeug suchen ..."

Der folgende Frühansitz am Freitag, den 16. April 1993, sah mich zweckmäßiger bewaffnet. Mühlbauers Walther KKJ kam nun mit auf meinen Stand. Was hatte er doch gleich über das „Tschuiii – tschuiii?" gesagt? Noch dämmerte es nicht, da trat ich sanft und schließlich immer stärker in den Balzgesang ein. Aus verschiedenen Richtungen vernahm ich ebenfalls Hahnen. Es dämmerte verhalten, da fielen die ersten schwarzen Ritter auf der Bühne ein.

Plötzlich erfüllte von hinten ein heftiges Flügelschlagen die direkte Luft über mir. Tatsächlich ließ sich eine Birkhenne auf meinem Schirmdach nieder; nur keinen Mucks produzieren. Das fiel schwer, denn wie soll man sich das Lachen verkneifen, wenn so ein Frauenzimmer mit der banalen Stimme einer Hühnerfarmbewohnerin „Pooak, pooak" macht? Endlich strich sie zu ihresgleichen ab.

Linker Hand in respektabler Entfernung umwarb ein einzelner Hahn eine Henne. Ich strich, so gut es ging, an einer Schirmlatte an. Nach kurzem Zielen durch das Diatal 6 x 42 ließ ich die Kugel fliegen. Scheinbar, scheinbar unberührt erhob sich der Hahn und strich in hohem Bogen ab.

Das Intermezzo schien am Hauptbalzplatz unbemerkt geblieben zu sein. Der auf mich zustehende Wind mochte den meisten Lärm verschluckt haben.

Nach und nach balzten zwölf Hahnen auf engem Raum. Nur drei Hennen, mehr hatten wir zuvor auch nicht gesehen, wohnten der Brautwerbung bei. Einen besonders starken Hahn ließ ich nicht mehr aus den Augen. Warum schoß mein braver Waidgesell denn nicht? Die Distanz zwischen ihm und dem Wild war vergleichsweise geringer , wie mir schien. Er hatte diesmal den anderen Außenposten inne, während Mühlbauer als Beobachter mit Fernglas zwischen uns saß.

Lange wartete ich, dann erhob ich erneut die Waffe. Als ich den Stecher berührte, strich der Starke zügig ab. Ihm folgte das andere Birkwild. Doch a tempo erklang die Schonzeitbockbüchsflinte von Simniok. Sein .22 Magnum-Teilmantel-Geschoß hatte den ihm nächsten Hahn erfaßt. Deutlich waidwund, strich auch er ab, bevor ein zweiter Schuß die Lage hätte retten können. Nun war es vollends hell. Unsere polnischen Waidgesellen kamen vom Waldrand her gefahren und reihten sich in unsere Suchlinie ein. Schließlich machte der Jagdclubvorsitzende einen weiten Satz. Schon hielt er den noch lebenden Hahn, um ihn fachgerecht abzutun.

Bald erklang im Hof der Försterei wieder mein Jagdhorn: „Birkhahn tot". Mühlbauer trat an mich heran und fragte ganz begeistert: „Hast du nicht

Nur scheinbare Tristesse: Der Turnierplatz der schwarzen Ritter beim morgendlichen Rückzug vom Ansitzschirm

vor dem Morgengrauen diesen kapitalen Hahn vernommen, Syskowski? Der hatte ja eine immense Stimme. Das muß ein ganz kapitaler Bursche gewesen sein!" – „Wahrlich, wahrlich, mein Lieber! Für den hättest du aber einen besonders großen Bratentopf gebraucht ... das war nämlich ich!" Und in dem es dem Waidgesell dämmerte, daß ich nur seinem literarischen Hinweis nachgeeifert hatte, konnten wir uns kaum die Bäuche vor Lachen halten.

Statt eines Morgenschlummers ging es dann auf Exkursion: Schließlich liegt der Urwald von Bialowies nicht weit entfernt. Das polnisch-russische Grenzgebiet wird neben den Polen auch von einer starken weißrussichen Volksgruppe besiedelt. Holzbauten herrschen in einigen Dörfern noch deutlich vor. Trotz der kleinen landwirtschaftlichen Anwesen auf den meist mageren Böden machte der Landstrich keinen erbärmlichen Eindruck auf uns. Alles war ordentlich hergerichtet, gewiß nicht zuletzt, weil wir uns im Osterzeitraum befanden.

In Bialowies warfen wir mit unseren Gastgebern einen Blick durch die Tür der russisch-orthodoxen Kirche, die sich schon durch ihre charakteristischen Zwiebeltürme als solche weithin zu erkennen gab. Da der orthodoxe Kalender hinter unserem herhinkt, befanden sich die Gläubigen gerade in der Karwoche. In polnischer Försteruniform begrüßte uns ein höherer Beamter weißrussischer Herkunft freundlich.

Der auf polnischer Seite 580 Quadratkilometer umfassende Park präsentierte sich uns hauptsächlich durch ein Wildgehege. Neben sich im Gras sonnenden Tarpan-Pferden bilden einige Wisente die Hauptattraktion. Die weitaus größte Fläche des Nationalparks ist für Besucher gesperrt. In zugänglichen Randbereichen bestaunten wir vielhundertjährige, mächtige Eichen in sumpfigem Gelände, das mit Knüppeldämmen durchsetzt ist, damit Besucher nicht willkürlich herumlaufen.

Das sehenswerte Naturkundemuseum wartet mit einem Wisentskelett auf. Wir staunten über die tiefe Lage der Wirbelsäule. Der heutige europäische Wisentbestand ist in diesem Jahrhundert nach dem ungeheuren Aderlaß durch Wilderei und Kriegseinwirkungen nur durch Zuführung von Bisonblut bei fortschreitender Verdrängungszucht am Leben erhalten worden. Mendeln sich in den Augen der kritischen polnischen Biologen jedoch Bisonmerkmale in einzelnen Exemplaren durch, werden die als nicht zuchttauglich angesehen.

Solche Stiere werden eingefangen und z.B. in einem namhaften ostpreußischen Gästerevier ausgesetzt. Das solle mit einherschreitender

Kirrung erst dann geschehen, wenn ein Devisen-strotzender Jagdklient ahnungslos gebucht hat. Der würde auf scheinbar abenteurlicher, winterlicher Schlittenfahrt an den Todgeweihten herangeführt, wie mir ein Pole unter vorgehaltener Hand berichtete.

Pogorzelce City, eine nette Selbstironie: Touristen mögen sich am Rand des Urwaldes von Bialowies einer Kutschfahrt erfreuen, der Dorfjugend bleibt häufig nur Langeweile oder Landflucht

Der Kenner hatte auch gleich eine passende Anekdote parat: Als wieder einmal so ein Recke mit seinem Schweiß den Schnee färbte, entdeckte der deutsche Jagdgast demnach nahebei den Aufbruch eines wenige Tage zuvor Erlegten, worauf hin der Führer mit Worten, wie „Oh, sentimentale Zubr (= Wisent); hat sich gesucht ttotte Kamerrad!" die Situation am Schlachtplatz bemäntelt habe.

Es gibt ganz wenige süd-ostpreußische Reviere, in denen man dennoch auf Wisente jagen kann, die nicht kurzfristig ausgewildert wurden. Wer entsprechende Absichten hegt, wird dringend Referenzen einholen und diese kritisch studieren. Eine wirklich anspruchsvolle Wisentjagd dürfte nach Aussagen von Kennern jedoch bei weitem eher die winterliche Fußpirsch in den südöstlichen polnischen Gebirgsregionen darstellen, wo körperliche Strapazen nicht ausbleiben. Eine waidgerechte Wisentjagd ist auch im größeren, weißrussischen Teil des Urwalds von Bialowies möglich, oder etwa im Südosten Litauens.

Eine touristische Kutschenkolonne belebte das farblose Landschaftsbild der Vorfrühlingszeit auf unserem Rückweg. Genug Kioskstände gab es zudem beim Parktor, die mit holzgeschnitzten Büffeln und getrockneten Büffelgrashalmen auf Besucher warten. Die Ausfuhr dieser Halme, einer Hauptnahrung des urigen Wildes, ist strikt verboten. In Wodkaflaschen eingebracht, verleihen sie dem Alkohol nach Monaten eine waldmeisterähnliche Geschmacksnote.

Von der Freud zum Leid. Langsam bewegte sich der lange Zug einer Trauergesellschaft hinter einem Leichenwagen von einem Dorf zum nächsten Friedhof. Im Schrittempo hatten wir uns dem Ende des Zugs genähert. Im Hinblick auf unsere das Mittagsmahl bereitende Gastgeberin regte der Dolmetscher, unterstützt von Wolf-Gero Simniok, ein sanftes Vorbeischlängeln an – hätte er es besser unterlassen?

Der Abendansitz erfolgte wieder in der Viehweiden-Landschaft. Weit, weit zur Linken und voraus fielen Hähne kurzfristig ein und verstrichen kurz darauf wieder. In Schußnähe kam keiner. Nur einige Singvögel belebten das Bild. Unangenehm kühl pfiff der Wind.

Doch wer schritt da heran? Durch´s Fernglas erkannte ich ihn als unseren Übersetzer. In seiner linken hielt er etwas Schwarzes. „Waidmannsheil!" – „???" Er hatte in sehr großem Bogen den morgendlichen Balzplatz umrundet und war auf diesen Hahn auf freier Wiese gestoßen. Eine Kugel hatte den Vogel in der Nierengegend gefaßt. Es mußte sich zwingend um den von mir zuerst beschossenen Hahn des Morgens handeln. Der Zweite war nämlich waldwärts gestrichen. Mühlbauers Hahn vom ersten Abend konnte es aller Wahrscheinlichkeit aufgrund des Flugwinkels ebenfalls nicht sein. Auch hätten Füchse den willkommenen Braten kaum zwei Nächte unangetastet gelassen. So war ich doch noch zu spätem Waidmannsheil gekommen.

Ein Lagerfeuer mit zünftigem Bigos-Essen rundete den Aufenthalt bei unseren liebenswürdigen Gastgebern ab. Immer wieder verlangten sie nach neuen Jagdhorn-Signalen und Jägermärschen. Endlich hatte auch das Jagdhorn mal wieder reichlich zu tun.

Am Sonnabend, den 17. April 1993, starteten wir zu unserer Rückfahrt. Die noch gefrorenen Hähne lagen in Plastiktüten verpackt und in großen Styropor-Kisten zwischen Eiswürfeln gebettet.

An einem Ehrenplatz: Der Birkhahn des Verfassers

Zügig schlängelten wir uns durch die anfänglich kaum zersiedelte Landschaft. Auf einem besonders kurvenreichen, engspurigen Landstraße kam es zu einer brisanten Situation. In wildem Tempo überholte ein schwarzer S-Klasse-Mercedes, auf uns zukommend, einen LKW. So gut es ging, wichen wir auf den kaum zwei Hand breiten, unbefestigten Seitenstreifen aus, dem sich ein steilwinkliger Grabenrand anlehnte. Nur unserem elektronisch hochgerüsteten 5er BMW konnten wir es verdanken, daß er in dem knappen Ausweichmanöver unter gleichzeitigem Bremsen nicht ausbrach. In einem Kleinwagen wären wir ebenso zu Schaden gekommen wie auf einem eigenen Überholmanöver vor Warschau, als uns nur der zuschaltbare Schubbeschleuniger der Automatik wichtigen Vorsprung sicherte.

In der polnischen Metropole setzten wir unseren weltgewandten Dolmetscher ab und staunten während der Innenstadt-Durchfahrt über die amerikanischen Imbißstätten als Zeichen einer neu hereinbrechenden Welt ins triste Grau. Die restliche Fahrt bis Frankfurt/Oder stand unter dem Eindruck von LKW-Karawanen. Ein ständiges Überholen hätte nur weitere Gefahren mit sich gebracht.

Als wir uns in Westfalen voneinander verabschiedeten, ließen wir drei den Wunsch nach einer gemeinsamen weiteren Jagdfahrt erklingen. Doch es sollte die erste und letzte gemeinsame Fahrt bleiben …

Ein fröhlicher Ostpreuße: Wolf-Gero Simniok mit seiner frischen Jagdbeute

Wie oft hatte Wolf-Gero Simniok in abendlich-fröhlicher Kaminrunde selbstironisch beklagt, daß er nicht am Namenstag unseres jagdlichen Schutzpatrons Sankt Hubertus, sondern einen Tag später das Licht Ostpreußens und der Welt erblickte. So mutet es tragisch an, daß ihn das Schicksal – nicht einmal zwei Jahre nach unserer Jagdreise – gerade am Sankt Hubertustag an der Schwelle zum 65. Geburtstag tödlich verunglücken ließ.

Diese kleine Jagdgeschichte möge daher als bescheidener Bruch dankbaren Erinnerns auf seinem Grabe gelten. Denn Wolf-Gero Simniok besaß die seltene Gabe, Freundschaften und Harmonie zwischen Menschen unterschiedlichster Herkunft und Alters zu stiften. Gewiß barg das Herz unseres Waidgesells das „Lied der Freundschaft" des ostpreußischen Literaten Simon Dach aus dem 17. Jahrhundert:

„Der Mensch hat nichts so eigen,
So wohl steht ihm nichts an,
Als daß er Treu erzeigen
Und Freundschaft halten kann …"

Die ostpreußische Heimat aber beweinte einen ihrer ergebensten Söhne.

FÜNFTES KAPITEL

Aufschlußreicher Brückenschlag

Wieder mal weilte ich im Juli 1993 zwei Wochen in Nidden, Tilsit und Kreuzingen. Der Name Kreuzingen unterstreicht sprichwörtlich die Lage des Ortes in der Elchniederung als Schnittpunkt mehrerer Fernstraßen. Von der dortigen, empfehlenswerten Pension Renate aus unternahm ich mit Vatslovas mehrere Exkursionen durch das Königsberger Gebiet.

Unter anderem führte ich mit Hilfe von Sascha, den wir in Ebenrode aufsuchten, die hochbetagte Witwe des einst in der Heide forschenden Ornithologen Otto Steinfatt, Friedericke Steinfatt, an die Stätte ihrer Geburt in Jagdhaus Rominten. Vom hölzernen Waldarbeiterhaus am Ostrand des Ortes waren nur kniehohe Steinfundamente geblieben.

Sascha ließ es sich nicht nehmen, mir als Gastgeschenk zwei mittlere Sechser-Gehörne und eine Porzellan-Scherbe mit dem Wappen der Reichsjägerschaft und den Initialen „H.G.", letzteres ein Fund aus dem Reichsjägerhof, zu überreichen.

Die Jagdvermittlung war unterdessen auf den deutschen Geschäftsmann übergegangen, der im vorangegangenen Herbst störend auf die deutschen Hirschjäger eingewirkt hatte. Kein gutes Zeichen für mich: Ihm würde ich keine Anzahlung anvertrauen, wieder mal war die erhoffte Hirschjagd im laufenden Jahr passé.

Einen besonderen Nervenkitzel hielt das Ende der Gesamtreise noch für mich bereit: Es fehlte an litauischen Transitpapieren für die Gehörne. Was tun? Auf diese heimatverkörpernden Gaben wollte ich auf keinen Fall verzichten. Am Flughafen Palanga angekommen, nahm Vatslovas die Sache in die Hand und ging erstmal allein zum Flughafenzoll. Zurückgekommen, schilderte er die Lage etwa so: „No, ich sagen, ist berühmte Professor mit kleine Warenproblem. Schreiben viele Reisebuch über altes Prussia. Fragen litauische Zollner, du schreiben Königsberg deutsch? Ich sagen ja. Litauische Zollner sagen – gutt. Litauische Zollner fragen – du schreiben Memel deutsch? Ich sagen – nooiin!" Lang anhaltendes, diabolisches Gelächter von uns beiden; soviel Zweck-Lügereien mochten den Schamaiten-Ohren Balsam gewesen sein.

Der Fintenreiche fuhr entsprechend ergebnisreich fort: „Sagen litauische Zollner – serr gutt! Kleine Horn kein Problem. Kommen bei Einschecken an Tisch von Zoll, zeigen Plastiktüte mit Trofee. Geht Schublade auf, geben 20 Mark, bitte fertig." Und so geschah´s …

Saschas Aufforderung, im Herbst doch in jedem Fall vorbeizuschauen, er würde auch für ein Quartier am Wystiter-See sorgen, ging mir nicht aus dem Sinn. Auch ohne Büchse lockte die Brunft.

Scheinwerferlicht durchschnitt eine besonders düstere September-Nacht. Zu dritt ging es im Audi 80 durch Hinterpommern und Westpreußen. Erstmals seit Kriegsende würde mein Vater Ostpreußen betreten. Erstmals näherte sich auch mein westfälischer Studienfreund Volkmar Schmidt dem alten Ordensland. Studienaufenhalte in Moskau und seine Reserveoffiziers-Planstelle zur Vernehmung russischer Kriegsgefangener ließen ihn zum wortgewandten Reisegefährten vorbestimmt sein.

Mit gemischten Gefühlen wertete ich die Teilnahme meines Vaters. Aus alter Reiseleiter-Erfahrung war mir bekannt, daß heimattreue Ostdeutsche durch die Begegnung mit dem ausgeplünderten Land Gefahr laufen, ein zweites Mal vertrieben zu werden: Aus dem Reich der Erinnerung. Denn die krasse Gegenwartskulisse vermag ob ihrer Kraft harmonische Vergangenheitsbilder zu überdecken oder gar auszulöschen.

Pomellen, Bromberg, Thorn. Endlich war die Weichsel überschritten. Und noch immer herrschte die Nacht, als wir das Kulmer Land durchfuhren. Westlich Strasburg flüchtete plötzlich ein Rudel Damwild über die beidseitig waldgesäumte Landstraße. Obwohl es Witterungsunbilden gut erträgt, sind seine Bestände im Preußenland eher selten: In Westpreußen befinden sich Einstände im Kulmer Land und in den Räumen Rosenberg und Elbing. In Ostpreußen stechen die Bereiche Braunsberg, Allenstein und Rastenburg hervor. Alles in allem ist die Geweihqualität mittelmäßig.

In der Vorkriegszeit fährtete Damwild in Ostpreußen meist außerhalb der Staatsforsten. Auswilderungen gingen zumeist auf Privatinitiative in Gutsforsten zurück, und zwar vom nachmaligen Memelland bis Masuren, wie FRIEDRICH MAGER zu berichten weiß. Als einziges seinerzeitiges Einstandsgebiet von Sikawild benennt er übrigens das staatliche Forstamt Födersdorf im Kreis Braunsberg.

Hinter Soldau hielten wir in weiter Ackerflur und ruhten, bis das Zwielicht in einen grauen Morgen übergegangen war. Nebelfetzen

Goldap einst: Diese ostpreußische Kreisstadt südwestlich der Rominter Heide zählte zu deutschen Friedenszeiten rund 12.800 Bürger. Sie wurde im Zweiten Weltkrieg besonders stark zerstört

überschleierten die Sturzäcker, als wir uns in nordöstlicher Richtung in den Kreis Ortelsburg weiterbewegten.

Die gleichnamige Kreisstadt war einst als Garnison des bekannten Jäger-Bataillons Graf Yorck zu Wartenburg (Ostpr.) Nr.1 bekannt. Da sich die Einheit meist aus Jagd- und Forstbeflissenen rekrutierte, nahm das Waidwerk dort einen zentralen geistigen und praktischen Stellenwert ein. Der Falkenhof des Bataillons war im ganzen Reich bekannt. Der ostpreußische Jagd- und Heimatschriftsteller RICHARD SKOWRONNEK gibt in seinem noch immer lesenswerten Wildererroman „Die Sporck´schen Jäger" einen Einblick in das Ortelsburger Leben zur Kaiserzeit.

Uns zog es magisch in den Norden des Kreises auf unseren Erbhof. Nach dem Krieg siedelten sich mehrere polnische Familien auf ihm an und wirschafteten ihn ab. Als sämtliche Gebäude einem Brand zum Opfer fielen, wurden die Ländereien unseres Abbaus (= siedlungsfernes Einzelgehöft) einer Kolchose zugeschlagen.

Zugewuchert das Hofgelände, da und dort ein paar Mauerreste, und noch stand die riesige, überalterte Hoflinde. Auch eine Eiche an der Auffahrt, die mein Vater noch als junger Mann gepflanzt hatte, fehlte nicht.

Während wir in der besonders hügeligen Endmoränenlandschaft aufgingen, hatten wir nie erwarteten Anblick. Aus einer Gebüschinsel auf verschilftem Wiesengrund brachen Alttier und Kalb fort. Zu deutscher Zeit hatte es Rotwild bei uns nicht einmal als Wechselwild gegeben. Selbst Schwarzkittel waren Seltenheit gewesen. Nun sollte es nach Aussage von heimatverbliebenen Landsleuten weder an diesen noch an Wölfen mangeln, die im Winter die Gegend durchstreunten ... tempora mutantur.

Auf dem Weg zu unserem Übernachtungsort Sensburg bestaunten wir noch das erhalten gebliebene Schloß der Grafen Mirbach. Das im britischen Tudor-Stil errichtete Gebäude hatte lange als Betriebsferienheim einer polnischen Traktorenfirma gedient und wurde noch immer als Pension genutzt.

Neben dem samländischen Warnicken und der Rominter Heide hatten sich nur im Kreis Neidenburg nach dem Wildgemetzel der 1848er Revolution geringste Rotwildrestbestände retten können.

Die Grafen Mirbach machten ihre Waldungen im Kreis Sensburg zu einer Keimzelle der Wiederansiedlung des Rotwildes in Masuren und erzielten bereits vor dem Ersten Weltkrieg große hegerische Erfolge.

Die eher unbedeutende Kreisstadt Sensburg hat den Zweiten Weltkrieg verhältnismäßig unbeschadet überstanden. Am schönen Schoß-See gelegen, zählt sie heute neben Alllenstein und Nikolaiken zu den bedeutendsten touristischen Zentren im südlichen Ostpreußen. Wir wählten eher willkürlich eine der vielen, neu entstandenen Ferienpensionen als Quartier und wurden nicht enttäuscht. Allerdings gilt die Stadt neben dem Ausflugsziel Wolfsschanze als eine der Hochburgen in Sachen Autodiebstahl, eine Garage sollte die Pension schon vorweisen können.

Auf einer unserer Exkursionen suchten wir Schlobitten im Kreis Preußisch Holland auf. Unterwegs standen einige Kraniche in der tristen, nebelverhangenen Ackerflur. Auf einmal ein großer Tumult am rechten Chausseegraben: Ein halbes Dutzend Elstern stieß unablässig

Im nordöstlichen Ausläufer Masurens: In den 20er Jahren wurde in der evangelischen Kirche zu Dubeningen noch deutsch, masurisch und litausch gepredigt

„Land unter den Kreuzen": Der Dubeninger Soldatenfriedhof aus dem Ersten Weltkrieg erinnert daran, wie heftig gerade Masuren in seiner Geschichte als Grenzregion immer wieder unter feindlichen Einfällen zu leiden hatte

auf etwas im Gras. Wir hielten, und erst als wir uns der Stelle zu Fuß näherten, wichen die gefiederten Strauchdiebe. Ein Igel hatte sich eingerollt zu retten versucht. Er erschien unverletzt. Schnell hüllte ich den Stacheligen in ein Tuch, und ab ging die Fahrt. Erst nach einigen Kilometern ließen wir den Bedrängten wieder an deckungsreicher Stelle in die Freiheit.

Traurig wirkt die Ruine des stattlichen Barockschlosses, das kurz nach Kriegsende von Polen angesteckt wurde, auf heutige Betrachter. Im Feuer mochte wohl auch die berühmte Geweihsammlung des Rominter Oberförsters Reiff verdorben sein. Dessen „in ärmlichen Verhältnissen lebende" Witwe, ihr Mann war durch Wildererhand gefallen, hatte sie dorthin verkauft, wie uns Andreas Gautschi berichtet. Mein Vater, er hatte nach vollendeter Landwirtschaftslehre bis zu seiner Einberufung eine Forstelevenstelle auf Schlobitten angetreten, schilderte uns nun, wie er die hohen Wände des Arbeitszimmers des Schlosses bewundert hatte, wenn er gelegentlich beim Fürsten zum Rapport bestellt war: Über und über, eng an eng hingen dort kapitalste Rehkronen, wie man sie in der Fülle auf so großem und doch gedrängtem Raum in Europa schwerlich ein zweites Mal mehr erblicken dürfte … tempi passati.

Heute befinden sich die besten oberländischen Rehwildreviere in der Hand polnischer Offizier-Jagdclubs. Es fallen immerhin noch leidliche Böcke, wenn auch längst nicht mehr in der Zahl und Güte vergangener Tage. Nur ist die Chance, dort eine Bock-Lizenz zu erhalten, wohl noch geringer, als an Eintrittskarten der Bayreuther Wagner-Festspiele zu geraten.

Szenenwechsel: Goldap, das geistige Tor südwestlich der Rominter Heide, im Krieg besonders stark zerstört, lohnt eigentlich keinen Halt. Einen der wenigen erfreulichen Anblicke bietet die liebevoll restaurierte evangelische, heute katholisch genutzte Kirche.

Da verschafft Dubeningen, vormals Dubeningken, schon eher Anklänge an die Vergangenheit. Der von Polen gepflegte Sodaltenfriedhof aus dem Ersten Weltkrieg, auf dem deutsche und russische Gefallene ruhen, bildete Jahrzehnte eine große Ausnahme. Seit dem politischen Wandel kann sich der Volksbund Deutsche Kriegsgräberfürsorge etlichen anderen Soldatenfriedhöfen in Ostpreußen pflegend widmen bzw. neu anlegen.

Dubeningen gilt übrigens als nordöstlichster Ausläufer der nicht klar zu umreißenden Region Masuren. Bei allem Faible für masurischen Lokalpatriotismus: Die Rominter Heide selbst liegt bereits in den altprussischen Landschaften Sudauen und Nadrauen. Masuren bezieht sich auf den immer noch stark bewaldeten Gürtel im Süden Ostpreußens. Im Mittelalter erschwerte diese sogenannte Große Wildnis feindliche Einfälle der Polen und Litauer. Die altprussischen Landschaften der Galinder und Sudauer wurden nach den Pestepidemien der frühen Neuzeit durch ins Land gerufene Slawen aus dem benachbarten polnischen Teilfürstentum Masowien besiedelt. Hielt sich deren westslawische Sprache neben dem Deutschen da und dort gar bis in unser Jahrhundert, hatten sie sich doch durch die angenommene lutherische Konfession und das preußische Staatswesen längst weitgehend von ihren polnischen Vettern geistig gelöst.

Von einer freundlichen polnischen Försterfamilie bewirtschaftet: Die vormalige Hilfsförsterei Schneegrund

Die im Rahmen des Versailler Vertrags stattfindende Abstimmung

Die Gleise in Richtung Norden sind längst demontiert: Deutsches Eisenbahnviadukt bei Staatshausen

über den Verbleib weiter Teile Süd-Ostpreußens bei Preußen oder deren Angliederung an das wieder erstandene Polen ergab 1920 klare Verhältnisse: Über 97 Prozent aller Stimmberechtigten entschieden sich für Deutschland! Das muß angesichts des Strebens etlicher polnischer „Historiker" betont werden, die immer noch meinen, die Einverleibung Ostpreußens unter Hinweis auf eine vermeintlich autochthone slawische Urbevölkerung rechtfertigen zu können.

Daß man im Dialog mit unserem polnischen Nachbarvolk auch auf moderatere Haltungen stoßen kann, bewies unser Aufenthalt bei der Försterfamilie Szkiladz südwestlich Wehrkirchen in Blindgallen. Dort genossen wir einige Tage vorbildliche Gastfreundschaft des pesionierten Försterehepaars. Um die elterliche Heimstatt zu halten, hatte die Tochter des Hauses trotz ihres Forststudiums auf einen gehobenen Posten verzichtet und war als Revierförsterin in die Fußstapfen des Vaters getreten. Ihr Bruder arbeitet als Berufsjäger im Raum Allenstein. Ihr Mann, Polizeihauptmann Truchan, versieht seinen Dienst am Wojewodschaftssitz Suwalki.

Stets bog sich der Tisch unter den Lasten herrlicher Speisen, vom gebratenen Hähnchen bis hin zum geräucherten Aal. Der pensionierte Förster Bronislaw faßte die östliche Gastfreundschaft noch gründlicher auf: Er führte uns zum Erlegungsort von Freverts „Leutnant" und zeigte uns etliche Hirschgedenksteine aus wilhelminischer Zeit. Wir staunten, wie sehr er in der deutschen Jagdhistorie bewandert ist. Gleiches gilt für etliche seiner dortigen Kollegen.

Und, ohne daß wir ihn darauf angesprochen hätten, traf er im Laufe unserer Begehungen die einfühlsame Äußerung, daß für ihn nie die Frage akut gewesen sei, ob die Heide etwa deutsch oder polnisch wäre. Vielmehr habe er sich immer der Frage gewidmet, auf welche Weise er diese Schöpfung Gottes am besten fördern und schützen könne.

Endlich war es soweit, und ich stand meinem jahrelangen Brieffreund Andreas Gautschi vor dessen neu erbauten Haus in Wehrkirchen gegenüber. Seit Jahren lebt der eidgenössische Forstmann aus jagdhistorischem Interesse in der südlichen Rominter Heide, die ihn zu seinem jagdlichen Schrifttum inspiriert. Von seinem Arbeitszimmer aus konnten wir in Richtung der nahen polnisch-russischen Demarkationslinie sehen.

Und nahe der Grenze, um nicht etwa deutsche Jagdgäste in der eh schon kleinen Süd-Heide zu stören, ging es abends gemeinsam auf einen Anstand. Unter klarem Sternenhimmel vernahmen wir schließlich aus unterschiedlicher Richtung sehr deutlich die Stimmen mehrerer Hirsche.

Auf dem Rückweg schilderte mir Andreas die allgemeine Lage: Die

Von Andreas Gautschi liebevoll restauriert: Einer der Hirsch-Steine aus der wilhelminischen Ära

südliche Heide erstreckt sich heute als Oberförsterei Goldap auf rund 12.500 Hektar entlang der Demarkationslinie. Der Laubholzanteil hat im Vergleich zur Vorkriegszeit erheblich zugenommen. Das gilt besonders für die Eiche.

Die gepflegten Forsten leiden unter dem ungehinderten Tun der überhand genommenen Biber. Diese werden jedoch bis auf weiteres aus Gründen des Naturschutzes nicht reduziert, was etliche polnische Forstbedienstete ärgert.

Den eigentlichen russischen Grenzzaunanlagen vorgelagert sind jenseits des deutlich kenntlich gemachten Niemandslandes etwa 100 bis 1.000 Meter tiefe ungepflegte Forsten. Auf diesem russischen Hoheitsgebiet stellen polnische Wilderer winters Schlingen für Haarwild. Hin und wieder veranstalten russische Grenztruppen in dem Streifen regelrechte Gesellschaftsjagden. Eine Wildfolgevereinbarung zwischen den polnischen Förstern und der russischen Grenztruppe besteht im übrigen nicht.

Mir war aus Gesprächen mit vielen deutschen Jägern bekannt, welch überhöhte Erwartungen bis heute mit dem Begriff Rominten verknüpft sind. Anders ausgedrückt, glauben viele Nicht-Informier-

Dort hält kein Zug mehr: „Szittkehmen", wie Wehrkirchen bis 1938 hieß, läßt sich noch unschwer am früheren Bahnhofsgebäude entziffern

Von polnischen Waldarbeitern bewohnt: „Vierlinden", einst Alterssitz des königstreuen Forstmeisters Joseph Freiherr Speck v. Sternburg

te, daß noch heute Frevert´sche Zustände herrschen. Überspitzt gesagt, hofft so mancher, daß an jeder Bestandsecke ein „Reichsjägermeister-Hirsch" angebunden stünde.

Wie anders sollte ich mir sonst erklären, daß die Hirschjagden in der Oberförsterei Goldap bis über das Jahr 2000 ausgebucht sind? Das soll nicht nur für die jeweilige Brunftsaison gelten, sondern bis in den Zeitraum Januar hinein. Da stellt sich die Frage, wie sehr das Wild unter dem steten Jagddruck, zumal in der ernährungsarmen Periode, leiden muß.

Daß der Jagddruck immens ist, darf man daraus schließen, daß kaum mehr ein wirklich alter jagdbarer Brunfthirsch auf der Strecke liegt. Andreas, der mit seinem Schweißhund Max öfters Nachsuchen auf Gästehirsche durchführt, weiß, daß hirsch-unkundigen Klienten oft das deutlich zu junge Alter ihrer Beute verschleiert wird. Zugegeben, das ist in vielen anderen Revieren unter polnischer Regie genauso üblich. Beklagen wir uns nicht: Diese Unsitte wurde vor Jahren deutschen Jägern abgeschaut und infiltriert seither das in vieler Hinsicht vorbildliche polnische Jagdsystem.

Nachdenklich stimmt, daß die Brunft im südlichen Teil der Rominter Heide der im Nordteil mittlerweile um etwa zehn Tage hinterherhinkt: Ein deutliches Zeichen, daß der Alterspyramide auf polnischer Seite die Spitze fehlt …

Ich beließ es dabei und verzichtete darauf, aus Andreas noch weitergehende Details über die jagdlichen Zustände in der Süd-Heide herauszukitzeln. Schließlich muß er mit den Ortsansässigen auch weiterhin auskommen. Jagdliche Erfüllung findet er jedenfalls als Mitglied des dortigen Jagdclubs im intensiven Kahlwildabschuß und dem Ausgehen von Baummardern bei Neuschnee.

Im Ort Wehrkirchen erinnert neben erhalten gebliebenen Gehöften das deutsche Bahnhofsgebäude an alte Zeiten. Der vormalige Ortsname Szittkehmen läßt sich verblaßt an der backsteinernen Hausfront ablesen. Die Gleise Richtung Norden sind längst demontiert. Kenner dürften auch das im Norweger Stil errichtete Johanniter-Krankenhaus vermissen. Es überstand den Krieg nicht.

Beim Anblick des Forstamts Wehrkirchen, vormals Szittkehmen, mußte ich schmunzeln. Als vor Jahren ein geschäftstüchtiger Exilpole unter einem französisch klingenden Firmennamen die südliche Hei-

Stark versumpft: Mangelnde Vorflut und die Arbeit der Biber haben so mancher Wildwiese den Garaus gemacht

de vermarktete – nicht ohne einen erfrechenden Rominten-Aufschlag, versteht sich –, ließen sich etliche Klienten Jägerlatein auftischen. Demnach hätte gleich ihnen bereits Wilhelm II. im Forstamtsgebäude das edle Haupt zur Ruhe gebettet.

Das kommt davon, wenn man zwar Unmengen Geldes für Jagdreisen hinzublättern bereit ist, jedoch um ein, zwei Hunderter für einschlägige Jagdliteratur geizt.

Dabei ist Jagdgeschichte ein wesentlicher Bestandteil unseres mitteleuropäischen waidmännischen Kulturerbes. Wem es ausschließlich darum geht, einen Kapitalhirsch ohne Rücksicht auf diesen Aspekt zu schießen, mag doch bitte unbeneidet besser einen gemästeten Bulgarenhirsch ins Jenseits befördern … suum cuique.

Genug der Latinismen und der Ernüchterung?! Unser Reiseterzett zog es nun zu einem Vergleich ins Königsberger Gebiet. Auf dem Weg machten wir nochmals einen sehnsüchtigen Abstecher zur Ahnenstätte. Gewissermaßen als Trostpflaster sammelten wir einen Eimer Falläpfel von einem unserer Bäume, die bei Antritt von Großmutters Flucht im Januar 1945 schon als alt gelten konnten. Noch immer trug er aromatische Äpfel.

Weit verbreitet: Der Biber wird von den Polen in der Heide nicht bejagt. Auch Eichen fallen seiner Betriebsamkeit anheim

Die Grenzkontrolle bei Preußisch Eylau zog sich in die Länge. Grenzsoldaten schnorrten aufdringlich nach Geld und Schokolade, sobald kein Zollbeamter zugegen war.

Schließlich hatten wir freie Bahn. Wir wählten bei Königsberg nicht die teils gut ausgebaute R1. Vielmehr bewegten wir uns südlich des Pregel-Stroms, auf weiter Strecke parallel zur R1, ostwärts. Die Landschaft macht dort keinen so „ausgeräumten" Eindruck wie weiter nördlich und gewährt daher eher optische Anklänge an das alte Ostpreußen. Auch wirkt sie hügeliger als der Norden des Gebiets. Wer Zeit hat, sollte zudem fern touristischer Trampelpfade Städte wie Friedland, Gerdauen und Angerapp besuchen, die sich trotz aller Begleitumstände noch etwas Ursprüngliches bewahrt haben.

In Ebenrode angekommen, wartete Frau Sytschewa mit der Nachricht auf, daß Sascha mit den Klienten am Wystiter-See Quartier bezogen habe. Schon wieder hatte sich die Septembersonne im Westen verabschiedet, als wir das Polygon genannte Fischereiforschungslager am Nordufer des Sees erreicht hatten.

Während der fröhlichen Begrüßung ließ Sascha einfließen, ein deutscher Forstmeister hätte bereits einen Kronenhirsch erlegt, sei jedoch schon abgereist. Ein weiterer Jagdgast konnte unterdessen zwei mässige Geweihte erlegen, wozu er, wie Sascha ein Jahr später unter vorgehaltener Hand flüsterte, jedoch keinen Asphaltweg verlassen hätte.

Am anderen Morgen begegnete uns der Herr Jagdgast persönlich: Auf den ersten Blick hin hätte man tatsächlich denken können, der „selige (?) Hermann" sei auferstanden. Doch statt eines volkstümlich-jovialen Gesprächs hatte er nur einen knappen Gruß und Satz für uns niederes Volk übrig. Schon war er wieder auf dem Weg zu seinem gigantischen Wohnmobil. Das verfügte auch noch über einen Imbißwagen-großen Anhänger, dem sein Chauffeur im Bedarfsfall einen geländetauglichen VW-Bulli entlocken konnte.

Was mochten die Berufsjäger angesichts der zivilisatorischen, hyperkapitalistischen Symbole denken, die ihre Schatten unübersehbar auf die ländliche Stätte warfen? Ich mochte Sascha nicht fragen.

Wir zeigten uns in der Nutzung einer der kaum beheizten Hütten bescheiden und verdrückten hungrig jede auf den Tisch des Hauses plazierte Speise.

Am Tage fuhr uns Sascha in seinem Auto zu den üblichen jagdhistorischen Stätten: Noch hatte sich im Vergleich zu meinen vorherigen Besuchen nichts geändert. Noch machten sie einen eher unangetasteten Eindruck. Wie eh und je lag auch der Wystiter-See, von Wasserwild bevölkert, friedlich da, als wir von unserer Exkursion zurückkehrten. Volkmar geriet mit dem Mann unserer Köchin in ein Gespräch. Von Geburt Litauer, hatte der als Angehöriger einer der sagenumwobenen Speznaz-Einheiten in Afghanistan gekämpft und in der UdSSR stets ein sinnvolles Staatsgebilde gesehen. Seit der Unabhängigkeit Litauens fühlte er sich zwischen verschiedenen Stühlen sitzend … eines der vielen menschlichen Schicksale im Treibsand der Geschichte.

Eine Fahrt auf dem Königsberger Seekanal bleibt unvergeßlich: Blick auf das Pillauer Seetief, dahinter die Ostsee

Abends tauchte der neue deutsche „Gebieter" der Heide auf. Was trug uns die durchaus körperlich wie geistig imponierend wirkende Männergestalt nicht alles vor. Die Holzwirtschaft und -verarbeitung sollte absolut auf Vordermann gebracht werden. Die Heide sollte wieder zu einem Spitzenrevier avancieren. Nassawen würde internationalen Jagdgästen bald herrlich restauriert als Jagdhaus dienen und, und, und … Die Potemkin´schen Dörfer nahmen zusehends die Größe Moskaus an.

Begleitet wurde er von einer jener alleinerziehenden, jungen, fast immer blonden Russinnen, die ihren Lebenszweck darin sehen, bis

Aus historischer Vogelperspektive: Der Goldaper See mit Groß Hermsdorf im Vordergrund. Am jenseitigen Nordostufer ist Spechtsboden, vormals Schuiken, zu erahnen. In der gleichnamigen, nahegelegenen Revierförsterei erblickten im 19. Jahrhundert die Heimat- und Jagdschriftsteller Fritz und Richard Skowronnek das Erdenlicht. Heute wird das nördliche Seedrittel durch die russisch-polnische Demarkationslinie durchschnitten, Dorf und Försterei Spechtsboden existieren nicht mehr

auf weiteres als umfassend tätige Dolmetscherinnen und Sekretärinnen westlichen Investoren dienlich zu sein. Ein vorbildliches Werk der Nächstenliebe und internationalen Zusammenwirkens, sind die Ehefrauen genannter Geschäftsmänner doch meist durch ihre Unabkömmlichkeit in deutschen Büros nicht verfügbar ... Derartige menschlich lehrreiche Begegnungen zählten für uns zu den kaleidoskopartigen Eindrücken im Königsberger Gebiet.

Wie am Vorabend gönnten wir uns nochmals ein Hirschkonzert unter frostklarem Sternenhimmel, das durch zigfaches Trompeten der, zu ihren Ruhestätten fliegenden Kraniche eingeläutet wurde. Nach diesem Naturerleben waren unsere Seelen wieder ausgeglichen. Allzufrüh mußten wir uns leider von Sascha verabschieden.

Königsberg erwartete uns am anderen Morgen, schließlich würde die gebuchte Fähre nicht auf uns warten. Volkmar zuliebe hatte ich den wieder erstehenden Königsberg Dom angesteuert. Vor dem

Kneiphof, der Dominsel, bewachte abwechselnd einer von uns das Auto, während die beiden anderen die Baustelle inspizierten. Russische Bauarbeiter boten Backsteinreste historischer Ziegel an, die während des Trocknungsprozesses vor dem eigentlichen Brennen im Mittelalter so manche Tierspur, z.B. von Füchsen, erhielten. Aus moralischenen Gründen schlossen wir jedoch einen Kauf aus.

Auf unserer KFZ-Rundfahrt, das Auto kann man wirklich nicht unbeaufsichtigt lassen, stellte sich Königsberg durch seine Villenvororte als durchaus grüne Stadt dar. Aber auch der durch britische Bombenangriffe 1944 entseelte Stadtkern hält noch erstaunlich viele Alleen parat. Nicht überall triumphieren heute Plattenbauten.

Auf der Höhe des Tiergartens, er zählte zu den modernsten Deutschlands und wird auch heute von den russischen Stadtbewohnern hoch geschätzt, gewährte uns ein gelber Opel auf der Hufen-Allee freundlich Vorfahrt. Als wir uns geraume Zeit in östlicher Richtung auf dem Steindamm bewegten, blieb er ständig hinter uns. Nun schaute ich etwas genauer in den Rückspiegel: Fünf jugendliche „Kleiderschränke" drängten sich in dem Kadett.

Während wir nahe der Altstädtischen Langgasse auf einem Parkplatz beim „Kaliningrader Regionalverein der Jäger und Angler" hielten, wahrten sie uns noch immer ihre Aufmerksamkeit und harrten in ihrem Sardinenbüchsenlos bei voller Mittagssonne aus ... Ich kürzte darum meinen Höflichkeitsbesuch beim Verbandsvorsitzenden Jurij Romanow zeitlich sehr ab, so daß für detaillierte Fragen keine Zeit blieb. Schade eigentlich – doch unser Gefühl riet uns nur allzusehr, den geschlossenen Hafenbereich aufzusuchen, um dort frühzeitig der Fährankunft zu harren. Gewiß kein schlechter Entschluß ...

Erst um 22.00 Uhr war die Fähre Mercuri II von Containern und LKW´s gelöscht. Nach vergleichsweise kurzer Paßkontrolle durften wir den Laderaum ansteuern. Zuvor hatten wir uns köstlich amüsiert, wie sich der ebenfalls eingetroffene Campingkolloß des Rominter Hirschjägers abmühte, ohne einen Achs- oder Anhängerkupplungsbruch die bösartig gewinkelte Auffahrtsrampe zu bewältigen.

Vergleichbar groß war die Freude auf ein heißes Duschbad, das uns schnell in die Kabine lockte. Der folgende Tag auf See bescherte neben dem Schauspiel einer frühmorgentlichen Fahrt durch den Königsberger Seekanal eine weitere Erkenntnis. Der „vermeintliche Hermann" entpuppte sich gegenüber einem bekannten Fernsehteam in der Schiffsbar keineswegs als wortkarg, sondern ließ auf einmal den Hirschexperten durchblicken. In der selben Medienpräsenz brillierte gleichfalls ein bundesdeutscher Literat kaschubisch-adliger Abkunft. Der leistete sonst meist in Sachen Hinterpommern geistige Verzichtsarbeit, nun würde er mal zur Abwechslung auf Ostpreußen verzichten ... varietas delectat.

Hinauf auf´s Deck, um eigenen Gedanken nachzuhängen. Die nächtliche, windumspielte Ostsee mit ihren Leuchtfeuern und Schiffspositionslampen gab sich uns als Brücke zwischen Ost und West zu erkennen. Eine Brücke, die nicht nur als Einbahnstraße selbstgefälligen bis selbstverleugnenden Gebens, sondern vermehrt als wechselseitige, umso glaubhaftere Fahrbahn im Zwiegespräch der Völker für einen gemäßigten Ausgleich nutzbar wäre.

Endlich schlummerten wir in unserer geräumigen Kabine im sanften Schaukelgang der Ostseewellen dem Zielhafen Kiel entgegen. Doch zuvor gönnten wir uns als kostbares masurisches Betthupferl ein rotwangiges Äpfelchen von unserem Hof.

SECHSTES KAPITEL

Zwischen Bangen und Hoffen

Die Hoffnung, wieder in Rominten waidwerken zu können, hatte ich auch 1994 noch immer nicht aufgegeben. Einmal mehr stand die Frage der Jagdvermittlung im Vordergrund: Bei wem würde ich buchen müssen? Die Wahrscheinlichkeit, bei der geringen Zahl an Abschußlizenzen mal wieder auf einer Warteliste zu landen, war angesichts der ungewissen Zukunft des Königsberger Gebiets nervenzerreibend. Wie ich von Sascha mit Hilfe einer Übersetzerin telefonisch erfahren hatte, war die Vermittlerfrage im Frühjahr 1994 noch immer nicht geklärt.

Anläßlich einer sommerlichen Dienstreise ins Memelland nutzte ich die Gelegenheit, eine Tagesexkursion nach Ebenrode zu verwirklichen. Herzlich gestaltete sich das Wiedersehen, zumal auch Chauffeur Vatslovas mit von der Partie war: Gastfreundlich wie immer schloß uns Sascha in die Arme. Er hatte seiner Familie unterdessen eine neue Heimstätte bieten können. Von der Goldaper Straße waren sie in ein für dortige Verhältnisse äußerlich auffallend gepflegtes deutsches Backsteinhaus in der Schulstraße gezogen. In dem früheren Mehrfamilienhaus für städtische Beamte bewohnt er nun eine lichte Zweizimmerwohnung mit Küche und Bad. Von den hohen Wohnzimmerwänden prahlten die braven Geweihe und Gehörne. Wieder und wieder verfing sich mein Blick in der Becherkrone des besten Geweihs.

Schon kredenzte Sascha Pelmeni, ein sibirisches Nationalgericht, bestehend aus gekochten Hackfleischkügelchen in Teigmantel. Schnell wurde deutlich, daß Sascha keine verbindliche Aussage geben konnte: Ich sollte besser beim Jagdverband in Königsberg nachfragen. Nach kurzer Verdauungsrast ging es also in die Provinzhauptstadt. Freundlich wie immer empfing uns Jurij Romanow. Ohne langes Vorgeplänkel wurde mir beschieden, eine Hirschjagd über den Vermittler Bogdan Pawlowski zu buchen: Endlich einmal eine konkrete Hoffnung.

Kaum war ich abends ins Niddener Hotel zurückgekehrt, hing ich am Telefonhörer. Mit ein wenig Glück erreichte ich den Jagdvermittler in der Eifel: Eine mündliche Reservierung sollte verhindern, daß mir andere Jäger zuvorkämen. „Der Geschwindere ist der Gesündere", lautete einmal mehr die Devise. Vor allem fiel mir ein Stein vom Herzen, nicht etwa dem bereits erwähnten deutschen „Geschäftsmann" die stattliche Anzahlung in den Schoß zu werfen, auch wenn dessen Vermittlung auf seine Frau eingetragen war. Interessanterweise nahmen beide Vermittler parallel Buchungen für die Rominter Heide an … und kassierten Anzahlungen.

Nun, Bogdan Pawlowski konnte sich erfreulicherweise durchsetzen. Nicht zuletzt seiner Ideenkraft ist es zu verdanken, daß die Rominter Heide unterdessen dem Zugriff mehrerer russischer Jagdvereine entzogen und der russischen Jagdaufsichtsbehörde in Königsberg direkt unterstellt worden war. Der empfindliche Aderlaß an Kahlwild und jungen Hirschen, die auf winterlichen Drückjagden zur Strekke kamen, würde nunmehr unterbleiben. Das quittierten die russischen Jäger nicht mit Freude, sahen sie sich doch um eine lukrative Fleischquelle beraubt. Die rund 25.000 Hektar umfassende Nordheide trug jetzt den Titel eines Reservats. Nach russischem Recht ruht dort jedoch prinzipiell jegliche Jagdausübung. Flugs stießen die drei an Deutsche vergebenen Hirschlizenzen auf Kritik, die von Seiten des Jagdverbands nur unter Hinweis dringender Devisenbeschaffung pariert werden konnten.

Es blieb dabei: 1994 sollte die Jagd nochmals – letztmalig? – durchgeführt werden. Spannung, auch ein Stück Erfolgszwang schlich sich ein, als ich in Hamburg die Aeroflot-Maschine nach Königsberg bestieg.

Gern wäre ich schon am 18. September aufgebrochen, doch ergaben sich redaktionelle Schwierigkeiten in der Urlaubsterminierung, so daß ich erst am Sonntag, den 25. September, starten konnte; für meinen Geschmack zu spät. Schließlich wartete kein Revier mit hoher Wilddichte, Hochsitzen und geharkten Pirschwegen.

Beim Studium der Jagdliteratur stößt man immer wieder auf Geschichten, wo Lebenshirsch oder -bock verfehlt wurden, da vor dem Antritt der jeweiligen Jagdreise auf das Probeschießen der Waffe verzichtet wurde und eine Treffpunktverlagerung unentdeckt blieb. Auch ich tat solche Geschichten mittlerweile eher gähnend ab. Dennoch hatte ich mich trotz Zeitmangels kurz vor Reiseantritt noch zu einem Schießstandbesuch durchgerungen: Der seit Januar 1993 nicht mehr geführte Stutzen wies 30 Zentimeter Hochschuß auf! Das Schaftholz hatte gearbeitet. Schnell wurde die Waffe neu eingeschossen. Im Flugzeug sitzend, sinnierte ich nun, daß man die Erfahrungen aus der

Literatur nicht auf die leichte Schulter nehmen sollte. Auch bei mir hätte das Lehrgeld teuer werden können.

Nach eineinhalbstündigem Flug landete die Maschine auf dem nordöstlich von Königsberg gelegenen Flughafen Powunden. Der handgesteuerte Landeanflug wies das Können der damaligen russischen Piloten aus. Die Ära, da man sich der Aeroflot ohne Stirnrunzeln bedienen konnte, war noch nicht beendet.

Am unaussprechlichen Fluß gelegen: Die Pissa durchfließt Gumbinnen. Das rot gestrichene Gebäude im Hintergrund, die frühere „Neue Regierung", zu Sowjetzeiten eine Lampenfabrik, erinnert daran, daß die Stadt einst Sitz eines der ostpreußischen Regierungspräsidien war

Mit bangem Gefühl sah ich der Zollabfertigung entgegen, obwohl ich erneut mit „bedeutungsschwanger" aussehenden Dokumenten ausgestattet war. Natürlich wurde von den Zöllnern irgendwelcher Papierkram vermißt. Einzig der Redegewandtheit von Sascha, der mich abholte, verdankte ich es, daß mein Stutzen nicht etwa bis zur Ausreise sichergestellt wurde. Angesichts kaum vorhandener zuverlässiger Leihwaffen wären mir sonst starke Probleme erwachsen.

In mehr als dreistündiger Fahrt ging es wiederum über die alte R1 in Richtung Ebenrode. Was 1991 schon einmal auf einer Tour mit

Vatslovas geschah, wiederholte sich an gleicher Stelle nun mit Sascha. Kaum hatten wir vor Ebenrode eine scharfe Rechtskurve befahren, in die ein Feldweg nach Kattenau einmündet, stoppte uns eine Milizpatrouille wegen Geschwindigkeitsüberschreitung. Das fing ja gut an.

Zwischen Ebenrode und unserem Quartier am Wystiter-See gerieten wir zudem in die Kontrolle eines Postens der russischen Grenztruppe. Seit Jahresbeginn unterlagen die grenznahen Bereiche im Rahmen eines Fünf-Kilometer-Saums deren verstärkter Aufmerksamkeit. Zum Betreten benötigten nicht in dem Saum Ansässige einen Propusk (= Passierschein). Der war für mich gottlob rechtzeitig beantragt und ausgestellt worden. Ich würde ihn in den folgenden Tagen stets bei mir führen.

Die Regelung richtete sich weniger gegen deutsche Urlaubsreisende, deren Aktionsradius zum Teil natürlich beeinträchtigt wurde. Eher zielte man auf litauische Schmuggler und Diebe ab, hier nur ein prägnantes Beispiel: Auf der Diebessuche nach gewinnträchtigem Buntmetall wurden Überlandhäuschen aufgebrochen. Dann verursachten die Einbrecher noch absichtlich einen Kurzschluß, um dicke Kupferkabel demontieren zu können. Breitflächiger Stromausfall war die Folge.

Es war bereits dunkel, als Sascha und ich im Fischereiforschungslager, dem „Polygon", am Nordrand des Wystiter-Sees eintrafen. Im Speisesaal brannte das Licht.

Also schnell das Taschenhorn heraus und den anderen Gästen ein Ständchen geblasen. Die erschienen denn auch überrascht auf der Veranda: Andreas Gautschi und die beiden deutschen Hirschjäger. Letztere hatten einst im Gumbinner Gymnasium die Schulbank gedrückt. Nun wollten sie sich einen Lebenstraum erfüllen. Der eine Waidgesell, ein bekannter pensionierter Forstamtsleiter aus dem Niedersächsischen, war seit 1992 ebenfalls häufiger Gast bei Sascha. Er hatte bereits im Vorjahr einen jagdbaren Rominter Brunfthirsch gestreckt. Sein jetziger Reisegefährte, ein Medizinprofessor aus München, weilte hingegen erstmals seit Kriegsende in Rominten.

Sein Jagdabenteuer hatte durch den Übereifer des ihm zugeteilten russischen Führers ein schnelles Ende gefunden. Auf dessen Drängen erlegte er auf schmaler Schneise einen arg jungen Kronenhirsch. In der erforderlichen Eile des Handels hatte der Schütze ganz auf die Ansprechkünste des Berufsjägers gebaut, was grundsätzlich verständlich ist: Die geringe Zahl an Chancen, wobei oft selbst widrige Rah-

Touristisches Pflichtmotiv aus ungewohnter Perspektive: Nach Jahrzehnten des Exils im Königsberger Tiergarten kehrte die vom bayerischen Bildhauer Ludwig Vordermeyer 1912 geschaffene bronzene Elchskulptur wieder nach Gumbinnen zurück

menbedingungen genutzt werden müssen, gebieten in der nördlichen Rominter Heide nahezu ausschließlich eine Aufgabenteilung Ansprechen/ Schießen.

Nach kurzer, höflich distanzierter Unterhaltung ging es ins Bett. Schon um 03.00 Uhr rasselte unerbittlich der Wecker. Raus aus dem warmen Bett ins kühle Zimmer, das ich mit Andreas teilte. Längst war das Holzfeuer im gemauerten Ofen erloschen. Nichts wie rein in den russischen Tarnanzug, Saschas Geschenk vom Vorjahr, einen heissen Frühtee im Speisegebäude geschlürft, und schon befand ich mich in der Obhut von Viktor. Annähernd zwei Meter lang, breit wie ein Kleiderschrank, dabei ein sonniges Gemüt. Zwei Jahre zuvor hatte er mich am Teufelsmoor geführt. In seinem Verhalten von Umsicht und Hilfsbereitschaft geprägt, wartete er zudem mit leidlichen Deutschkenntnissen auf: Einige Jahre hatte er als Unteroffiziersdienstgrad bei den sowjetischen Besatzungstruppen in Mitteldeutschland gestanden.

Nach kurzer Wagenfahrt pirschten wir verhalten auf Waldwegen nördlich Neupellkauen. Wir verharrten im Bereich von Fichtenbaumholz. Schließlich meldeten zwei Hirsche lustlos. Die Temperatur war unterdessen erstaunlich mild. Viktor nahm ein Plastikabflußrohr zur Hand und versuchte, die Hirsche zu reizen. Die reagierten nicht, sondern wechselten außerhalb unserer Reichweite ab. Nur ein vertrautes Alttier auf einer Blöße gewährte Anblick.

Den Seesteg stets vor Augen: Das Fischereiforschungslager am Wystiter-See diente mehrere Jahre deutschen Jagdgästen als karges, doch malerisches Quartier

„Es ist zu warm, wenn auch zumindest trocken", verkündet das Tagebuch und beschreibt so die allgemeine Misere der ganzen Brunft, andernorts in Europa soll es nicht viel besser gewesen sein. Die Hirsche blieben auffallend träge.

Tagsüber faulenzten wir am Seeufer und beobachteten verschiedene Entenarten, Säger und Papchen, wie Bläßhühner im Ostpreußischen heißen, durchs Fernglas. Gern hätten wir über ein Spektiv verfügt. Als Schutzgebiet ist der Wystiter-See ganzjährig von der Wasserjagd ausgeschlossen. Gerade zur Zugzeit bietet sich somit immer wieder herrlicher Anblick. Schwimmende Schilfinseln vervollständigten uns wieder das Bild scheinbarer Ursprünglichkeit.

Ein anderer Anblick zog uns in die Gegenwart zurück: Die russischen Berufsjäger wässerten das Haupt eines gewilderten Rothirschs, das nach dem Abkochen auf 8,5 Kilogramm kam. (Alle in diesem Buch geschilderten Geweihgewichte beziehen sich auf die Trophäe mit ganzem Oberschädel einschließlich Oberkiefer, einen Tag nach dem Abkochen gewogen. Geweihgewichte ausgestellter Trophäen werden nach dem gleichen Schema schätzend eingestuft, um Vergleichsmöglichkeiten zu besitzen.)

Eine Streife der Grenztruppe hatte die Trophäe bei einem russischen Jäger anläßlich einer Fahrzeugkontrolle in der Fünf-Kilometer-Grenzzone beschlagnahmt. Die Fahndung nach dessen Helfershelfern, die er im Verhör eingestanden hatte, lief auf Hochtouren. Anscheinend sollte neben dem Geweih schrittweise auch noch das Wildbret geborgen und vermarktet werden. Der Raubschütze hatte mit einem Automatikkarabiner und Nachtsichthilfe geschossen und dabei den Hinterhauptknochen der Trophäe zertrümmert. Blieb zu hoffen, daß die verstärkte Posten- und Streifenaktivität der Grenztruppler etwaige Wildereivorhaben eindämmte.

Die Abendpirsch ergab keinen Anblick. Am Straßen-T, gebildet von dem aus Richtung Nassawen auf den Nord-Süd-Weg zwischen Wystiter-See und Wehrkirchen einmündenden Weg, harrten wir auf den uns abholenden Sascha. Ein grandioses Naturschauspiel stimmte trotz der Fehlpirsch milde: Weit mehr als 100 Kraniche zogen trompetend über uns hinweg.

Am folgenden Morgen konnte ich länger ausschlafen, sogar bis um 05.00 Uhr: Leider, leider ging es nicht zur Jagd. In Anzug und Krawatte, statt des geliebten Stutzens die Contax in der Hand, wartete ich an der Einfahrt des Polygons auf meinen russischen Chauffeur, einen Freund Saschas. Der brachte mich in seinem getunten Shiguli in nur zweieinhalbstündiger Fahrt nach Königsberg. Wir schrieben Dienstag, den 27. September: Die eintägige Urlaubsunterbrechung war fällig, um als Redakteur dem Festakt aus Anlaß der 450 Jahre zuvor von Herzog Albrecht I. gestifteten Albertus-Universität und der Weiterführung von Lehre und Forschung durch die Russen seit 1945 beizuwohnen und darüber zu berichten.

Schon der ökomenische Gottesdienst in der Ruine des Königsberger Doms bot nicht nur Erfreuliches. Entgegen aller Abmachung störte der um ein Grußwort gebetene russisch-orthodoxe Bischof mit seinem Gefolge durch seinen Einzug zu falschem Zeitpunkt die Liturgie empfindlich: Eine reine Machtdemonstration, die als ein Mosaikstein von vielen ein klares Licht auf die rigorose chauvinistische Haltung der russisch-orthodoxen Amtskirche im Königsberger Gebiet wirft. Die um Gemeindegründungen bemühten Christen anderer Konfessionen und Sekten bekommen das in vielfältigen Störmanövern bis heute zu spüren. Kaum haben sie eine verlassene Kirche(nruine) wieder zum Gottesdienst hergerichtet, erwacht die Begehrlichtkeit der Orthodoxen. Wer also das Königsberger Gebiet bereist, ist deshalb gut beraten, sich z.B. auch mit rußlanddeutschen Siedlern über die Möglichkeiten der Religionsausübung zu unterhalten … Der eigentliche Festakt im Auditorium maximum der heutigen Universität Kaliningrad ließ erkennen, daß man sich gern mit der 400jährigen deutschen Bildungstradition der Albertina schmückte: Die gegenwärtige russische Hochschule bildet nämlich unter den überregionalen Bildungsstätten der Russischen Föderation annähernd das Schlußlicht.

Durch die Vereinnahmung der ursprünglichen Königsberger Universitätstradition hoffte man auf Reputationsgewinn und internationale, auch deutsche Zusammenarbeit. Weniger nett ausgedrückt, läßt sich das Wort Zusammenarbeit auch als Unterstützung definieren. Dabei sei nicht bestritten, daß etliche Lehrende wie Lernende der Universität Kaliningrad redliches, uneingennütziges Interesse an der deutschen Geschichte und Kultur Ostpreußens hegen, wie in persönlichen Gesprächen immer wieder zu erfahren ist.

Mit arg gemischten Gefühlen verließ ich folglich auch diese Veranstaltung. Die Heimfahrt ins Jagdquartier bot noch spannende Unterhaltung: Mein Fahrer besaß nämlich keinen Passierschein für den Grenzbereich. So fuhren wir nicht über Ebenrode und dann stracks südwärts Richtung Wystiter-See. Die Wahrscheinlichkeit, daß der Zastava (= Posten) am Straßenrand besetzt war, erschien zu groß. Vielmehr nahmen wir, von der R1 abbiegend, lieber den Zickzack-Kurs über Trakehnen, Tollmingen und Birkenmühle in Kauf.

Nicht, daß ich mit derartigen Schilderungen Deine Geduld strapazieren möchte, lieber Leser: Ohne ein Auflisten derart zeitraubender Randereignisse, wie Umwege oder Waffeneinfuhrprobleme, bliebe das Stimmungsbild der Jagderlebnisse jedoch unvollständig. Immer wieder muß man sich seelisch mit dem Verplempern – teuer erkaufter – Reisezeit abfinden. Das ist nichts für ungeduldige Zeitgenossen!

Der unvermeidlichen Dienstfahrt folgte eine „kalte Dusche“: Als ich mich um 19.00 Uhr dem beim Abendessen befindlichen Professor

Aus deutscher Zeit: Pflasterstraße zwischen Klein Schanzenort und Jagdhaus Rominten

zugesellte, erfuhr ich vom morgendlichen Pirscherlebnis seines Freundes. Dieser war von meinem Führer Viktor an eine großflächige Wiese südlich des Wystiter-Sees gebracht worden. Geradezu auf dem Bodennebel schwimmend, tauchte dort ein hochjagdbarer Hirsch mit Becherkronen auf, der einige Stücke mit sich führte. Das Pirschgespann hatte sich auf erhöhtem Feldweg hinter einem Birnbaum und einigen Büschen postiert. Lange – für Rominter Gegenwartsverhältnisse zu lange, saugte der deutsche Forstmann das herrliche Bild durchs Fernglas in sich auf. Als er schließlich zur standesgemäßen Doppelbüchse griff, bekam das ein Alttier mit. Schon ging das nur 70 Schritt entfernte Brunftrudel ab. Auf den trollenden Geweihten aber unterließ der disziplinierte Waidmann den Schuß. So versagte er sich die Chance auf seinen ostpreußischen Lebenshirsch, eine Chance, die sich nicht wiederholen sollte. Gern hätte ich ihm als Landsmann diesen Hirsch gegönnt.

Als ich mir am folgenden Tag die Geschichte von den russischen Jägern bei einem (?) mitgebrachten Glas Jägermeister nochmals aus deren Sicht schildern ließ, war ein Name für den Becherkronenhirsch nicht weit. Von nun an würde er in Anlehnung an die Fernglasbeobachtung in unseren strategischen Gesprächen nurmehr „Binokel-Hirsch" heißen. (Binokel ist der russische Begriff für Fernglas.)

Hand auf´s Herz: Hätte ich nicht nach Königsberg gemußt, hätte ich in Viktors Begleitung sofort zur Büchse statt zum Fernglas gegriffen. Sowohl der Unglückliche wie auch Freund Andreas blieben an jenem Abend noch lange aus. Sollte doch noch ein Hirsch gefallen sein? Nein, müde und abgekämpft erschienen sie. Andreas, der eigentlich nur jagdarchäologische Studien betreiben wollte, hatte ich am Vorabend gedrängt, mit meinem Stutzen zumindest an jenem Tag auf Pirsch zu gehen. Er wurde vom Beauftragten der Königsberger Jagdaufsichtsbehörde geführt. Nach hereingebrochener Dunkelheit hatten sie in wild zerklüftetem Gelände südlich des Wystiter-Sees ihren Rückweg zum Geländewagen durch ein steiniges Flußbett genommen. Die Strapazen waren ihnen ins Gesicht geschrieben.

Die folgende Morgenpirsch geriet mir zur Tortur; noch fehlten die in Sytschews Wohnung zurückgelassenen Gummistiefel. Er würde sie mir beim nächsten Stadtbesuch mitbringen. In der Nacht hatte es geregnet. In Halbschuhen ging´s notgedrungen los: Es sollte ein unfreiwillig feuchtes Erlebnis werden. Der russische Geländewagen mit Blattfedern vereitelte auf dem Weg ins Pirschgelände unsere Hoffnung auf ein wenig Dahindösen. Ewgenij Koslowski, russischer Staatsbürger polnischer Herkunft, lenkte den Wagen in die äußerste Spitze des Dreiländerecks, wo russische und polnische Hoheitsteile Ostpreußens auf die litauische Grenze treffen.

Es ging sprichwörtlich über Stock und Stein. Alte Landwege waren bereits so ausgefahren, daß Ersatzspuren im Gelände herhalten mußten, wollte man nicht steckenbleiben. Im Scheinwerferlicht erwuchsen fahle, tote Baumgerippe am Chausseerand scheinbar zu neuem Leben. Ein gespenstisches und dennoch faszinierendes Szenario, geeignet für die Wolfsschlucht-Handlung einer Opernverfilmung des „Freischütz".

Bei Seefelden, einem weitestgehend vom Erdboden verschlungenen Dorf, blieb der Wagen in verdeckter Stellung zurück. Wir befanden uns in der Lieblingsgegend von Ewgenij. In gebrochenem Deutsch ließ sich der junge Wildbiologe vernehmen, wir würden ins Wintereinstandsgebiet eines Wolfsrudels marschieren. Durch Sukzession und forstliche Maßnahmen hatte sich die Rominter Heide bis in dies alte Bauernland ausgeweitet. Bei Tageslicht besticht die Landschaft durch ihre abwechslungsreiche Hügeligkeit und einige schmucke Seen.

Auf unserem Streifzug hügelauf, hügelab begleiteten uns Sascha und der von ihm geführte Forstamtsleiter. An einer Lichtung trennten wir uns. Während mein Führer und ich verharrten, suchte sich das andere Gespann einer alten Stimme zu nähern. Ihr Streben war nicht von Erfolg gekrönt: Durch ein Aneinanderschlagen ihrer Gewehrläufe vergrämten sie den Recken.

Dem Schrei eines Hirsches folgend, arbeiteten wir uns am Saumrand eines Steilhangs entlang. Ein junger ungerader Achter wurde sichtbar, um zügig abzugehen. Es war nicht der Meldende. Im Licht bewaldeter Senke mäanderte ein Bach vor sich hin, ein herrlicher Anblick. Nach mühevollem Rückweg durch nasses Gras und mannshohe Brennesseln erreichten wir wieder vereint den Geländewagen.

Andreas und sein Schweißhund Max, dessen Gunst ich durch korrumpierende Leberwurstbrote längst auf mich gelenkt hatte – ach, ließen sich schöne Frauen doch ebenso simpel wie preiswert betören – machten sich nach dem Frühstück auf den Heimweg. Sascha hatte es nicht für gut geheißen, daß Andreas ohne (kostenpflichtigen, sic!) Führer nach steinernen Relikten deutscher Vergangenheit forschte. Verständlich, daß dies dem freiheitsliebenden Eidgenossen nicht schmekken wollte.

Bevor den Getreuen ein munteres „Auf Wiedersehen" aus meinem Taschenhhorn entgegenschallte, gerieten wir unfreiwillig ins Grübeln über die Zerrissenheit der ostpreußischen Heimat: Eigentlich, ja eigentlich brauchten sie nur die Landstraße südwärts am Wystiter-See

Selten ist das September-Wetter so strahlend: Partie am Marinowo-See

Nicht die stärkste, doch unbestritten – die edelste Rominter Hirschtrophäe: Prof. Gerhard Löbenberg zeichnete das Geweih des 1938 von Hermann Göring erlegten „Fürst"

entlang einzuschlagen, um nach gerademal einem Dutzend Kilometern in Wehrkirchen vor der eigenen Haustür zu stehen.

Doch die unerbittliche Realität sieht anders aus: Der Schwerthieb Stalins, wie Polen diese innerostpreußische Demarkationslinie treffend charakterisieren, gebietet uns bis auf den heutigen Tag einen Umweg über den Kontrollposten bei Preußisch Eylau, wollen wir in der südlichen Heide verweilen. Das sind mehr als 350 Kilometer auf Strassen mäßiger Qualität. Rechnet man am Kontrollpunkt eine Wartezeit von drei Stunden ein, benötigt man nahezu einen Reisetag – statt einer guten Viertelstunde auf direktem Weg!

Abends pirschten Ewgenij und ich im raumen Holz bei Billenau. Ein rufender Hirsch, den wir angingen, zog uneinholbar fort. Hirschgerechte Jäger werden beim Lesen dieser Zeile schmunzeln, gelten suchend ziehende Hirsche schließlich als nahezu unangehbar. Die russischen Pirschführer zeigten sich jedoch geradezu erfolgsversessen und mußten wohl jede auch noch so kleine Chance nutzen. Im Gegenzug dachte ich wohlweislich nicht daran, ihren ansonsten positiven Elan durch jagdstrategische Erörterungen bereits in den ersten Tagen erlahmen zu lassen. Auf dem Rückweg vernahmen wir eine alte, reife Stimme. Bei schwindendem Büchsenlicht und schlechtem Wind verbot sich ein Angehen.

Ein kurzer, kameradschaftlicher Abschied bildete den morgendlichen Auftakt am Donnerstag, den 29. September: Die beiden Gastjäger mußten ihren Flieger in Powunden erreichen. Der würde nicht warten. Bei kaltem Wetter und leichtem Regen starteten Ewgenij und ich zur Frühpirsch. Dem Hirsch vom Vorabend galt´s: Der Alte verstummte bei aufkommendem Licht. Ein Angehen blieb erfolglos. Mehrere Kranichkeile zogen am Firmament und ließen das Herz wieder froher schlagen.

Viktor war ebenfalls losgezogen, er hatte andernorts erfolgreich verhört. Zwei weitere Berufsjäger waren mit dem gleichem Auftrag unterwegs.

Über Mittag tauchte Jagdvermittler Pawlowski in Begleitung der in den Memelforsten jagenden Klienten auf. Unter ihnen befand sich ein Forstamtsrat i. R., der als junger Mann in der Rominter Heide Dienst getan hatte und nun die Exkursion leitete. Laut Tagebuch machte „der einen ausgesprochen unangenehmen Eindruck". Ahnungslos genug, mich als seinerzeitiger „Ostpreußenblatt"-Redakteur des Ressorts Geschichte/Landeskunde vorzustellen und auf die gute Zusammenarbeit mit dem Ressort Naturkunde des Ostpreußischen Landesmuseums zu verweisen, erhielt ich eine derbe Zigarre: Dort, in Lüneburg, lief seit dem 10. September eine gut besuchte Sonderausstellung „Wald und Jagd in Ostpreußen. Rominten damals und heute". Der verantwortlich zeichnende Nichtjäger Dr. CHRISTOPH HINKELMANN hatte in der Konzeption der Ausstellung erstaunliches Einfühlungsvermögen bewiesen. Die Fülle der von ihm zusammengetragenen authentischen Exponate mußte überraschen. Nachzulesen in seinem gleichnamigen Austellungskatalog (Bothel 1994).

Flugs steckte mich der unterdessen zum blasenden Keiler mutierte Forstmann mangels meines Freundes Christoph in moralische Sippenhaft: Wir hätten unterlassen, ihn zur feierlichen Ausstellungseröffnung einzuladen. Die Entgegnung, daß gewiß kein böser Wille vorgelegen hätte, wurde ebenso ignoriert wie der Hinweis auf mehrere gut sichtbare, vor allem aber rechtzeitige Veranstaltungshinweise in „Das Ostpreußenblatt".

Das verhaltene Kichern der anderen Klienten am Uferrand sprach Bände. „Gott schütze mich vor den eigenen Landsleuten! Vor meinen Feinden schütze ich mich selber", möchte man da spontan ergänzen.

Nachmittags kehrte wieder harmonische Ruhe ein. Am stattlichen Dobauer-See (Dobawener-See) ließ sich Ewgenij abends zum Verhören absetzen, während Viktor und ich vergeblich an der Binokel-Hirsch-Wiese ansaßen.

Die Frühpirsch am Freitag, den 30. September südöstlich der Chaussee bei Ribbenau führte Sascha und mich in die Nähe zweier röhrender Hirsche. Ein Angehen blieb durch Wind- und Geländewidrigkeiten aussichtslos. Die Stunden meines Aufenthalts im Polygon waren anschließend gezählt. Mangels weiterer Gastjäger verlegte Sascha das Jagdlager ins frühere Insthaus in Klein Schanzenort. Strom gab es zur Abwechslung nicht. Und das Plumpsklo hatte weder Seeblick noch Dach. Gut so, wollten wir doch nicht in Routine erstarren …

Die Abendpirsch beraumte Sascha wieder im Gelände der Frühpirsch an. Versuche, mehreren rufenden Hirschen näherzukommen, scheiterten. „Mühsame Eilmärsche durch´s dichte Zeug", verrät das Tagebuch. Eine 20 Meter steil ansteigende Moräne hinaufstürmend, kamen wir gerade noch zurecht, um den Zielstock in den Boden zu rammen und anzubacken: Ein mir stark erscheinender Hirsch, dessen Rufen wir vorab vernommen, näherte sich zügig. Mit erhobenem Haupt holte er Wind. Blitzend weiß mündete die linke Geweihstange in einer mächtigen, offenen Gabel, während Sascha später händeringend von starken Kronen sprach.

Ausgesprochen ruhig schicke ich das 19 Gramm TUG auf seinen 30 Meter kurzen Weg. Durch´s Zielfernrohr sah ich den Hirsch kurz zusammenzucken und nach rechts fortbrechen. Sascha aber war nicht zu halten, stürmte – ebenso unverzüglich wie vergebens – sofort hinterher. Im dämmernden Stangenholz verbrachen wir rasch Standort und Schußrichtung. Hängenden Hauptes ging es schweigsam zurück, Sascha bemühte sich, nicht verärgert zu wirken.

Gedenkstein am Nordrand der Heide: Der zu Zeiten der Weimarer Republik gegründete Reichsarbeitsdienst verbesserte auch in Ostpreußen das Wege- und Brückennetz nachhaltig. Eine Abteilung stand in Mehlkehmen (= Birkenmühle)

Zur morgendlichen Suche im Terrain stand kein Hund zur Verfügung. Nicht ohne Grund hatte ich bei der Abreise meines Freundes auch seinem firmen Schweißhund nachgetrauert. Zusammen mit Sascha und immerhin vier weiteren Berufsjägern suchten wir sehr gründlich den Anschußbereich ab, um alsbald in raumgreifenderes Suchen zu verfallen. Im Fluchtweg fanden sich einige wenige Tropfen Wildbretschweiß und einige Trägerhaare. Der gründlich zu Werke gehende Sascha hing nun seine grüne Militärmütze an einen Stock und perforierte sie mit einer Kugel aus meinem Stutzen auf einige Entfernung. An der Waffe hatte es also nicht gelegen.

Der Rückmarsch artete in eine gemeinschaftliche Pilzsuchaktion aus, als wir auf entsprechend üppige Fundstellen stießen. Solche Gelegenheit läßt sich verständlicherweise kein Russe angesichts bescheidener Speisepläne entgehen. Das innerliche Grübeln nahm kein Ende, ich hatte den leicht seitlich stehenden Hirsch zu hoch, also im Trägerbereich, und dabei zu weit rechts erfaßt. Hätte ich nur tiefer anvisiert … hinterher ist man immer klüger. Würde sich mir noch eine Gelegenheit bieten, mich von dieser Waffenschmach zu reinigen? Im Witzeln mit Sascha verfielen wir auf einen neuen Spitnamen für mich: „Klient dilletant".

Die Abendpirsch in derselben Gegend brachte nur den Anblick eines Sechsers vom dritten Kopf. Hirsche meldeten kaum. Ein faszinierend klarer Sternenhimmel, wie man ihn im Westen Deutschlands nie zu sehen bekommt, beschirmte unseren Heimweg. Abendliches Pakken war noch angesagt: Sascha quartierte mich nun in seine gastliche Ebenroder Wohnung ein.

Am Sonnabend, den 2. Oktober, blies uns sehr kalte Morgenluft ins Gesicht. Der Himmel war spärlich bewölkt. Sein verläßlicher Shiguli brachte uns auf der Straße in Richtung Wehrkirchen weiter als

Fernab menschlicher Siedlungen entfaltet Ostpreußen auch heute noch seine Reize für den Betrachter: Herbstidyll nördlich Jagdhaus Rominten

sonst voran. Wir bogen nicht westwärts nach Ribbenau ab. Auf der Höhe von Pellkauen ging´s in den Forst. Wir durchquerten raumes Fichtenholz, als bei schon gutem Licht ein suchender Hirsch meldet. Für Sascha gab es kein Halten mehr, als der Hirsch auf sein Reizen durchs Abflußrohr ärgerlich meldete. In dem teils sehr hügeligen Ge-

„Waldmanns letztes Geläut": Nach einem um 1893 entstandenen Ölgemälde von Prof. Richard Friese

lände ging es im Zickzack durch Brennesseln und Gebüsch. Immer wieder brach der Hirsch fort. Immer wieder brachte ihn Sascha durch kurzes Rufen zum Stehen, bis wir aufholten. Ein einziges Gerenne. Plötzlich forderte mich Sascha zum Schuß auf. Die verd… Brille war jedoch so beschlagen, daß der Hirsch weiterzog, bevor ich Durchblick schaffen konnte. Unerbittlich trieb der gestählte Waldläufer zum Dranbleiben an.

Und wieder ging es durch ein Stangenholz. Der Hirsch brachte mehr und mehr Abstand zwischen sich und uns. Als wir an der anderen Kante des Bestands angelangt waren, hatte der Hirsch eine große Wiese vor uns überquert und den gegenüberliegenden Hang schon genommen, 130 bis 150 Meter mochten es sein. In wenigen Augenblicken würde er im Fichtenholz entschwinden. Doch schon lag der Stutzen auf Saschas Schulter. Ausgepumpt, wie ich war, fand der Diavari-Zielstachel im Körper des weiterziehenden Recken dennoch Ruhe. In einem günstigen Augenblick riß ich Funken.

Der Hirsch brach kaum zeichnend fort. Nachdem sich Sascha auf eine Zigarettenpause eingelassen hatte, überquerten wir die Wiese und fanden oben auf dem Gegenhang die Eingriffe des Hirsches. Doch

Schweiß fand sich nicht. Wieder begann eine Sucherei im Gelände, meist Fichtenstangenholz – und wieder erfolglos. Wie hatte ich solch eine Situation innerlich gefürchtet. Nach viertelstündiger Suche gab Sascha erstmal auf. Nachmittags würden wir mit den anderen Jägern weitermachen.

Schweigend ging er ostwärts voran, ich trottete einige Meter hinterher. Verzagt ließ ich den Kopf hängen. Wie elektrisiert hielt ich plötzlich inne, der Blick saugte sich an einem braun verwelkten Birkenblatt auf dem Waldweg fest. Schweiß! Ein stattlicher Tropfen Leberschweiß hatte es, wie von Malerhand, benetzt. Sascha reagierte auf den leisen Pfiff sofort. Neue Hoffnung breitete sich auf unseren Gesichtern schlagartig aus. Mit Handzeichen bedeutete mir Sascha, am Ort zu verweilen. Er drang ins Fichtenholz ein. Da und dort umgestürzte Bäume, zuweilen Barrieren aus Reisig, wehrten weite Blicke ab. Sascha kehrte nach kurzer Zeit zurück, bedeutete mir mit geschwungenem Arm, zu folgen. An einem abfallenden Hang, hinter gestürzten Fichten, lag der in sich verschränkte Hirsch. So, wie der Geweihte lag, ähnelte die Szenerie dem Gemälde „Waldmanns letztes Geläut" aus der Hand von Prof. Richard Friese (1893).

Die Kugel war auf der rechten Seite eingedrungen, hatte von dort aus sofort die Leber völlig zerrissen und trat im Bereich des linken Laufansatzes aus. Beim Betrachten des Geweihs staunten wir nicht schlecht. Als Sascha den Träger des auf der linken Seite Liegenden verschob, wurde eine Schußverletzung am Trägeransatz sichtbar. Es war derselbe Hirsch, den ich zwei Tage zuvor beschossen hatte! Erst mittelalt, machte ihn die linke offene Gabel doch zum Selektionshirsch. Rechts eine Fünferkrone, lag vor uns ein ungerader 16-Ender.

Sascha ließ mich allein. Mein erster Hirsch, mein erster Ostpreußenhirsch, mein erster Rominter Hirsch: Demütig kniete ich neben dem Geweihten, die Hand fast besänftigend über den Träger streichend. Der – im wahrsten Sinne des Wortes – atemberaubende Pirschzug auf den suchenden Hirsch passierte vor dem geistigen Auge Revue.

Leise fand sich Sascha wieder ein und überreichte mir den Schützenbruch. Der weite Rückmarsch zum Auto verlief wie auf Flügeln getragen. Wieder einmal wurde gefrotzelt. Der „Klient dilletant" aber wurde wohlwollend zum „Klient luxe" erhoben.

Ab ging´s zum Jagdquartier in Klein Schanzenort. Dort veräppelten wir erstmal Ewgenij. Das alte Spiel unter Jägern: Der bruchgeschmückte Hut blieb im Auto, grimmige Gesichtszüge aufgesetzt,

Nördlich von Pellkauen erlegt: Der erste Hirsch des Verfassers, ein ungerader 16-Ender

und wir beschipften uns schauspielernd über diese verpatzte Jagdchance; aber schließlich wurde Ewgenij gnädiglich von uns aufgeklärt .

Dann ging der unvermeidliche, leidige Papierkrieg los. Ewgenij als Beauftragter der Jagdaufsichtsbehörde schrieb das Jagdprotokoll. Denn nur mit korrekten Papieren konnten wir Geweih und Wildbret legal bergen.

Die Bergung geriet ihrerseits zu einem Spektakel besonderer Art. Sascha und ich fuhren am Nachmittag auf der Landstraße in Richtung Wehrkirchen. Die alte, abgebaute Bahnlinie querend, gelangten wir in westlicher Richtung nach Pellkauen. Dort befindet sich eine russische Grenztruppenkaserne mit Gebäuden aus weißem Sandstein und einigen wenigen verbliebenen deutschen Backsteinschuppen oder -ställen im Umkreis. Während ich im Wagen blieb, verhandelte Sascha mit Offizieren. Dann wurde uns ein Mannschafts-LKW mit Fahrer zur Verfügung gestellt. Der hochachsige LKW meisterte das Gelände in abenteuerlicher Fahrt. Endlich gelangten wir auf die große Wiese nördlich Pellkauen.

Dort hatten sich bereits Viktor und ein anderer Berufsjäger eingefunden. Sie brachen den Hirsch am Erlegungsort auf und zerwirkten ihn sofort. In der rechten Brunftkugel wie auch Keule saßen Postenschrote, eine Erklärung für die Gabelbildung der linken Stange. Auf Fichtenstangen wurde das Wildbret schweißtreibend zum LKW herabgeführt. Der Nachmittag schritt schnell voran, mit einem Teil des Wildbrets fuhren Sascha und ich nach der Verabschiedung unserer Helfer in der Kaserne auf Ebenrode zu. Abends gingen wir nicht auf Pirsch, der erlebnisreiche Tag sollte im Kreis meiner lieben Gastgeber besinnlich ausklingen.

SIEBENTES KAPITEL

Ungewöhnliches Lackmuspapier

Am Montag, den 3. Oktober, hieß es wieder: „Auf zur Frühpirsch!" Schließlich war meine Rückreise erst auf den 12. d. M. gebucht. Und da der ostpreußische Forstamtsleiter seine Lizenz nicht in den Binokel-Hirsch umgewandelt hatte, bot sich mir nun die willkommene Gelegenheit zur Fortführung der Hirschjagd.

In der Hoffnung auf „Plansollerfüllung" hatte mir Ewgenij bei seiner Abreise am glücklichen Vortag noch die offene Hirschlizenz übertragen und ausdrücklich die Möglichkeit eingeräumt, auch Keiler und Böcke im Bereich der Rominter Heide zu strecken: Wer ließe eine solche Offerte ungenutzt?

Dennoch geriet ich ins Grübeln: Fast wie ein gekrönter oder ungekrönter Landesherr konnte ich nun in dem berühmten Hof- bzw. Staatsjagdrevier quasi uneingeschränkt die Büchse führen. Der Zustand beruhte nicht in erster Linie auf den dortigen Devisenerwartungen oder jahrelanger Hartnäckigkeit. Nein, vielmehr ermöglicht die mehrgliedrige Spaltung Deutschlands bei Kriegsende und seine anhaltende Zerrissenheit westlichen „Devisenjägern", in vielen historischen ostdeutschen Jagdrevieren unter fremder Regie zu pirschen.

Hätte die Weltgeschichte einen anderen, glimpflicheren Weg für unsere Nation genommen, glaubst Du, lieber Leser, politische Machthaber und forstliche Entscheidungsträger würden uns Durchschnittsjägern auch nur einen jagdbaren Hirsch oder Hasen in den „heiligen Hainen" abtreten?

Eine traurige Gegensätzlichkeit: Erst die Not des Vaterlandes öffnete gewöhnlichen deutschen Jägern ostdeutsche Spitzenreviere, wie z.B. Rominten; vergessen wir das nie. Und suchen wir derartige Regionen auf, mag nur unbändige Sehnsucht nach diesen heimatlichen Wildbahnen die gegenüberliegende Waagschale patriotischer Selbstachtung ein wenig austarieren.

Auf der Fußpirsch durchquerten wir Schönbruch, hielten uns dann nordwestlich. Auf einer großen Freifläche zeigte mir Sascha den Erlegungsort des kapitalen Bielicki-Hirschs. Wir verharrten geraume Zeit auf der alten Grundsteinmauer unter einem Apfelbaum. Dabei konnte ich eine Zecke unschädlich machen, die sich auf meine Hand fallen ließ.

Sascha erklärte leise, daß er einmal mit dem deutschen Forstamtsleiter an der Stelle angesessen hätte. Allerdings hatten sie sich an unterschiedlichen Mauerecken postiert. Da sei in Schußentfernung ein starker Wolf vorbeigeschnürt. Da Sascha den zwei Meter entfernten Gast nicht aufmerksam machen konnte, ohne das Raubwild zu vergrämen, machte er zwangsläufig selber Dampf auf den Wolf. In späteren Erzählungen des Jagdgeschehens äußerte der Forstmann unter Zuhilfenahme eines entsprechenden Gemeinschaftsfotos gern, „sie" hätten den Wolf erlegt ... Wie sagt doch ein mir bekannter Forstingenieur nicht ganz zu Unrecht: „Traue keinem Forstamtsleiter!"

Uns präsentierte sich an jenem Morgen weder ein Wolf noch ein anderes jagdbares Wild. Ein zahlenstarker Kranichkeil bot da Abwechslung wie zwei einander jagende Eichhörnchen beim Rückmarsch auf dem Bahndamm Richtung Albrechtsrode. Auf der Rückfahrt hielten wir am Jagdhaus in Klein Schanzenort. Dort präparierten Viktor und ein weiterer Jäger den abgekochten Geweihschädel. Da sich die

Vom Gut blieben nur einige Insthäuser: Klein Schanzenort am Nordrand der Heide

„Wird die Beere rot, naht der Hirsche Tod": Diese Worte Freverts fliegen einem nicht nur an dieser Partie des Jagens 168 zu

Kauleiste am Oberkiefer gelöst hatte, befestigte Viktor sie mit einem Kunstkleber. Meine rechtzeitige Anwesenheit hätte das unterbunden: Kunstkleber werden mit der Zeit häßlich braun; nur Holzleim sollte zum Kleben am Trophäenschädel verwendet werden. Nun, als Transportschutz duldete ich die Maßnahme. Daheim würde ich den Schädel eh mit schmalerem Nasenbein aufbretten und den Kleberansatz wieder entfernen. Freudig überreichte mir Viktor die Grandeln. Während Sascha mit seinen Berufsjägern noch eine Lagebesprechung über Verhörerfolge abhielt, sank ich bereits auf einem harten Feldbett in wohligen Vormittagsschlummer.

Der Abendanstand fand westlich von Dobauen statt. Wir postierten uns an einem steilen Hanggelände, daß zu seinen Füßen ein abwechslungsreiches Buschgelände bot. Dieses ging in einiger Ferne in einen riesigen Kahlschlag, am Horizont von Fichtenbaumholz gesäumt, über. Auf 250 bis 300 Meter ästen zwei Stück Kahlwild. Der Himmel bewölkte sich zunehmend, starke Windböen brachten einen Kranichkeil aus seiner Formation. Bei der Rückfahrt entlud sich ein enormer Regenguß, etliche Frösche überquerten die Fahrbahn. Wie immer bangte ich innerlich, daß die kleinen ostpreußischen Mitgeschöpfe unserer Wagenspur entkamen. Sascha steuerte als Tierfreund seinen Shiguli entsprechend vorsichtig.

Der folgende Morgen weckte mich frühzeitig durch harte Regenschauer gegen die Fenster. Vom meinem Schlafsofa aufblickend, erkannte ich im Halbdunkel die herrlichen Geweihe. Andererseits: Bei aller Jagdpassion war ich doch ganz froh, als Sascha mal kurz aus dem Schlafzimmer herüberwechselte, um mir zu verkünden, daß die Frühpirsch wegen des Schlechtwetters ausfiele. „Erst um 09.00 Uhr ist der Himmel wolkenfrei; allerdings starker Wind. Wenigstens mal gut ausgeschlafen", verrät der Tagebucheintrag. Nachmittags rief Bogdan Pawlowski an, er sei gut in Blankenheim-Ahrhütte angekommen. Er hatte auf dem Landweg diverse Trophäen durch Polen transportiert. Mit Schaudern dachte ich an den Papierkram.

In der Nähe des vortägigen Abendanstands plazierten wir uns diesmal vor einer Fichtendickung. In einer Senke vor uns kreuzten sich drei Rotwildwechsel, frische Pirschzeichen waren vorhanden. Hinter einem Behelfsschirm hatten wir gute Deckung, leidlichen Wind und hervorragendes Schußfeld. Was ausblieb, war Rotwild. So erfreuten wir uns des Anblicks eines hämmernden Buntspechts und diverser Singvögel. Beim Rückzug überflog uns eine Waldschnepfe.

Sascha riet, nicht zuletzt angesichts der erhöhten Pirschkosten bei der Rotwildjagd, nurmehr in seinem Ebenroder Beritt die Jagd auf Schwarz- und Rehwild zu versuchen. Auf Rotwild bestünde wegen der zur Neige gegangenen Brunft keine Chance mehr.

„Damit ich mir daheim keine Vorwürfe machen muß, nicht alles versucht zu haben, wollen wir den folgenden Tag noch Rominten widmen", lautet der abschließende Satz der Tageserinnerung. Noch heute, mehrere Jahre später, mag ich ihn nur unter äußerstem inneren Gerührtsein lesen.

Sascha hatte sich breitschlagen lassen. Ein letztes Mal sollte es also auf den edlen Rominter Hirsch gehen, wir schrieben Dienstag, den 5. Oktober. Um 03.00 Uhr waren wir aufgestanden, pflichtbewußt, doch eher lustlos. Beim Verlassen der Ebenroder Wohnung verging uns das defätistische Gegähne jedoch schnell: Es hatte gefroren, welch gutes Omen! Das hatte sich freilich schon bei der Abendpirsch angedeutet, als Tau auf dem Autodach kristallisierte. Ein herrlicher Sternenhimmel über uns. Mehrfach hielt Sascha den Wagen auf der Straße in Richtung Ribbenau an. Weit östlich vom Dorf drang der brave Shiguli in den Forst ein und überquerte eine hart gefrorene Weide. Ein

Im Herbstnebel: Nach einem Gemälde von Prof. Gerhard Löbenberg aus den späten 40er Jahren

Stockentenschoof erhob sich geräuschvoll einem Wiesenbach, um klingelnd abzustreichen. Eine herrliche Musik in absoluter Stille. Nach kurzer Fußpirsch im laut knisternden Gras verhielten wir für geraume Zeit am Rand einer Blöße, um abzuglasen. Stille, absolute Stille. Kein Wild, schließlich eröffnete Sascha eine Unterhaltung über Rotwild in der Russischen Föderation.

Weiter ging´s. Trotz aller Aufmerksamkeit und Vorsicht doch eher ein bewaffneter Spaziergang. Nach dem wir uns mal wieder durch mannshohe Brennesseln durchgekämpft hatten, fanden wir uns an der winkeligen Einbuchtung eines Fichtenbestands wieder. Vor uns eine ungepflegte Weide, zur Linken der Ausläufer des lichten Fichtenstangenholzes. Kaum hatten wir ein recht nahes, doch sparsames Röhren vernommen, hieß es: „Sprung auf, Marsch, Marsch!" Dazu brauchte ich meinen Sascha kaum anzuschauen. Er entdeckte als erster einen stattlichen Hirsch, in einer voranstehenden Gebüschlücke nach links ziehend. Ein Beihirsch brach nach rechts durch. Sascha an den Platz bannend, eilte ich allein bis zur vor mir liegenden linken Bestandskante voran. Schnell den Zielstock in den Boden gerammt, den Stutzen angeschlagen, suchte ich, immer noch durch etwas Buschwerk zum einen, herabhängendes Astwerk zum anderen getarnt, den Hirsch im Zielfernrohr. Schon die vorangegangene Zielerfassung hatte deutlich mit bloßem Auge gezeigt, daß dort nichts Mittelmäßiges stehen konnte.

Auf 60 Meter sichert der Hirsch spitz von vorn, zum Fortbrechen bereit. Unerwartet stört beim schnellen Anstreichen des Vorderschafts an den Zielstock die Stockschlaufe, setzt sich zum Knubbel gedreht hohnvoll wie ein Keil dazwischen. Die Hand rutscht tiefer, aus leicht gebeugter Körperhaltung muß jetzt erneut gezielt werden. Schon sehe ich im Geist den Braven flüchten. Doch in gespannter Ruhe saugt sich der Diavari-Zielstachel im Gebäude des Recken fest ... tiefer diesmal als am 30. September. Dann fällt endlich der Schuß.

Nur wenige Sekunden dauerte das „Handschlaufendrama", doch dem armen Sascha, der von mir zügiges Schießen gewohnt ist, mußte es wie eine Ewigkeit vorkommen. Auf mich zutretend, äußerte er zufrieden, der Hirsch hätte gut gezeichnet. Den Fluchtweg hatten wir nicht überblicken können: Buschinseln und teils mannshohes Schilf und Gras vereitelten das.

Nach einer Zigarettenlänge, die ich meinem Waidgesell wiederum tunlichst gönnte, begaben wir uns im hohen Gras auf die Suche. Am Anschuß fand sich außer den Eingriffen nichts. Kein Schweiß. Sascha glaubte, der Hirsch wäre vermutlich im Bogen nach links in ein weiteres Fichtenstangenholz geflüchtet. Also suchte er verstärkt dort, rang immer mehr mit sich, keine Enttäuschung zu zeigen. Der „Klient dilletant" mochte in seinem Hirn wieder auferstehen. Meinerseits war ich innerlich ungehalten, daß in dem Hochwildrevier kein auch nur annähernd nachsuchetauglicher Hund zur Verfügung stand. Es zog mich zum Anschuß zurück. Mehrere Wiesengräben überquerend, zokkelte ich nun im rechten Bogen an einem Entwässerungsgraben entlang. Wie von selbst ging der Stutzen aus der Vorhalte in Halbanschlag, das Glas war schon zuvor in der Jackeninntentasche verschwunden:

Eine starke Geweihkrone ragte kaum zwei Meter vor mir aus den Grashalmen hervor. Dort ruhte der längst verendete Hirsch im schilfigen Gras. Das Geweih war geradezu wie vom umliegenden Gras und einem Weidenbusch umschlungen. Schon der Blick auf den Stangenansatz ließ erkennen, daß da nicht irgendein Hirsch lag. Vom Geweihaufbau ein klassischer 14-Ender, machten ihn zwei zusätzliche hornfesselbreite Endchen im Bereich der Aug- und Eissprossen zum geraden 16-Ender. Neun Jahre mochte er zählen.

Nordöstlich von Ribbenau erlegt: Der zweite Hirsch des Verfassers, ein gerader 16-Ender mit 115 Zentimetern Stangenlänge

Mit einem Schuß lockte ich Sascha herbei. Zuerst wußte er das Zeichen garnicht zu deuten, um dann wie gebannt vor dem Braven zu stehen. Nun entlud sich unsere Freude in wilden Umarmungen. Immer und immer wieder betasteten unsere Hände das Geweih. Dann überreichte mir Sascha den Bruch. Anschließend blieb ich geraume Zeit allein, Sascha wollte das Auto holen und sich über Ribbenau südwärts zu unserer Wiese soweit als möglich durchschlagen. Allein hielt

Erstaunlich gut erhalten: Die zweckentfremdete evangelische Kirche in Schloßbach. Davor das restaurierte deutsche Kriegerdenkmal

ich dem braven Recken die Totenwacht. Nein, nicht ganz allein: Schon umkreisten uns sieben Kolkraben und boten ihm des Waldes herbes Abschiedslied.

Doch mein Taschenhorn, aber auch der Fotoapparat waren in Ebenrode geblieben, jedes überflüssige Gramm hatte ich seit längeren Tagen in Anbetracht unseres „Geländedienstes Marke Sytschew" im Quartier gelassen. – Sollte ich Sascha nun in westlicher Arroganz nach Ebenrode scheuchen? Nicht doch; es würde reichen, sog ich diesen unwiederbringlichen Anblick ganz für mich persönlich und unveräußerlich in mich hinein. Meine beiden Hirsche aber habe ich später im Elternhaus in Gegenwart des Vaters feierlich verblasen.

Beim Aufbrechen zeigte sich ein doppelt kalibergroß, sauber gestanztes Loch durchs Herz. Damit war der Recke noch annähernd 100 Meter geflüchtet …

Nach dem Verblenden des Hirsches nahmen wir Haupt und einige Wildbretteile nach Ebenrode mit. Die Strecke auf unbefestigtem Feldweg bis zur Landstraße bei Ribbenau forderte uns noch Ralley-Qualitäten ab. Moddrige Senken mußten mit Weidenästen gangbar gemacht werden. Berufsjäger würden den Hirsch an Ort und Stelle zwecks leichteren Abtransports zerwirken. Ein Zurücklassen des Geweihs für einen nachmittäglichen Fototermin schien angesichts der nahen Siedlung doch zu unratsam. Vorbei am Wystiter-See fuhren wir beschwingt nordwärts. Schon waren wir auf Höhe der Kirche in Waldheide, als es intuitiv „Stoij, Saschok!" hieß. Während er im Wagen blieb, schritt ich die Anhöhe zur Kirche hinauf. Vor ihr gemahnt noch heute ein bruchsteingemauertes Ehrenmal mit eingemeißeltem Eisernen Kreuz an ostpreußische Gefallene. Mehr recht als billig, gerade an solch einem Tag großer Freude derjenigen respektvoll zu gedenken, die im Ringen um die Heimat Leben oder Gesundheit selbstlos hingaben. Mochte ihnen mein Schützenbruch eine Blumenzier sein.

In der gastlichen Ebenroder Wohnung angekommen, freute sich die ganze Familie herzlich an meinem Jagdglück. Das Wässern des Trophäenschädels wurde zur letzten Amtshandlung des Tages. Diesmal würden wir die Trophäenpräparation selbst in die Hand nehmen.

Natürlich fiel die abendliche Jagd aus, ebenso die folgende Frühpirsch. Besonders Sascha wußte das zu schätzen, hatte er doch neben der Jagdausübung in den vergangenen Wochen tagsüber immer mal wieder in sein Büro schauen müssen. Um 17.00 Uhr verließen wir das Haus, um die Trophäe abzukochen.

Für mich ist eine Jagd erst dann zu Ende, wenn die Trophäe sauber aufgebrettet an der eigenen Wand hängt. Wieviel Freude bringt es doch, die Trophäe möglichst selber zu präparieren und aufzubretten: Ähnlich wie bei der Totenwacht kann man dabei das Jagderlebnis wiederum geistig Revue passieren lassen.

Nach elend-herrlicher Plackerei kamen wir erst 01.30 Uhr zurück. Auch am folgenden Tag widmete sich Sascha dem Bürodienst, einzig das Bleichen des Trophäenschädels stand auf der Tagesordnung.

Aus Versehen weckte Frau Sytschewa ihren Sascha am Sonnabend, den 8. Oktober, schon um 03.00 statt um 04.00 Uhr morgens. Das bemerkten wir aber erst während des obligatorischen Frühtees: Wir dachten an Bockjagd, schließlich wollten wir meine restlichen Urlaubstage nutzen. Unter wolkenverhangenem Himmel schritten wir zum gut gesicherten Garagenhof, einer unerläßlichen Einrichtung. Dann fuhren wir zu einer außerhalb der Stadt gelegenen Tankstelle, machten „bul-bul", wie Sascha in unserem lautmalerischen Kauderwelsch den Tankvorgang zu benennen pflegt, wechselten nebenbei noch eine Scheinwerferbirne aus und schraubten da und dort herum.

Anschließend ging´s gemächlich auf der R1 in östlicher Richtung. Nach etwa fünf Kilometern fuhren wir nordwärts in die Feldflur und hielten an einem großen Luzerneschlag. Noch herrschte kein Büchsenlicht, ein Schlümmerchen würde nicht schaden. Im dämmernden

Morgenlicht befuhren wir anschließend den Feldweg weiter nordwärts. Zur rechten Hand wurden plötzlich im Luzernefeld Bock, zwei Ricken und ein Schmalreh flüchtig. Naja, die abendliche Jagdbetätigung schien gesichert.

Zurück auf die R1 in Richtung Eydtkau, sprich ostwärts. An der nächsten Linkskurve lag einst die Ansiedlung Deeden, wie ein kleines Gehölz verriet. Hinter dem erblickten wir gerade noch einen Sprung – den Sprung? – Rehe. Schnell den Shiguli am Ackerrand geparkt, schon gingen wir sie unter Deckung bis auf 100 Meter an. Ein Blick durch´s Fernglas: „Der paßt!" Da der zusammenschraubbare Zielstock aus Zeitgründen im Wagen zurückgelassen wurde, legte ich den Stutzen nun auf Saschas Schulter auf. Der schrägstehende Bock zeichnete deutlich und verharrte verkrampft am Platz, während Ricken und Schmalreh in hohen Fluchten abgingen. Blitzartig repetiert, gab ich einen zweiten Schuß auf den Träger ab. Der Bock stürzte schlegend zusammen und war flugs verendet.

Sascha holte den Wagen und fuhr fast bis an den Verendeten heran, während ich zu Fuß ging. Wir staunten nicht schlecht über den etwa achtjährigen Sechserbock. Tiefhängende Dachrosen, die Sascha immer wieder zu einem charakterisierenden Ausruf „Tschapka, Tschapka!" (= Mütze) verleiteten, prägten das brave Gehörn.

Das TUG hatte beim ersten Schuß schräg waidwund gewütet und enorme innere Verletzungen angerichtet. Der zweite Schuß hatte die Halswirbelsäule zertrümmert und den Träger fast zertrennt.

Diesmal hatte ich das Taschenhorn dabei, fröhlich ertönte das „Reh tot". Zum großen Erstaunen von Frau Sytschewa standen wir bereits um 08.30 Uhr wieder auf der Haustürmatte … und das auch noch bruchgeziert.

Entgegen allen Wetterprognosen gingen in der Nacht enorme Regengüsse hernieder, die am folgenden Tag jegliche Jagdausübung unterbanden.

Daß man sein Glück nicht überstrapazieren soll, bewies sich am Montag, den 10. September. Erst um 05.00 Uhr waren wir aufgestanden. Zehn Kilometer südlich von Ebenrode glasten wir weite Ackerflächen ab. Über die freie Ebene kamen wir bis auf 150 Meter an zwei

Die Seele ausspannen lassen: Frühstücksrast nach herrlicher Pirsch in der Rominter Heide

Feldböcke heran. Beide hatten überdurchschnittlich gut auf. Der Stärkere quittierte meine Kugel kaum merklich. Zwei weitere Kugeln gingen auf große Entfernung an ihm vorbei. Ein sorgfältiges Ausgehen seiner Fährte ergab nur leichten Wildbretschweiß – keine Heldentat!

Bei der Kontrollsuche überquerten wir alte Panzergräben und kamen an Buschinseln vorbei, die sich als betonierte Kampfstände entpuppten: Immer wieder holt uns die traurige Geschichte des Landes ein, zuweilen gar unverhofft, dann aber um so stärker. War es denn überhaupt moralisch rechtens, daß ich so unbekümmert zur Jagd schritt, wo sich deutsche Soldaten 50 Jahre zuvor unter hohem Blutzoll einem zahlenstarken, übermächtigen Feind in den Weg gestellt hatten, der sich anschickte, auch die ostpreußische Zivilbevölkerung erbarmungslos ins Verderben zu stürzen?

Die Lust auf einen abendlichen Anstand war mir verleidet. So gaben wir uns einer anderen Muße hin: Das sorgfältige Verpacken der Geweihe, insbesondere der Schädel, mit Leinenbinden als mumienhafter Transportschutz hätte jeden ägyptischen Pharao vor Neid erblassen lassen. Am folgenden Tag blieb ich gänzlich mit Packen beschäftigt, bis das zeit- und nervenraubende Jagdprotokoll erstellt wurde.

„Tschapka, Tschapka": Der bei Deeden östlich Ebenrode erlegte alte Bock überraschte durch herrliche Dachrosen

Am Mittwoch, den 12. Oktober, hieß es Abschied nehmen von der netten Gastgeberfamilie. Vorweg gesagt: Die Gummistiefel blieben mal wieder da. Auch so war der Shiguli gänzlich von Trophäen und Zauberzeug ausgefüllt: Gut, daß Sascha am Vorabend in weiser Voraussicht die Rücksitzbank entfernt hatte. Auf nach Königsberg zum Landesjagdverband. Während ich das Auto im Hinterhof nicht aus den Augen ließ, hatte Sascha Papierkram zu erledigen. Ein Empfang bei Jurij Romanow gestaltete sich einmal mehr in ausgesprochen freundlicher Atmosphäre. Wieder hatte er interessante Trophäen zur Ansicht parat.

Beim Jagdverband in Königsberg ausgestellt: Ein russischer Jäger erbeutete dies abnorme Keilergewaff im Elchwald

Abends brachte mich Sascha in den Hafen zur Fähre. Im Glaspavillon der Zollbehörde empfing uns ein streng wirkender Uniformierter. Hatte der in der Trophäenfrage sehr kompetent auftretende Sascha noch die Oberhand, neigte sich in der Waffenfrage die Waagschale der Fakten zugunsten des mauernden Beamten, eines düsteren Kaukasiers. Schließlich lagen die Gewehreinfuhrpapiere noch am Flughafen, wo man mit meiner Ausreise rechnete – wenn ich die Diskussion recht deutete. Am Ende gab der Gestrenge nach, Sascha durfte mich noch bis zum Fuß der Gangway begleiten, wo ein junger Grenztruppler auf Posten stand. Eine kurze, innige Umarmung ohne viele Worte, dann konnte ich sehen, wie ich meine süße Last allein auf´s Schiff bekam. Und mit was? Mit Freude natürlich, hatte sich mein 18tägiger Heimataufenthalt doch wirklich gelohnt.

Freundlich wurde ich an der Rezeption der unter aserbeidschanischer Flagge fahrenden Fähre von einer netten litauischen Stewardess eingewiesen. Das arme Mädchen konnte einem leid tun: Ständig sah sie sich dem Werben der „Schwarzen", wie Nationalrussen die Kaukasier verächtlich nennen, ausgesetzt. An jenem Abend zumindest würde sie ihre Ruhe haben. Denn aus der Zollabfertigung heraus hatte ich gesehen, wie leichtbeschürzte „Damen" die Gangway hinaufgestiegen waren; bestimmt nicht, um das Schiff zu putzen.

Ein Königreich für eine heiße Dusche, nichts wie hinein. Die hatte ich in der ganzen Zeit freilich schmerzlich vermißt. Katzenwäsche hieß bis dahin die Devise; wer weiß, wie Jäger zu Katzen stehen, kann sich den Rest leicht ausmalen. In aller Früh ließen die Dieselmotoren die „Mercuri II" vibrieren. Ein Blick zurück auf die Silhouette der Pregelstadt. Die Domruine grüßte mit ihren massiven Türmen herüber, doch schon lockte wieder das beeindruckende Schauspiel der Fahrt durch den Königsberger Seekanal.

Außer mir fand sich auf Deck nur ein junger deutscher Student ein, der die Semesterferien auf einem landwirtschaftlichen Betrieb im Raum Gumbinnen verbracht hatte: Sein ostpreußischer Vater, der ein Gut in Schleswig-Holstein bewirtschaftet, hatte einige 100 Hektar Akkerland von russischen Stellen gepachtet und baute nun im Bereich familiärer Wurzeln Brotgetreide an. Die russischen Kolchosen produzierten fast ausschließlich Futtergetreide. Abenteuerlich muteten die glaubwürdigen Erzählungen des Studenten an. Erfreute sich das väterliche Vorzeigeunternehmen durchaus des Wohlwollens höherer russischer Amtsinstanzen, hatte man vergleichsweise auf Kreisebene Probleme, wobei das Zauberwort „Korruption" nicht ausblieb.

Über die Arbeitsmoral der beschäftigten Landarbeiter fällte der Student ein unmißverständliches Urteil: Die lebten im Rhythmus der „Drei-Tage-Woche" – am ersten Tag arbeiten, am zweiten Tag saufen, am dritten Tag ausnüchtern, dann begann die „Woche" von vorn. Der Hofherr konnte sich jedoch kaum zu Entlassungen durchringen, da Racheakte nicht auszuschließen waren.

Versorgungsprobleme, wie Mangel an Treibstoff für Traktoren, wurden mit Devisen gemeistert. So zeigten sich Offiziere einer nahegelegenen Garnison bereit, zur abendlichen Stunde mit einem Panzer auf dem Hof zu erscheinen, um sich einen Teil des Sprits abzapfen zu lassen. Die Verhandlungen im Kasernenbereich hatten jedoch auch einige Untergebene mitbekommen. Flugs stand überraschenderweise eine Stunde später ein weiterer Panzer auf dem Hof, und wiederum wechselte Treibstoff den Besitzer.

Zur Ehre der Landbevölkerung muß freilich ergänzt werden, daß zur Selbständigkeit Entschlossene, unter ihnen besonders viele Rußlanddeutsche, seit Auflösung der Kolchosen in der eigenen Existenzgründung mit Mut der Verzweiflung enormen Fleiß beweisen. Es mangelt ihnen jedoch an übergeordneten Organisationsstrukturen, wie Maschinenringen, ländlichen Kredit- und Absatzgenossenschaften. Zudem haben die früheren kommunistischen Kolchosendirektoren oft das kapitalistisch anmutende Geschick, sich die Filetstücke ihrer früheren Betriebe anzueignen und den selbständig gewordenen Landarbeitern auf allen Handlungsebenen neidvoll Schwierigkeiten zu bereiten: Keine gute Aussicht für eine flächendeckede Versorgung der Bevölkerung mit landeseigenen Lebensmitteln. Nur Nahrungsimport in die Exklave wird diese wie zu UdSSR-Zeiten bis auf weiteres lebensfähig erhalten.

Einen Tag und eine weitere Nacht auf der Ostsee, dann konnte ich am Kieler Oslokai meine Lieben in die Arme schließen. Artig die Trophäen verzollt, dann ging es im Auto südwärts. Auf zum zweiten Zuhause nach Westfalen, um weitere aufschlußreiche Erfahrungen zu machen: Wie sehr hat sich doch manch „wahrer Freund" im Anblick meiner Geweihe mit mir „gefreut" – Trophäen als Lackmuspapier menschlichen Miteinanders.

Frohe Heimkehr in's „westfälische Exil": Vater und Sohn können das Rominter Waidmannsheil noch gar nicht so richtig fassen

Ebenrode und Umgebung

Kartengrundlage: Auszug des Großblatts 16a aus der Reihe „Karte des Deutschen Reiches 1 : 100 000" mit freundlicher Genehmigung des Bundesamtes für Kartographie und Geodäsie – Außenstelle Berlin – Nr. 310/98 vom 02.07.1998

ACHTES KAPITEL

Dicht daneben ist auch vorbei

Da saß er also neben mir im Fugzeug, Harald Schulze, mein westfälischer Jugendfreund; was hatten wir doch zu Jünglingszeiten für jagdliche Wolkenkuckucksheime gesponnen, Kaffernbüffel und indische Tiger dutzendweise geistig gemeuchelt ... Geduldig hatte seine jagdfromme Familie übrigens immer wieder meines Vaters Lobpreisungen auf die ostpreußische Heimat hingenommen – und verinnerlicht, denn steter Tropfen höhlt den Stein. Anders gesprochen: Als ich Harald fragte, ob er zur Bockjagd bei Alexander Sytschew mitwolle, gab es kein Zögern.

Ganz wohl im Leib fühlte sich Harald nicht, als die Aeroflot-Maschine in Hamburg-Fuhlsbüttel startete. Da erschien mir in alter Reiseleiter-Manier ein Hinweis auf Konrad Adenauer angebracht. Der sah sich einmal der Frage eines jungen Journalisten ausgesetzt, ob er im Rahmen seiner außenpolitischen Reisen denn keine Angst vor dem Fliegen hätte. Prompt konterte der Alte mit der Gegenfrage, ob man je vernommen hätte, daß ein Meister vom Himmel gefallen wäre. Mit zweckorientiertem Selbstbewußtsein ließen wir uns denn auch ein Bierchen schmecken.

Apropos Alkohol im Flieger. Ein anderer westfälischer Waidgesell, den es zum Jagen oft ins Ausland lockte, hatte einmal in den Weiten des russischen Imperiums erfolgreich auf sibirische Böcke gewaidwerkt und die erste Rückreise-Etappe bis Moskau in einem Inlandsflieger überstanden, als er sich folgender Situation ausgeliefert sah: Auf seinem Schlußflug von Moskau Richtung Westen in einer deutschen Linienmaschine waren etliche rußlanddeutsche Aussiedler anwesend. Als einige der Männer entdeckten, daß auch Alkoholika zum kostenfreien Service gehörten, ignorierten sie opferwillig das schöne Sprichwort „Sauft wie die Fuhrknechte, benehmt euch aber nicht wie selbige!" Als einer der Umtrunkskameraden statt der Kloschüssel die Haltbarkeit des Handwaschbeckens erprobte, kam es zu einem Wasserrohrbruch.

Gut, daß dies eine Stewardess rechtzeitig bemerkte und mit Dekken etc. ein Durchsickern des Wassers durch den Toilettenraumboden unterbinden konnte. Ein Durchfeuchten der darunterliegenden

Elektrokabel hätte womöglich einen Kurzschluß erzeugt, was in letzter Konsequenz zu einem Flugzeugabsturz hätte führen können. Seit der Zeit zeigt der westfälische Waidgesell trotz patriotischer Grundhaltung gegenüber Rußlanddeutschen nur noch eine kalte Schulter. Wer kann´s ihm verdenken?

Zurück zu unserer Bockjagd. Zwar landeten wir sanft auf dem Rollfeld des Königsberger Flughafens Powunden, doch sollte jener Sonnabend, der 15. Juli 1995, noch unliebsame Überraschungen bergen. Der Jagdvermittler hatte mich einige Wochen vor Reiseantritt in Kenntnis gesetzt, daß es bei der Waffeneinfuhr Schwierigkeiten geben könnte. Darauf machte ich mir einen eigenen Reim: Stets mußte ein Beauftragter des russischen Landesjagdverbands von Königsberg nach Moskau reisen, wenn es galt, die Waffeneinfuhr deutscher Gastjäger zu ermöglichen. Lohnte ein solcher Aufwand für nur zwei Bockjäger?

Saschas Beredtsamkeit, die bis dato nie versagt hatte, fand im Amtsraum, in den Harald und ich nach unserer Ankunft abgesondert worden waren, erstmals ihre Grenzen. Mehrstündiges Warten und wiederholte Telefonpalaver der Zollbeamten mit übergeordneten Stellen in Königsberg ergaben letztlich, daß die Beamten kein Risiko eigener Entschlüsse eingehen wollten. So wurden unsere Waffen bis zur Ausreise sichergestellt. Harald, der mehr noch als ich – sagen wir mal: aufgrund eines klaren Weltbildes – wenig Vertrauen in die russische Bürokratie setzte, bangte innerlich. Schließlich hatte er sich für die Jagdreise den Sauer-200- Repetierer seines Bruders Thomas ausgeliehen. Mit hochvergrößerndem Zeiss-Glas und im Kaliber .300 Winchester Magnum eine gute Medizin für Feldböcke. Meinerseits mußte ich meines lieben 9,3-mm-Stutzens entsagen, den ich gewohnheitsgemäß mitgenommen hatte. Eigentlich wunderte ich mich, daß eine solche Situation nicht schon auf einer der früheren Reisen eingetreten war.

Die Ursache für die mangelnde Entschlußfreudigkeit der Beamten entpuppte sich schnell auf der Fahrt nach Ebenrode. Alexeij, ein weiterer russischer Berufsjäger, der eigentlich Reviere im Samland betreut und als Haralds Pirschführer dienen würde, lotste unsere Fahrzeuge auf Schleichwegen im großen Bogen um Königsberg herum, bis wir auf die R1 trafen. Bald schon reihten sich im weiteren Fahrtverlauf mehrere Fahrzeugkontrollen aneinander. Schwer bewaffnete Einsatzkräfte ließen darauf schließen, daß die russischen Behörden Anschläge tschetschenischer Freiheitskämpfer fürchteten oder zumin-

Schon Napoleon hatte dort 1812 vor seinem Rußlandfeldzug übernachtet: Zwischen den Weltkriegen bot die ostpreußische Kreisstadt Ebenrode ein gepflegtes Antlitz. 6.600 deutsche Einwohner erfüllten sie mit Leben

dest mal wieder eine groß angelegte Razzia gegen Autoschieber lief. Etwaige bei uns gefundene Waffen ohne hinreichende Papiere hätten leicht zu einer mehrtägigen staatlichen „Vollpension" für uns Gastjäger und nicht absehbaren beruflichen Konsequenzen für die russischen Berufsjäger und Zöllner geführt.

Die Kochkünste von Frau Sytschewa ließen uns nach der Ankunft in Ebenrode positivere Gedanken finden. Schließlich führte uns Sascha nach gemütlichem Beisammensein in eine nur 100 Meter entfernte Parterrewohnung eines alten deutschen Hauses: Eine Küche mit fließendem kalten Wasser und kaputtem Herd, eine Toilette, die wir stehend nutzen würden und die kapitalsten Silberfischchen als Promenade diente, ein schmaler Flur und ein geräumiges Zimmer mit sauberen Einzelbetten bildeten unser Quartier.

Beim unserem eingeschränkten Auspacken der gutschließenden Koffer konnte ich ein Überrascht-sein nicht verhehlen. Haralds fürsorgliche Mutter hatte beim Packen seiner Wäsche wohl das geflügelte Wort über die „Kalte Heimat" gar zu wörtlich genommen und ihm mehrere lange Unterhosen eingepackt, von warmen Pullovern ganz abgesehen. Spätestens seit dem 19. Jahrhundert umschrieben Brandenburger Beamte den einer Strafversetzung nach Ostpreußen entgegenharrenden Kollegen so die herrliche Provinz in der Verkennung dortiger Lebensumstände. Wie genügend Fallbeispiele zeigen, lebten sich die vermeintlich Gestraften allerdings in ihrer neuen Umgebung meist derart ein, daß sie nicht mehr aus Ostpreußen wegwollten!

„Aufstehen 02.45 Uhr, Abfahrt 03.15 Uhr", beginnt der Tagebucheintrag vom Sonntag, den 16. Juli. Solch heroische Zeilen ließen sich übrigens immer gut der Freundin unterbreiten, wenn diese mir vorwarf, ich würde derartige Jagdreisen aus reiner Vergnügungssucht durchführen. Während Alexeij und Harald im Raum Kattenau erfolglos pirschten, fuhren Sascha und ich in östlicher Richtung auf der R1.

Der martialische Aufzug täuscht: Alexander, Alexeij, Viktor und „Klient" Harald (v. li. n. re.) haben nach morgendlichem Pirschzug nur heißen Tee im Sinn

Unvermeidliche Bürokratie: Noch am Erlegungsort vervollständigt Jagdführer Alexeij die Bock-Lizenz. Nur so darf das Wild abtransportiert werden

Bei Absteinen bogen wir südwärts ab. Auf einem Feld machten wir Bock und Ricke aus, die parallel zum Fahrweg fortzogen. Fahrzeughalt; schon pirschten wir im Schutz des abgewandten Weggebüschs los. Die Ricke querte den Weg in einiger Entfernung, sicherte zu uns herüber, um dann schnell abzuspringen. Der Bock, ein hoch aufhabender Sechser, folgte im kurzen Abstand. Die ihm geltende Kugel verfehlte auf 70 Meter ihr Ziel. Ich kam mit der mir gänzlich ungewohnten Dachkornvisierung auf Saschas Repetierer, Modell „Los" (= Elch), nicht zurecht. Wer schon einmal durch meine Brille schauen durfte, wird Nachsicht üben. Wie oft ich in Verwendung Saschas Büchse noch das Sprichwort „Ein Fehlschuß ist nie eine Schand, hast eine Ausred´ du zur Hand!" strapazieren würde, konnte ich in dem Moment nicht ahnen.

Weiter im Auto Richtung Süden. Ein Bock im Getreide, der schon auf das Fahrzeug mißtrauisch reagierte, entzog sich unserem Anpirschen.

Neben vielen Störchen zeigten sich zwei Kraniche. Immer wieder Weihen und nochmals Weihen. Ein Habicht wurde kurz vor dem Fahrzeug hoch. Ein „Hoaske" jedoch blieb aus. Vor Schloßbach durchquerten wir eine verwunschen wirkende Hügellandschaft. Vor Tagen, so Sascha, wütete ein Hagelsturm mit fünf Zentimeter großen Körnern.

Meilenweit kein Mensch zu sehen: Auf dem abendlichen Anstand bei Tannenmühl

Die Wiesen und Felder wurden dabei flachgelegt, die Chausseebäume weitgehend entlaubt. Im Zickzack erreichten wir über Göritten wieder Ebenrode.

Nach dem Frühstück stand eine Besichtigung von Saschas Amtsräumen an: Dort bestaunten wir die Goldmedaillentrophäe eines kapitalen Elchschauflers; 303 Internationale Punkte. Den hatte ein russischer Schütze einige Jahre zuvor anläßlich einer Treibjagd am Teufelsmoor mit Flintenlaufgeschoß gestreckt. Einige sehr, sehr brave Rehgehörne unterstrichen, warum wir gerade im Kreis Ebenrode auf Bockjagd gingen. Harald erhielt noch einen Tarnanzug als Geschenk, und dann hieß es erstmal Ausschlafen in unserer Bleibe. An Müdigkeit mangelte es nicht.

Bevor wir zur Abendpirsch aufbrachen, durfte sich Harald erstmals in sein neues Gewand kleiden, wobei ich ihn anläßlich der ungewohnten Modenschau zum neuen „Edelbolschewiken" ernannte. Zugegeben, auch ich hatte mich wieder in den Grenztruppen-Tarnanzug geschwungen. Freilich, die helle Tarnung ist auf der Jagd wirkungsvoller als unsere dunklen Lodentöne.

Sascha und mich führte die Abendpirsch wieder südöstlich von Ebenrode. Weit entfernt in einem riesigen Getreideschlag zeigte sich ein mäßiger Bock, in der Nähe des Feldwegs eine Ricke. Im weiteren Fahrtverlauf flüchtete weit außerhalb unserer Reichweite ein Jährling vor einem streunenden Köter. Vergeblich standen wir noch bei schwindendem Büchsenlicht am Schauplatz des Morgens unter großen Weiden an. Die Rückfahrt über die R1 ergab bei den Luzernefeldern ebensowenig Anblick.

War das Wetter der vorherigen Tage nicht gerade sonnig trocken, goß es am Montagmorgen, den 17. Juli, unablässig. Unsere Beobachtungsfahrt nahm ihren Weg über Schloßbach in eine wunderbare Hügellandschaft Richtung Birkenmühle. Der sich in seinen beiden oberen Dritteln flach bis sehr flach zeigende Kreis Ebenrode wandelt sich weiter südlich zu einer Endmoränenlandschaft, die da und dort gar Parkcharakter annimmt. Eingestreute Waldinseln und Heckenläufe lockern das Bild auf. Dort dominieren ungezäunte, große Weiden mehr und mehr vor Getreidefeldern.

Im Kampf gegen Wildschäden: Der 100-Kilogramm-Keiler kam den Russen auch im Sommer gerade recht

Nur ein neunköpfiger Kranichkeil am Himmel, Rehwild sahen wir mal wieder nicht. In dem vom Hagel heimgesuchten Areal nochmals 50 Kraniche. Zurück zum Ort des Fehlschusses, wo sich zwei Rohrweihenweiber stritten, ein elegantes Bild, das uns ausharren ließ. Sascha trieb seinen verläßlichen Shiguli zur Eile, die Fahrt nahm über Eydtkau und Groß Degesen ihren Lauf – kein Rehwild! Auch Harald hatte im Kattenauer Raum keinen Anblick. Was waren doch vor dem Weltkrieg für brave Böcke auf den guten Böden gestanden, wie mir der bekannte Trakehner-Züchter Dietrich v. Lenski-Kattenau einmal versicherte – und nun?

Abends ging es über Mühlengarten und Kassuben nach Tannenmühl, das nicht mehr existiert. Auf dem Weg hinter Mühlengarten tat sich ein wunderbares Schauspiel auf. Ferne Gewitter und dunkle Wolkenbänke bildeten einen starken Kontrast. Am Horizont im Westen die Chausseen von Trakehnen im fahlen Zwielicht. „Störche und Weihen, kaum mehr einer Betonung wert", notiert das Tagebuch wie gelangweilt.

Noch immer ist Ostpreußen ein Storchenland: 1934 brüteten im gesamten Deutschen Reich knapp 31.000 Paare, Ostpreußen (ohne Memelgebiet) brachte es dabei allein auf rund 16.500 Weißstorch-Paare. Bezogen auf das Königsberger Gebiet, ist die Zahl der Brutpaare im Vergleich zur Vorkriegszeit auf 16 Prozent zusammengeschrumpft, jedoch wieder leicht im Steigen begriffen. Im südlichen Ostpreußen sind es wahrscheinlich um die 76 Prozent des anteiligen Vorkriegsbestands. Zum Vergleich: In der heutigen Bundesrepublik Deutschland brüten etwa 3.200 Storchenpaare. Doch genug des Storchs im Zahlensalat.

Im Bereich von Tannenmühl sollte laut Sascha ein braver Bock stehen. Von stattlichen Gutsgebäuden war fast nichts übrig geblieben, die heimatliche Natur hatte einmal mehr ihren grünen Schleier ausgebreitet. Wir durchquerten ein Haferfeld, da wurden Frischlinge und eine Bache flüchtig. Zügig weiter ging es durch ein Gehölz. Auf der freien Fläche eines Stoppelackers bezogen wir hinter einem Rundstrohballen Posten. Nach zwei Seiten von Gehölzen und einem baumgesäumten Bahndamm am Nordrand umgeben, war nirgendswo eine menschliche Ansiedlung sichtbar. Herrliche Stille. 25 Kraniche zogen hoch über uns hinweg. Längst schon sind sie wieder Brutvögel in Ostpreußen, ein herrlicher Gedanke.

Sascha hatte keine Ruhe im Leib und ging als Ein-Mann-Spähtrupp über den Bahndamm los. Bei seiner Rückkehr machte er auf wenige Meter ein Schmalreh hoch. Unterdessen sah auch ich ein Stück Rehwild, ohne es ansprechen zu können. Es zog allzu schnell wieder ins Gehölz ein. Am Wind und meiner Standdisziplin konnte es wohl nicht gelegen haben. Nach geraumer Zeit überfloh eine Ricke weit außerhalb des Schußbereichs im Westen das Feld und äugte mehrfach mißtrauisch zum Gehölz zurück … Aber weder Bock noch wildernder Hund folgten.

Nach Rückkehr Saschas beobachteten wir einen herrlichen Regenbogen. Wenigstens hatte der Anstand Anblick geboten – man wurde bescheiden. Zurück durch den Gehölzstreifen. Es dämmerte zunehmend. Die Zeit zum Abglasen an der Kante ließ ich mir nicht nehmen: Südwärts in der weiten, leicht ansteigenden Feldflur zwei Rehe. Eine warmtönige Mondscheibe gewährte Beleuchtung. „Marsch, Marsch!" in geduckter Haltung liefen wir die weit entfernten Kreaturen an. In weiter Schußentfernung nochmals ein Ansprechen, das eine Überraschung auslöste. Keine Rehe, zwei mittelalte Kolbenhirsche standen da. Nein, enttäuscht waren wir nicht. Die Büchse über den Rücken, dann schlenderten wir zurück.

Die Zeit scheint stillgestanden zu sein: Deutsche Holzhäuser prägen das Bild zwischen Birkenmühle und Groß Schanzenort

Vor dem Haferschlag angekommen, leuchteten wir wiederum das Gelände ab. Sascha wußte: Auf einen Keiler würde ich gern Dampf machen. Weitermarsch. Im Halmenmeer näherte sich spitz ein Stück Schwarzwild. Schnell die Büchse vom Rücken und entsichert. „Kaban!" (= Keiler), ließ sich der Führer vernehmen. Halbschräg von vorn erhielt der Schwarzkittel aus der „Los"-Büchse das 9 x 53 R - Teilmantel-Rundkopf-Geschoß. Schnell an der Wange repetiert und mitgeschwungen, diesmal noch eine Kugel auf den quer Flüchtenden. Der lag! Der? Unser Übermut zerstob schon beim Angehen auf die

West- und Ostpreußen im 20. Jahrhundert

- Reichsgrenze 1937; Grenze der Freien Stadt Danzig 1920 - 1937
- frühere Grenze der Provinz Westpreußen bis 1920, auch Grenze der Wojewodschaft Pomorze bis 1938
- polnisch-sowjetische Demarkationslinie seit 1945
- Regierungsbezirksgrenze
- Kreisgrenze
- ● Angerburg — Kreisstadt
- ◉ ALLENSTEIN — Sitz eines Regierungspräsidenten

dr-DESIGN, 24392 Boren

heute unter
auischer Hoheit
heute unter
ssischer Hoheit
LITAUEN
POLEN
Memel
Memelgebiet
Memel
Heydekrug
Nidden
Kurische Nehrung
Kurisches Haff
Rossitten
Elchwald
Heinrichswalde
Pogegen
Tilsit
Ragnit
Inster
Labiau
Samland
schhausen
KÖNIGSBERG
Pregel
Insterburg
GUMBINNEN
Angerapp
Schloßberg
Ebenrode
lau
Wehlau
iligenbeil
Natangen
Angerapp
Rominter
Heide
Gerdauen
Pr. Eylau
Schippenbeil
Goldap
Landsberg
Bartenstein
Angerburg
Mehlsack
Mauer-See
Wormditt
Ermland
Alle
Heilsberg
Rastenburg
Bischofstein
Heiligenlinde
Rößel
Lötzen
Treuburg
Guttstadt
Rhein
Löwentin-See
Masuren
Bischofsburg
Sensburg
Nikolaiken
Lyck
ALLENSTEIN
Passarge
Spirding-See
Johannisburg
Johannisburger Heide
Hohenstein
Ortelsburg
Neidenburg
Soldau
N
0
25
50 km

Kreatur, so wie plötzlich quiekende Frischlinge vor uns auseinander stoben. Die milchgefüllte Spinne geriet zur moralischen Ohrfeige für uns beide. Auch wenn ich nicht aus Zeitgründen durchs Fernglas angesprochen hatte, hätte ich zwingend daran denken müssen, daß diese Rotte seit dem frühen Abend im Gelände stand und nicht unbedingt abgewechselt war.

Der erste Schuß saß in der Flanke, der zweite sauber auf dem Blatt. Sascha lüftete die Beute. Seine Jäger sollten sie zu später Stunde bergen. Warum mußte ich ausgerechnet diesmal mit der Büchse treffen?

Die Frage stellte ich mir am folgenden Morgen erneut. Südlich der R1 suchten wir den am ersten Morgen gefehlten Bock. Schließlich entdeckten wir ihn zu unserer Linken auf einem Feld. Heftig trieb er eine Ricke, hatte für seine Umwelt keinen Blick. Schnell raus aus dem ausrollenden Wagen. „Schieße auf 100 Meter zweimal vorbei. Das war´s erstmal", notiert das Tagebuch lapidar. Lustlos kurvten wir bis in den Morgen in der Gegend umher. Sascha, den die Schießkünste mit meinem Stutzen meist zufriedenstellten, hegte keine Vorwürfe. Den Wunsch, an eine mir zusagende Leihwaffe mit Zielfernrohr zu kommen, hatte ich bereits geäußert. Die allgemeinen Umstände ließen auf eine kurzfristige Verwirklichung nicht hoffen.

Es war mir gar nicht so unrecht, daß sich auf der Pirschfahrt nur noch ein junger Fuchs am Wegesrand und etliche Weihen zeigten. Nördlich die R1 gequert, erhielten wir im Raum Groß Degesen in den riesigen Schlägen wieder keinen Anblick. – Abwechslung tat Not, eine Exkursion sollte Harald Historisches bieten. Wir fuhren tagsüber in die Rominter Heide, um die üblichen jagdkulturellen Stätten von Freverts Amtssitz bis zu den Ruinen des Kaiserlichen Jagdhauses zu besichtigen. Vor der Zufahrt zum Reichsjägerhof eine Überraschung: Die russische Forstbehörde hatte eine Schranke angebracht und per Verbotsschild ein Begehen des Geländes untersagt. Das interessierte uns wenig. Hinein in die Fichtendickung des Hofraums. Am Kaminbogen ein Erinnerungsfoto. Lethargisch saß ein schmuckes Abendpfauenauge am Kamingemäuer, zeitentrückt rührte das Bild an. Ein Regenschauer rief uns in eine sehr feuchte Gegenwart zurück, nichts wie hinein ins Auto. Gedankenverhangen ließen wir dort den Schauer über uns niedergehen, dann bog unser PKW wieder auf den Hauptweg ein. Dort fuhr gerade ein Forstbeflissener auf einem Traktor vorbei und schnautzte Sascha wegen unserer Begehung an. Grummelnd startete der den Motor erneut zur Heimfahrt.

„Wand der Lieblinge“: Alexander Sytschew hat im Kreis Ebenrode starke Böcke strecken können

Erfrischende Eindrücke sollten sich Harald auch auf der Abendpirsch bieten. In Begleitung von Alexeij beobachtete er zum erstenmal in seinem Leben in anmoorigem Gelände einen Elchhirsch, ungerader Gabler. Wie schön für ihn, plagte mich schließlich langsam schlechtes Gewissen, daß der Freund noch keinen Jagderfolg hatte.

Ein herrliches Abendrot und der Anblick von Kranichen auf einem Stoppelacker südlich der R1 bildeten die Ouvertüre meiner Abendpirschfahrt. Am Luzernefeld westlich Deeden entdeckte Sascha zwei Ricken und schließlich einen Bock, unseren Kugelfesten. Wir umfuhren das Luzernefeld großräumig. Bei zunehmender Dämmerung ging es in gebücktem Laufschritt in eine günstige Windposition. Eine enorme Mückenplage machte uns das Verharren in der feuchten Luzerne zur Qual. Ständig wechselten Bock und Ricken äsend ihre Position, waren im Glas nur noch schwierig auseinanderzuhalten. Als sie schräg vor uns herüberwechselten, beschoß ich den Bock. Sauber saß der Zielstachel auf dem Blatt des Bocks, ruhig zog ich den Abzug durch, knieend angestrichen am bewährten Zielstock.

Lange Blickfang in Alexander Sytschews Büro: Vor Jahren streckte ein russischer Jäger bei einer Drückjagd am Teufelsmoor den Goldmedaillen-Schaufler per Flintenlaufgeschoß

Pilgerstätte deutscher Jagdbuchleser: Bei der Auffahrt zu Walter Freverts früherem Dienstsitz Nassawen sollte man Erwartungen bremsen

Sascha hatte noch nachmitags ein 4 x 20 - Zielfernrohr per Festmontage auf die Büchse gebracht. Es verfügte zwar nur über ein recht begrenztes Sehfeld, erstaunte mich aber nun durch seine klare Bildhelligkeit. Nimm´s nur schadenfroh zur Kenntnis, verehrter Leser, auch dieser vierte Schuß auf denselben Bock ging gnadenlos vorbei. „Erbarmung!", jener universelle ostpreußische Ausruf grenzenlosen Erstaunens ist endlich angebracht. Langsam dämmerte es mir, und Sascha gab, auf geringste Munitionsvorräte verweisend, zu, daß er keinen Probeschuß getätigt hatte. Entsprechende Selbstladekomponenten erwarb er übrigens stets in Litauen.

Am folgenden Mittwochmorgen, den 19. Juli, war Sascha hundemüde. Mangelnden Einsatz konnte man ihm wirklich nicht vorwerfen. Noch nachts hatte er wie seine Untergebenen mit Suchscheinwerfern per Auto bevorzugte Bockeinstände abgeleuchtet.

Wir hielten nun geraume Zeit am Luzerneschlag, doch nur eine Ricke zog in der Ferne. Wir hielten anschließend südlich der R1 in einem Brachgelände. Ich beobachtete, an Chausseebäume gekauert, einen Wechsel. Sascha sollte im Auto etwas schlafen. In fernliegenden

Diente lange als Dorfsaal und -kino: Freverts Wohnhaus ist einsturzgefährdet, wird nach Baumaterialien ausgeschlachtet ...

Stoppeläckern standen je acht und zehn Kraniche. Ihr zeitweiliges Trompeten klang herüber.

Kein Rehwild. Als Sascha wieder etwas fit war, fuhren wir zu einem Luzerneschlag südwestlich von Göritten, um abzufährten. Abends würden wir dort ansitzen. Nach dem Frühstück erfolgte das Einholen von Haralds erstem Ostpreußen-Bock, einem leidlichen Sechser.

Heftiger Wind blies uns beim Abendansitz um die Nase. Am abgefährteten Luzernefeld thronte Sascha mit mir auf einem fünf Meter hohen Strohberg. Bevor wir ihn erreicht hatten, sprangen bereits Bock und Ricke am Gehölzrand ab. „Bloß keine Minute zu früh kommen oder zu spät gehen." Riesige Grünflächen, nur da und dort von Gehölzen belebt, reichen bis zum Horizont. Ein Alttier und sogar ein Hase gewährten uns noch Kurzweil.

Der nächste Morgen begrüßte uns wieder am Luzerneschlag westlich Deeden. Sascha erblickte zwei Ricken, ich entdeckte den „Kugelfesten", der jedoch zügig im Gehölz am Nordrand der Luzerne entschwand. Anstatt die Gegend bis zum Abend in Ruhe zu lassen, schritt Sascha anschließend auch noch im Gehölzbereich mit mir herum. Dann

... und könnte unter vertretbaren Kosten kaum restauriert werden: **Ein versinkendes Symbol deutscher Jagdkultur**

ging es noch zügig in den Göritter Schauplatz des Vorabends, wo eine Kurzpisch jedoch ergebnislos ausfiel. Auf dem Rückweg entdeckten wir in der Vorbeifahrt zwei flüchtende Böcke an einem Gehölz.

In Ebenrode berichtete Harald am Frühstückstisch, er hätte von einem alten Bahndamm im Raum Kattenau herunter auf einen Sechser geschossen. Bei zu frühzeitiger Nachsuche wurde der Bock jedoch hoch und ging ab. Um kein Risiko einzugehen, holten sie Viktor und einen Köter aus Ebenrode. Der band sehr bald den Bock, und Viktor fing ihn mit kalter Waffe ab. Allesamt machten wir uns nun ans Einholen des Bocks, der über einen tiefen Graben hinweg geborgen werden mußte. Flugs brachen Viktor und Alexij den Dreijährigen auf: Leberschuß. „Reh tot" erschallte aus meinem Taschenhorn, der Schützenbruch wurde Harald überreicht. Alexeij füllte erstmal wieder Amtspapiere aus, sonst hätten wir den Bock nicht durch die Polizeikontrolle am Westrand von Ebenrode bekommen. Dennoch wurde einer der dortigen Beamten von Profilneurose befallen, als wir hielten. Die Papiere wiesen keine Jagd- und Schonzeiten aus. Also ließ man uns samt Wildbret erstmal im Lada Niva von Alexeij unter heißer Sommersonne schmoren, bis ein Telefonat mit übergeordneten

Stellen ergab, daß nicht etwa ein Schonzeitvergehen vorlag. Apropos Lada Niva – Harald berichtete, wie man am Vorabend bei der Rückkehr von der Pirsch vor verschlossenem Niva stand. Alexeij, der seine Schlüssel wohl verbummelt hatte, bediente sich seines Jagdmessers und saß zwei Minuten später bei laufendem Motor auf dem Fahrersitz. Kein Kommentar.

Am Abend jenes 20. Juli zog es Sascha und mich nochmals in den Luzerneschlag westlich Deeden an der R1. Wir plazierten uns 50 Meter südlich der Gehölzkante auf Höhe einer Telefonmastenreihe. Säuberlich hatte Sascha die Masten abgezählt und die Reihenmitte für unseren Ansitz ausgewählt. Der Wind zog von Norden her, von dort würden auch die Rehe wahrscheinlich anwechseln. Den Zielstock in den Boden gerammt und mit nicht zu hohen Weidenzweigen verblendet, kauerten wir im Schneidersitz.

Harald, der seinen Jagderfolg nicht zuletzt durch Alexeijs Tikka-Bockbüchsflinte im Kaliber 12/70, .308 Winchester, erzielt hatte, verzichtete von nun an zu meinen Gunsten kameradschaftlich auf die Waffe. Als der Kugelfeste, gefolgt von einer Ricke, um 21.00 Uhr die Bühne betrat, zog er für mich im ungünstigen Winkel zu weit rechts heran. Den Zielstock herüberbiegend, kam ich doch mit der angestrichenen Waffe auf 70 Meter gut ab. Ein sauberer Hochblattschuß ließ den Kugelfesten mit eleganter Todesflucht schlagartig verenden.

Harald seinerseits hatte eigentlich keine Lust gehabt, nochmals hinauszugehen. Doch leistete er meiner eindringlichen Weisung, sich wenigstens einmal auf Keiler anzusetzen, keinen Widerstand. So erlebte er in Begleitung von Viktor am Teufelsmoor eine eindrucksvoll sternenklare Nacht, die ihm als Naturfreund viel Freude bereitete.

Am Morgen schlief Harald den Schlaf der Gerechten. Mich zog es jedoch als „Jäger unverdrossen" in Begleitung von Sascha und der Tikka nochmals hinaus. Bei Ribben begannen wir eine sehr ausgedehnte Fußpirsch, die auf einem alten Bahndamm in nordöstlicher Richtung verlief. Am Fuß des Damms feuchte Stellen inmitten einer ausgedehnten Wiesenlandschaft, da und dort unterbrochen durch Buschinseln.

Aus unterschiedlichen Einständen: Links eine von Alexander Sytschew nördlich Birkenmühle erbeutete Rehkrone. Rechts das vom Verfasser östlich von Ebenrode in mehreren Anläufen errungene Gehörn

Bei hoher Luftfeuchtigkeit und dem Jonglieren über die Eisenbahnschwellen plagten uns die Mücken in unglaublicher Angriffslust. Das Einreiben mit Autan, ein sonst verläßliches Mittel, gab jeweils gerade mal fünf Minuten „Waffenstillstand". Nur eine Ricke zeigte sich, kein Bock weit und breit. Runter vom Bahndamm und im weiten Bogen zur Kattenauer Landstraße. Immer wieder glasten wir die Wiesen ab, nichts rührte sich.

Monotoner Gleichschritt auf Asphalt. Längst waren wir ins raumgreifende Infanterie-Marschtempo gefallen, da stimmte der mit deutschem Vokabular ansonsten immer sparsame Sascha plötzlich das Lied „Wenn die Soldaten in die Stadt marschieren, ..." an. Keine Frage, daß ich sofort einfiel und die beflügelnde Marscherleichterung bis zum immer noch weit entfernten Auto gern annahm. Eins hatte ich im Umgang mit Russen schon lange gelernt: Daß man immer und immer wieder auf kaum erklärbare Überraschungen stoßen kann.

Der Nachmittag ging mit dem Abkochen der gewässerten Trophäen drauf. Zur Feier des Tages hatte Sascha sogar einige Flaschen Bier bereit gestellt. So ertrugen wir die Erstellung des Jagdprotokolls gemächlich.

Das Fischereirecht gepachtet: Frevert nutzte auch den seinem Amtssitz nahegelegenen Kleinen Nassawener-See

Frühzeitig ging´s nach herzlichem Abschied von Frau Sytschewa, die uns einmal mehr durch ihre Speisen verwöhnt hatte, am Sonnabend, den 22. Juli 1995, nach Königsberg. In einem neuen Zollgebäude, das westliche Vergleiche nicht zu scheuen brauchte, bekamen wir unsere Waffen vorgeführt. Wir mußten sie anhand unserer Waffenbesitzkarten nochmals auf Eigentum und Vollständigkeit untersuchen und dann ein Protokoll unterschreiben. Das alles lief bei großer Höflichkeit der Zollbeamten ab. Erstaunlich hoch für uns blieb das hohe Niveau der Gebäudesicherung durch Kameras, Gitter und schwer bewaffnete Wächter. Ein Zöllner mit unseren Waffen begleitete uns in einem separaten Fahrzeug zum Flughafen Powunden, dann hieß es einmal mehr, Abschied zu nehmen von Sascha, Alexeij und Viktor. Noch schnell eine Waffenkontrolle der örtlichen Zöllner, dann ging´s in den Wartesaal. Der Flug verlief übrigens wieder ganz in Manier des Herrn Adenauer.

NEUNTES KAPITEL

Was ein guter Vorsatz nützt …

Eigentlich, ja eigentlich hätte meine Rominter Hirschjagd so schnell keine Wiederholung finden sollen. Schließlich wollte ich nicht das Känguru in mein Wappen aufnehmen: Das macht bekanntlich bei leerem Beutel besonders große Sprünge. Und dennoch lockte die Rominter Heide auch 1995. Stefan Brühl, ein biederer Waidmann aus dem Taunus, wollte mit einem frisch gebackenen Jäger zur Hirschbrunft in die Heide reisen. Bereits 1992 hatte er erstmals in der nördlichen Rominter Heide einen schwachen Hirsch gestreckt. Von Bogdan Pawlowski auf mich aufmerksam gemacht, lud er mich nun ein, die Reise als landeskundlicher Begleiter durch jagdhistorische Erläuterungen zu bereichern.

Schon unser erstes Telefonat ließ spontan gegenseitige Sympathie erkennen. Was nützte die tollste Reisemöglichkeit, wenn die menschliche „Chemie" nicht stimmt? Ohne langes Zögern sagte ich dankend zu. Da ich mich allzu gut kenne, lehnte ich es jedoch von vornherein ab, meinen Stutzen mitzunehmen. Wer wußte schon, ob es bei Bock oder Sau bleiben würde? Dafür sollte die große Fotoausrüstung mit, irgend etwas muß man schließlich angesichts des Wildes in den Händen halten.

Sonntag, der 17. September. Von Bad Hersfeld, wo mich Stefan frühmorgens mit seinem Mercedes-Geländewagen aufgriff, ging es im gemütlichen Diesel-Tempo über Frankfurt/Oder, Posen, Gnesen, Thorn, Osterode (Ostpr) nach Allenstein. Einige Kilometer nördlich dieser größten Stadt im südlichen Ostpreußen bezogen wir in einer Pension Quartier. Die Wirtin, eine jener rund 50.000 heimatverbliebenen Deutschen im südlichen Ostpreußen, hatte als junges Mädchen nicht mehr fliehen können. Ihren geliebten elterlichen Hof bewirtschaftete sie nun als Ferienpension und Fischzuchtanlage.

1.150 Kilometer an einem Tag, das war genug. Zumal für zwei Fahrer, denn Stefans Freund hatte seine Anreise auf ungewisse Zeit verschieben müssen; er wollte nachkommen. Nichts wie raus mit den

Da war doch was … : Nach einem Ölgemälde von Prof. Gerhard Löbenberg

Sachen aus dem Auto und rein damit in die Herberge. Sicherheit als oberstes Gebot, da zählt jede Sekunde. Als wir uns eingerichtet hatten und der Magen knurrte, zog es uns in den Speisesaal. Dabei kamen wir mit anderen deutschen Gastjägern ins Gespräch, die Bogdan Pawlowski ebenfalls dorthin bestellt hatte. Wir alle wollten die Hirschbrunft in verschiedenen Revieren des Königsberger Gebiets erleben. Nicht nur Rominten lockte. Im Elchwald, den Memelforsten und im Eichwald bei Insterburg würden sich die „Klienten" zu bewähren haben.

Bogdan Pawlowski leitete in der Frühe des folgenden Tages unsere Fahrzeugkolonne zum Kontrollpunkt der polnisch-russischen Demarkationslinie. So waren glücklicherweise keine anderen Fahrzeuge vor uns. Die mehrspurigen Abfertigungsanlagen auf polnischer Seite strahlten als weiß gestrichene Neubauten mit roten Dächern architektonische Gediegenheit aus. Kundige wollen wissen, die Anlage sei vom deutschen Steuerzahler finanziert worden ... Fragen?

Nachdem wir die polnische Zollabfertigung hinter uns gelassen hatten, war es mit der Gelassenheit erstmal wieder vorbei. Zwei volle Stunden, ansich noch ein „guter" Schnitt, dauerte die Prozedur der Waffeneinfuhr bei den Russen. Es wäre übrigens inkorrekt, von alten kommunistischen Methoden zu sprechen. Nein, schon zu Zarenzeiten war die russische Staatsmacht bestrebt, ausländische Reisende möglichst detailgenau zu erfassen, angesichts ihres Riesenreichs sehr verständlich. Man lese dazu alte Reiseschilderungen. Daß wir Gastjäger – allesamt deutsche Patrioten – dafür in Ostpreußen schwerlich Verständnis aufbringen konnten, mag nicht verwundern. Wollte ich die einzelnen Handlungsabläufe der Abfertigung wiedergeben, bräuchte ich mindestens drei Seiten, lieber Leser. Also besser nicht.

Schließlich hatten wir die Stacheldrahtumzäunungen hinter uns gelassen. Zügig ging´s nach Königsberg. Nach der Begrüßung beim Landesjagdverband und einem Mittagessen fuhren wir auf der R1 westwärts. Neben Bogdan Pawlowski hatte sich noch der schon bekannte pensionierte Forstamtsleiter aus Niedersachsen mit zweien seiner ehemaligen Gumbinner Mitschüler in unsere Kolonne eingereiht. In späteren Tagen wollte er gewohnheitsgemäß nach Rominten wechseln.

Bei Taplacken ein Halt zwecks Verabschiedung der Herren, die nordwärts mit dem Ziel Memelforsten abbiegen wollten. „Schießen Sie mir ja nicht die starken Hirsche tot", ermahnte der Forstmeister

Kein Surfbrett oder Segelboot: Still ruht der Wystiter-See unter herbstlichem Wolkenspiel

schließlich Stefan. „Keineswegs", konterte mein Waidgesell, um das schlagartig so erleichtert wirkende Gesicht der grünen Eminenz durch die sinnige Ergänzung „... sofern sie nicht schön breit stehen" prompt erstarren zu lassen. Na, das konnte ja noch interessant werden.

Durchaus lebenstauglich, mein neuer Reisegesell; die restliche Zeit bis Ebenrode verging im Zeichen des rhetorischen Zwischensiegs entsprechend heiter. Auf dem Neuen Markt in Ebenrode wartete Sascha mit weiteren Berufsjägern. Auch wenn er seit dem Vorjahr nicht mehr die Oberhand über die Rominter Heide besaß, würde er doch als passionierter Pirschführer bereitstehen. Schnell wechselte ich in seinen Shiguli, um neueste strategische Meldungen zu erhalten. Als Quartier erwartete uns wieder das „Polygon" am Nordrand des Wystiter-Sees, wo ich mit Stefan ein Zimmer teilte. In der hereinbrechenden Dunkelheit ging´s noch zum Verhören der Hirsche. Während Sascha Stefan im Raum Albrechtsrode führen würde, begleitete mich Ewgenij Koslowski zur Frühpirsch am Dienstag, den 19. September.

Östlich von Dobauen ließen wir seinen russischen Militärjeep stehen. Denke ich an dessen Blattfederung, schmerzt mir noch heute mein Rückgrat. Wir vernahmen mehrere Stimmen, blieben jedoch ohne

Anblick. Auf dem Rückweg erzählte mir Ewgenij, daß der Binokel-Hirsch noch lebe. Wie elektrisiert nahm ich die Nachricht auf. Abends pirschten wir in dem extrem steilhängigen Ufergebiet des Vorjahrs. Wir näherten uns dem Binokel-Hirsch, ohne seiner ansichtig zu werden. Zwei Stücke und ein Beihirsch, die uns allerdings nicht entdeckten, flüchteten den Hang hinauf. Sonst kein Anblick.

Am nächsten Morgen pirschten wir wieder auf den Binokel-Hirsch. Ein wilder Aktionismus, der ein deutliches Bild auf die dortigen Jagdmethoden wirft. Statt auf das Wild an den Wechseln zwischen den jeweiligen Morgen- und Abendeinständen zu passen und es nicht durch unsere Spuren zu vergrämen … Aber man könnte mit Engelszungen reden, am Ende hätte man doch am sehr empfindlichen Selbstwert des jeweiligen Jagdführers gekratzt und ihn nur verärgert.

Der Platzhirsch hatte es nicht nötig, seinen Einstand zu verlassen. Ein Beihirsch meldete gelegentlich. Kurz trat der junge Kronenhirsch aus einer Fichtendickung hervor. Dicht stehende Laubbäume im Vordergrund vereitelten jedoch ein Fotografieren.

Nachmittags fuhren Stefan und ich im Geländewagen nach Nassawen, an den Marinowo-See und erkundeten den Wilhelmsweg. Eine starke Wetterverschlechterung bereitete uns Stirnrunzeln. Abends saßen Ewgenij und ich im Randbereich einer Fichtendickung, Großraum Dobauen, an. Vor uns stieg ein sanfter Hang an. Oben verlief quer ein Wechsel, der im Abendverlauf von einem mittelalten Zukunftshirsch und zwei Stücken angenommen wurde. Schade, wieder war es zum Fotografieren zu dunkel. Im 10 x 40 Dialyt prahlte der Edle mit mehr als unterarmlangen Mittel- und Wolfssprossen, während Aug- und Eissprossen deutlich kürzer waren. Die sichtbare, linke Krone trug drei Enden. Sieben, acht Jahre mochte er zählen. Nur Augenblicke zwar, doch Augenblicke, von denen ein Jägerherz lebenslang zehren kann. Abends reiste ein weiterer Gast, ein deutscher Marineflieger-Oberst a. D., an.

Am Morgen betraten wir wieder den Wolfssprossen-Anstand. Aus weiterem Umfeld hatten wir am Vorabend zusätzliche Fichtenzweige als Schirmmaterial in den Boden gerammt und störende Äste im Stehraum des Dickichts beseitigt, ebenso Bodenreisig. Es hätte gemütlich werden können, doch drehte der Wind. Stellungswechsel zu drei eng stehenden Fichten weiter links. Ein älterer 14-Ender mit relativ schwachen Stangen betrat die Bühne, äste eine Zeit lang, um dann gemächlich in nahegeleges Nadelgehölz zurückzuwechseln. Mochte er froh sein, daß ich keine Büchse bei mir hatte. Ei, ei, was waren denn das für Gedanken?

„Turnier", diese polyglotte Umschreibung kämpfender Hirsche, eine Wortbelehnung Ewgenijs, wäre garnicht nötig gewesen, um mich aufhorchen zu lassen. Jenseits des Wechsels, am anderen Abhang, schlugen Geweihe aneinander. Im Lärm der Ringenden stießen wir vorwärts, um uns in Schrotschußweite der Recken hinter Stämmen und Gebüsch niederzukauern. In dem abschüssigen, lichten Stangenholz ging die wilde Hatz hin und her, mal gewann der alte 14-Ender, mal ein uns noch unbekannter, etwa siebenjähriger, eissprossenloser Kronenzwölfer die Oberhand.

Herrlich, wie sich die roten, muskulösen Körper durch das Farnmeer schoben, die gebundenen Geweihe scheinbar durch Grünzeug verknüpft. Da brach der Alte abgeschlagen nach links fort. Der Junge verharrte, einige dampfende Atemzüge nur den Sieg auskostend und trollte dann nach rechts. Wieder tobte eine wilde Fahrt, als wäre es eine Privatvorführung für uns. Einige Trenzer, von rechts stürmte auf einmal ein Alttier an uns vorüber, gefolgt vom Zwölfender. Ein Dutzend Meter entfernt nur, preschte er an uns vorbei. Die ungestüme Fahrt wiederholte sich, nun waren es drei Stücke. Schweigend, die herrliche Waldmensur innerlich wieder und wieder passieren lassend, schritten wir erbaut zum Geländewagen.

Ein froher Stefan empfing uns am Polygon, empfing uns bruchgeschmückt … Bereits am Vorabend hatte er seine Bockbüchsflinte sprechen lassen, hier sein Tagebuchauszug:

„Zweiter Pirschtag, Abendpirsch im Raum Ribbenau. Mein Pirschführer Alexander Sytschew führt mich im Bereich von Wildwiesen an einen Weidenbusch. So gedeckt, wollen wir anstehen. Vor und hinter uns ungepflegte Wildwiesen. Kurz vor Beginn der Dämmerung meldet in einem Fichtenbestand ein Hirsch. Alexander gibt mir nach einer Viertelstunde ein Zeichen, zum Fahrzeug zurückzukehren. Mein Zeichen an ihn lautet: Geduld. Nach fünf weiteren Minuten meldet der Hirsch zum zweiten Mal. Er ist nun am Ziehen. Aus 200 Metern Entfernung kommt er auf uns zu.

Nun geht alles sehr schnell, der Hirsch verhofft plötzlich auf 30 Meter spitz von vorn auf der Wildwiese. Kaum noch Büchsenlicht, Anschlag, Schuß (9,3 x 74 R, 16,7 Gramm H-Mantel-Kupferhohlspitz-Geschoß). Da hören wir den Hirsch flüchtig fortbrechen. Die Dunkelheit unterbindet eine Nachsuche.

Nun wird es schweißtreibend: Entgegen russischer Gepflogenheiten soll Stefans Hirsch unzerwirkt geborgen werden

Die Nacht ist sehr unruhig für mich. Am Morgen gehen wir zum Anschuß und finden den etwa zehnjährigen Hirsch. Der eissprossenlose Kronenzwölfer liegt verendet in einem Graben. Nur ein einsamer Weidenbusch dicht dabei unterbricht die Eintönigkeit der Wiese. Der Einschuß sitzt spitz auf dem Stich, der Ausschuß hinter der letzten linken Rippe."

Kaum verraten die knappen Zeilen, unter welchen Mühen der Hirsch gefunden wurde. Waidmannsheil, lieber Stefan! Die Mühen erinnerten an die Suche nach meinem zweiten Hirsch. Nicht weniger Aufwand bereitete das Bergen des Gefällten. Stefan hatte die Jägerei mit „knisternden Argumenten" davon überzeugt, den Hirsch unzerwirkt zu bergen, so wie es einst in Rominten üblich war. Also ging unsere Karawane, bestehend aus Geländewagen, LKW, Jägern und weiteren Helfern bis fast vor das Dorf Ribbenau, dann nordwärts in die mir wohlbekannte, unübersichtliche Wiesenlandschaft.

Und nun geriet ich ins Staunen, so wie Sascha ins Staunen geriet, als er am frühen Morgen mit Stefan den Hirsch gefunden hatte: Der ruhte nämlich zwei Meter entfernt von jenem Weidenbusch, an dem ein Jahr zuvor mein gerader 16-Ender verendet war!

Nachdem ich meinen freudigen Pflichten als Hoffotograf Genüge getan hatte, ertönte das „Hirsch tot!" aus dem Taschenhorn gleichsam befreiend durch die Flur. Beim Aufbrechen zeigte sich, daß die Kugel mitten durch´s Herz gegangen war. Das Bergen mit Stricken erforderte redliche Kraft, bis der Hirsch über Gräben hinweg und auf den Laster gewuchtet war. Endlich konnte der Hirsch an den Gestaden des Wystiter-Sees noch geraume Zeit auslüften, bis er zerwirkt wurde.

Der Abendanstand sah Ewgenij und mich beim Wolfssprossen-Schirm. Wir wurden durch den Anblick einer Ricke und später zweier Stücke belohnt. Gern hätten wir wieder den Anblick des Wolfssprossen-Hirschs genossen. Der blieb jedoch aus. Endlich einmal wie-

Des Recken letzte Fahrt: Auf Stefans Wunsch hin wird sein Hirsch im Polygon nochmals zur Strecke gelegt

der trompetende Kraniche. Bis dahin hatte ich diese Himmelsmusik schmerzlich vermißt. Als wir uns dem Fahrzeug näherten, schrieen auf kurze Distanz Hirsche.

Am Morgen des Freitag, 22. September, pirschten wir vergeblich auf den Binokel-Hirsch, während Stefan sich den Luxus des Ausschlafens gönnte. Auf dem Rückweg gerieten wir in unbekanntes Gelände. Staugewässer, von Bibern hervorgerufen, zwangen zu einem Umweg nach dem andern. Über 200 Exemplare, so der studierte Wildbiologe und Pirschführer an meiner Seite, sollen sich im russischen Wirtschaftsteil der Heide tummeln. Ihnen wird nicht nachgestellt. Anfang der 50er Jahre wurden sie in Hinblick auf spätere Pelzgewinnung in Weißrußland und der Gegend um Leningrad eingefangen und im Königsberger Gebiet ausgewildert.

Ewgenij beherrschte den Umgang mit Kompaß und Karte geflissentlich. Neben einer handkolorierten forstlichen Bestandskarte nutzte er bevorzugt ein Meßtischblatt mit kyrillisch gedruckten deutschen Ortsnamen (vor der 38er Umbenennung) aus alten russischen Militärbeständen. So kennen nicht einmal wenige Russen die alten deutschen Ortsnamen, während ihnen die späteren Umbenennungen kaum geläufig sind.

Hügeliges, sumpfiges Gelände forderte uns Schweißperlen ab, bevor wir, in mannshohen Brennesseln stehend, von einem Hang herab auf den Billenauer-See von Süden her blicken durften. Inmitten des blauen Wassers eine kreisrunde Insel, bis zum Uferrand von hohen Laubbäumen bestanden. Im weiteren Verlauf des Rückmarschs über Stock und Stein bekamen wir einen Bock in Anblick. Der zog es klugerweise vor, abzuspringen. Im wahrsten Sinn des Wortes hatten wir etwa 15 Kilometer über Stock und Stein zurückgelegt, als wir am Wagen standen, hundemüde natürlich. Hundemüde war im Gegensatz zu uns Fahrzeugwächter „Graf" nicht: Der lebte auf, als sein Herrchen die Türen öffnete.

Abends nahmen wir Stefan auf den Wolfssprossen-Schirm mit. Er lobte unsere gute Tarnarbeit. Doch halber Wind wehte hangauf zum querlaufenden Wechsel. So bezogen wir lieber oben, direkt an einem alten deutschen Hausfundament, Stellung. Das Kellerloch barg uns gut. Wer mochte dort gelebt haben? Waren jene Landsleute dem Feuersturm des Krieges entronnen? Fragen, denen sich weder Stefan noch ich uns bei aller Jagdpassion innerlich entziehen wollten oder konnten. Kein Anblick; bei der Rückkehr zum Wagen meldeten jenseits des Zufahrtswegs ein alter und zwei jüngere Hirsche. Das Brunftgeschehen hatte sich aus dem tiefen Flußtal verlagert. Kranichrufe unter klarem Sternenhimmel.

Weit verbreitet: Erheblich zahlreicher als zu deutscher Zeit fußt die Birke heute in der Rominter Heide

Am Sonnabendmorgen bereitete mir die Fahrt ins Dobauer Gelände erstmals „ärgste" Rückenschmerzen. Ewgenij fuhr auf den durch tiefe Nutzfahrzeugrillen entstellten Wegen sehr versiert, Kompliment. Das konnte mir nur ein schwacher Trost sein. Eine Erlösung: Wir hielten endlich auf der anderen Seite des Fichtenschlags, an dem am Vorabend die Hirsche konzertiert hatten. Starker Nebel durchwob Freiflächen und Fichtenbaumhölzer. Beim Angehen verstummten die Hirsche trotz guten Windes für uns. Keine weiteren Stimmen, absolute Stille. So fuhren wir zum üblichen Parkplatz und pirschten – oh Wunder! – leise und langsam in den Einstandsbereich des Binokel-Hirschs. Später, bei einer Rast, sah Ewgenij eine Bache; ich bekam nurmehr ihre Frischlinge mit. Als wir wieder aufbrachen, schoß ein Habichtskauz aus einer Fichte hervor, ein imposantes Bild. Der Rückweg zum Wagen gestaltete sich kürzer als gedacht. Eine Ricke vervollständigte dabei den Morgenanblick.

Bereits Wittrung bekommen, lieber Leser? Genau – seit seinem Jagderfolg hatte mir Stefan seine stählerne Braut zur Verfügung gestellt. Das Tagebuch verrät leider nicht, ob ich mich künstlich oder überhaupt nicht zur Wehr setzte: Nur keine Spuren hinterlassen! Vielleicht konnte es ja gelingen, Bock oder Sau auf gewohnte Art zu „fotografieren". So meine Ausrede mir selbst gegenüber. „Ergänzend" bastelte mein beutebesessenes Hirn schon an weit höherem Ziel. Denn Stefans daheimgebliebener Mitjäger hatte unterdessen die Segel gestrichen. Eine der drei Hirschlizenzen war für mich frei.

Zur Mittagszeit schaute ein bekanntes, verschmitztes Gesicht in unsere bescheidene Residenz. Wohlwollend lauschte der Forstamtsleiter i. R. Stefans Jagderlebnis, wohlwollend betrachtete er die Contax-Ausrüstung samt Novoflex-Schnellschußobjektiv auf meinem Bett, um dann doch noch unmerklich zusammenzuzucken: Konnte etwas unmißverständlichere Aussagekraft besitzen als Stefans Bockbüchsflinte, angelehnt an´s Kopfende meines Bettes?

Schien im Morgenverlauf kurz einmal die Sonne auf, hatte bis zum Abend eine Wolkendecke den Himmel bezogen. Mit Stefan und Ewgenij fuhr ich in den Raum Seefelden. Nach kurzer Pirsch ließen wir uns zu einem Ansitz auf gefallenen Stämmen an einer Blöße im Nadelwald an. Lärmende Pilzsammler in der Ferne. Keinerlei Anblick bei beginnendem und sich dann verstärkenden Regen. Auf dem Rückweg zum Wagen vernahmen wir dann wieder laut rufende Pilzsammlerinnen. Und das in einer der schönsten Revierecken – Zeit für etwas „Volkspädagogik". Durch Büsche gedeckt, schlich sich Stefan, als gläubiger Katholik und treuer Ehemann bar jedweder Brunftgelüste, mit seinem Hirschruf an das fremde „Kahlwild" heran: Ein mächtiger Kampfruf, schon zerstob die städtische Weiblichkeit kreischend, als näherte sich Alberich aus Nibelheims Nacht, in alle Winde. Ewgenij preschte nach und erteilte ihnen noch eine quasi amtliche Ermahnung.

Pilzsucher durchströmen zur Saison, die leider auch in die Hirschbrunft fällt, alljährlich die Wälder des Königsberger Gebiets. Busunternehmen bieten regelrechte Zubringertouren an. Dann kann man als Gastjäger mindestens drei Jagdzüge in den Wind schreiben. Oft genug sucht das Wild neue Einstände, und auch die morgendliche Montagspirsch ist dann vergebens. Am schlimmsten trifft es stets die Lehmreviere des Elchwalds, nicht mal eine Busstunde von Königsberg entfernt. Man tut also gut daran, möglichst den Sonntag für eine Gebietseinreise oder Abreise einzuplanen, um anläßlich einer Jagd oder Natur-Exkursion keine kostbare Zeit zu verschwenden.

Auf der Rückfahrt verhörten wir noch an verschiedenen Stellen, doch nur ein Hirsch meldete lustlos.

Keiner der rund 3.300 masurischen Seen: Weltabgewandt wirkt der Billenauer-See im Gegensatz zur touristisch immer mehr erschlossenen Wasserwelt im südlichen Ostpreußen

Am Sonntag, den 24. September, stellten wir den Geländewagen wieder mal auf dem Weg von Dobauen nach Seefelden ab. Stefan war rücksichtsvoll im Polygon geblieben. Wie schon öfters hielten wir auf dem Weg von Seefelden nach Dobauen. Einmal mehr sollte „Graf" das Fahrzeug bewachen. Angesichts der Pilzsucher verbarg es Ewgenij besonders gut. Drei Hirsche meldeten im Umfeld. Sie anzugehen, erübrigte sich nach kurzem Versuch: Die Hirsche entfernten sich zu schnell. Auch war der Wind unsicher. Eine weitere raumgreifende KFZ-Fahrt wäre erforderlich gewesen.

Kehrt Marsch. Aus günstigerer Richtung, wenn auch weit entfernt, meldeten erneut Hirsche. Ein längerer, anstrengender Marsch, hügelauf, hügelab, meist auf Schneisen von unterschiedlich alten Fichtenbeständen stand uns bevor. Senken mit sumpfigem Bachumfeld testeten unsere Jonglierfähigkeiten aus. Ein Birkenhain heuchelte festen Untergrund. Schön moosgrün präsentierte sich der Boden, in den man mehr als einmal bis zum Schaftrand der kniehohen Stiefel einsank. So gut es ging, hangelten wir uns von dem einen Wurzelansatz zu nächsten. Umgestürzte Stämme, teils mittelalte Fichten, würzten häufig den natürlichen Trimmpfad.

Im Raum Seefelden gestreckt: Der dritte Hirsch des Verfassers; ein enggestellter, ungerader 16-Ender

Gelegentliches Röhren geriet zur Motivationshilfe. Innerlich kramte ich längst in der Wortkiste polnischer Flüche. Bei festerem Grund und wechselnder Vegetation ging es endlich zügiger vorwärts. Ein Kampfruf, dann sehr bald die Geräuschkulisse eines „Turniers". Im Laufschritt, die Waffe in der Vorhalte, durch offene Fichten vorwärts. Üppige Bodenflora, viel Farn. 60, 70 Meter trennten uns wohl noch von den kämpfenden Recken am Rand einer großen Wiese. Zu unserer Rechten rahmte Fichtenbaumholz das Bild.

Auf mein Handzeichen blieb Ewgenij zurück, das Fernglas gebannt ins Gesicht gepreßt. So zügig als möglich gewann ich Raum. Bald schon wich der Unterlegene, ein Eissprossenzehner, in großen Fluchten, um weit auf freier Wiese nochmals kurz rückschauend zu verharren. Nur leicht ermattet schien der Sieger. In meiner Linken beließ ich die Bockbüchsflinte noch immer in der Vorhalte. Zugleich blickte ich durch´s Fernglas auf den kraftvoll dastehenden Sieger. Grasbüschel hatten sich in seinen Kronen verfangen, wahrhaftig ein beeindruckendes Bild urwüchsiger Kraft. Langstangig wirkte das Geweih nicht, zudem sehr enggestellt, doch ebenmäßig. Die massigen Stangen mündeten links in einer Viererbecherkrone, rechts in einer zweigeteilten Fünferkrone.

Wahre Hundeliebe im Jagdlager: Während Ewgenij Koslowski in die Kamera lächelt, wird sein „Graf" von einer terrierhaften Elfe becirct

Ich stand auf einem Wildwechsel; es schien, als ob der Recke ihn annehmen wollte. Ihm mochte allerdings der neue, wenn auch regungslose „Baumstamm" nicht schmecken. Der Wind war mein Verbündeter. Unschlüssig zog der Geweihte einige Gänge nach links, verharrte breitseitig. Nein, ganz hatte er sein Zielalter noch nicht erreicht. Warum sollte ich also schießen? Zehn, fünfzehn Gänge zurück nach rechts, mir etwas entgegen kommend. Erneut verharrte der Hirsch, sein Haupt mir zugewandt. Detailreich zeigte sich das Geweih im Fernglas. Nein, ich wollte nicht schießen, auch wenn Ewgenij im Nachhinein sauer wäre. Nun verfiel er in unschlüssigen Troll, weiter nach rechts. Ich geriet indes ins Grübeln.

„Würde ihn nicht bald schon ein litauischer Wilderer meucheln, würde er in den folgenden Wochen bei Scheinwerferlicht einer russischen Kugel anheimfallen, würden ihn im Winter die Wölfe reißen? Sollte ich nicht doch ..."

Am Busch, nur 30 Meter entfernt, verharrte er nochmals für einen Augenblick, zum Absprung bereit. Ein Bild gespannter Aufmerksamkeit. Das Dialyt war unterdessen an meine Brust gesunken. Stefans

Waldgesäumte Ufer: Früher reichten die Weiden der Bauern bis an den Dobauer-See. Ihr Dorf existiert nicht mehr

Stahlbraut lag in freihändigem Anschlag, das Zielfernrohr auf zweifache Vergrößerung gestellt. Das Fadenkreuz saß bombenfest auf dem rechten Blatt. Kaum, daß ich merkte, wie der Zeigefinger unaufhaltsam den Druck auf den sehr hartstehenden Abzug des Blitzschlosses erhöhte. Im Feuer sah ich den Recken gut zeichnen, seine Flucht führte ihn hinter dem Gebüsch in Richtung auf eine kleine Blöße.

Langsam schritt Ewgenij heran. Er staunte, daß ich so lange gezögert hatte. Schwer, am Ort die Sprachhürde eines differenzierten Dialogs zu überbrücken. Und, wollte ich ihm mein inneres Abwägen und Ringen überhaupt darlegen? Wir warteten als passionierte Nichtraucher eine gedankliche Zigarettenlänge ab. Dann betraten wir den Rand der Wiese, konnten jedoch den Hirsch zu unserem Schrecken nicht sofort entdecken. Schließlich fanden wir ihn nach 50 Metern leichter Linkskurve verendet im gürtelhohen Gras. Wie ich gefürchtet hatte: sieben bis acht Jahre alt.

Nach Besinnlichkeit war mir nun auf einmal nicht mehr sonderlich zu Mute. Ewgenij überreichte mir dessen ungeachtet einen Fichtenbruch, dann machten wir uns ans Aufbrechen. Unter weit ausladenden Fichtenästen am Rand des Bestands verblendeten wir anschließend den Hirsch, so gut es eben ging.

Auch wenn es mir leid tat, wieder mal ohne Foto den Erlegungsort zu verlassen: Das Haupt des Recken wurde abgeschärft und sogleich mitgenommen. Gedankenversunken ging ich hinter Ewgenij her, der die Trophäe geschultert hatte. Während ich auf die herrlich geperlte Stange blickte, keimten Erinnerungen des Vorjahrs auf. „Graf" hatte sein vierräderiges Domizil brav gehütet. Das Hirschhaupt ließ ihn erstaunlich kalt. Er war einfach froh, daß sein Herrchen wieder da war.

Froh zeigte sich auch Stefan, als wir Abgekämpften im Polygon auf die Gebäudereihe hinzugingen. Schon kam er mit großem Hallo vom Seesteg gelaufen, und erfrischend ehrlich erklang sein Waidmannsheil. Auch der ostpreußische Forstmeister gratulierte höflich, verwies korrekt auf das zu junge Alter des Erlegten, enthielt sich kameradschaftlich jedoch vorwurfsvoller Töne.

Quasi wie zu einer Sternfahrt trafen zwei hessische Waidgesellen Stefans, die im Elchwald gejagt hatten, wie auch die ehemaligen Gumbinner Mitschüler des Forstmeisters zum anderen, spätvormittags im Polygon ein. Bogdan Pawlowski wollte ihnen in Begleitung russischer Berufsjäger jagdkulturelle Stätten zeigen.

Flugs war das abgeschlagene Haupt am Seeufer entdeckt. Harsch fiel die Abschußkritik aus. Erst als die beiden Ostpreußen mitbekamen, *wen* sie in meiner Person vor sich hatten, wurde der Ton moderater. Stefan und ich schritten nun zum Fahrzeug der Hessen. Zwei Geweihe lagen auf offener Ladefläche verzurrt. Mit großem Glück hatten die Wackeren je einen Hirsch erlegen können. Ein starker ungerader 14-Ender zog die Blicke auf sich. Sein Schädel schien teils weggefegt. Nachdem der Schütze den Geweihten auf 250 Meter beschossen hatte, riß ihm der Jagdführer die Büchse aus der Hand, stürzte dem Hirsch hinterher und feuerte schließlich dem längst Niedergesunkenen einen Fangschuß auf's Haupt! Davon abgesehen, betonten die Hessen eindringlich die ihrer Meinung nach sehr geringe Wilddichte im Elchwald.

Gesprächsfetzen der Ostpreußen klangen zu uns herüber. „Der hat mich aus der Heide rausgedrängt", beschwerte sich einer der neu Hinzugekommenen hinterrücks über mich, nicht meine vorzüglichen Lauscher und die Windrichtung ins Kalkül ziehend. Er hatte wohl durch die Buschtrommel erfahren, daß die Hirschlizenz von Stefans abwesendem Freund noch offen stand und gehofft, durch die Hintertür der Memelforsten doch noch in Rominten jagen zu können. Nun wurde den Hessen und mir die Verbitterung nachvollziehbar. Mir aber war die Freude auf meinen Hirsch vorerst vergällt. Aus heutiger Sicht freue ich mich dennoch über das Jagderlebnis, da ich eine Besserung der Revierverhältnisse leider nicht erkennen kann.

Vor profan-neidischen Blicken blieb Stefans Geweih verschont. Er hatte es sich nach dem Abkochen von Sascha aushändigen lassen. Nun hatten wir es mit dem Schädel an den gemauerten Ofen unserer Behausung gehängt und machten im Kamin Generaldampf: Mochte Feuchtigkeit entweichen, schließlich hatte Stefan als treusorgender Familienvater kein Geld zu verschenken. Als Bogdan Pawlowski zufällig den Raum betrat, fiel ihm die Kinnlade runter, während wir uns später die Bäuche vor Lachen hielten. Die Russen dürften eine Gardinenpredigt geerntet haben.

Nachmittags lud mich Stefan zu einer schönen Spazierfahrt im südöstlichsten Teil der Heide ein. Übrigens: Im Gegensatz zum Westen Deutschlands, wo unter diesem Begriff durch Viehverbiß entstandene Kunstlandschaften verstanden werden, bezeichnet Heide in Ostelbien solch undurchdringliche oder abgeschiedene Waldregionen, wo im ausgehenden Mittelalter noch Heiden lebten.

Herrlichster Sonnenschein, als wir über das verschwundene Seefelden in Richtung Dobauen fuhren, dessen Lage sich noch durch Fundamente und eine erhalten gebiebene Bachbrücke erschließt. Die Schönheit und waldgesäumte Lage des Dobauer-Sees, auf dem sich oft nichtjagdbare Wasservögel tummelten, wurde vom Billenauer-See noch übertroffen. Dessen runde Insel bietet jedem Fotografen Postkartenmotive.

Eine russische Großfamilie hatte sich am Uferrand niedergelassen und frönte bei amerikanischer Popmusik dem Grillen von Schaschlik. Schon hatten wir einige Leckerbissen und ein Gläschen Wodka in der Hand und waren ohne Berührungsängste ins fröhliche Treiben integriert: Von Herzen kommende Gastfreundschaft, die es vorbehaltlos zu genießen gilt, will man niemand vor den Kopf stoßen. Trotz aller Sprachbarrieren kam es mit Händen und Füßen zu einer netten Verständigung. Bunte Mosaiksteine im Gesamtbild der Reise.

„Bei einbrechender Dunkelheit fallen Gänse auf dem Wystiter-See ein", endet der Tagebucheintrag. Abends ging es lustig weiter. Bogdan Pawlowski entpuppte sich nach dem Abendessen als fröhlicher Erzähler. Im Speisesaal überschütteten wir uns gegenseitig mit Witzen und Lachen. Auch der rheinische Oberst hielt wacker mit, wie nicht anders zu erwarten. Wie bei den Mahlzeiten hielten sich die Russen leider eher abseits. Ein fröhliches Miteinander gestaltete sich nur manchmal auf der Terasse, wenn nach mühevollem Reviergang oder glücklichem Jagdausgang ein Bierchen oder Medizin, sprich Jägermeister, fällig war. Schade eigentlich, doch respektierten wir den Abstand, ohne nachzubohren. Es mochte an den unterschiedlichen Speisefolgen liegen, die den Gästen und Jagdführern zugetragen wurden. Lieber hätten wir auf die mehrgängigen Gerichte im Sinne einer umfassenderen Jagdkameradschaft verzichtet. – Am folgenden Morgen hieß es erstmal wieder: Richtig ausschlafen. Um 08.00 Uhr holte uns Bogdan Pawlowski zu einer Fahrt nach Haselberg ab. Dort besichtigten wir

Die Vorratshaltung im Haselberger Jagdbüro lohnt: Lappjagden halten die im Winter aus Litauen in den Kreis Schloßberg vorstoßenden Wölfe in Zaum

Nicht immer nur Rominten: Auch in in den weitläufigen Memelforsten nördlich von Haselberg ...

das Gebäude des Kreisjagdvereins. Im Eingangsraum stapelten sich Rollen über Rollen mit roten Tüchern zur Errichtung von Lappstätten für die beliebten Wolfsjagden. In den vorangegangenen fünf Jahren streckten die Jäger des Rayons (= Kreises) auf solchen Jagden 40 Wölfe. Wie damals zu deutscher Zeit sickern diese winters immer noch aus Litauen ein, sind mittlerweile aber auch Standwild. In den Memelforsten zeigte uns Bogdan Pawlowski die Herberge der dortigen Gastjäger, ein für Landesverhältnisse gut restaurierter deutscher Backsteinbau. Neben den deutschen Jägern residierten dort auch reiche Russen, die mit ihrer Ausrüstung vom westlichen Geländewagen über Waffen bis hin zu Rassehunden keine Vergleiche zu scheuen brauchten. Mehrere Zwinger bargen eine Saumeute, bestehend aus terrierähnlichen Hunden.

Über Straßen unterer Ordnung, oft nur geschottert und festplaniert, ging es wieder südwärts. Eine Fahrt abseits der geteerten Hauptstrassen. Deutsche Inschriften an einstigen Gasthäusern und Kolonialwarenhandlungen, die da und dort mit wenigen anderen Altbauten die russischen Flurplanungen überlebt hatten, säumten heruntergekommen den Weg. Leere, monotone Feldflur rechts und links der Wege, noch trostloser als sonst.

Erinnerungen an landeskundliche Exkursionen keimten auf: Mit meinem verläßlichen Gespann aus litauischem Fahrer und russischer Deutschlehrerin, mit denen ich schon Rominten erkundet hatte, bereiste ich im Frühjahr 1991 das Königsberger Gebiet auch sonst möglichst flächendeckend. Für den Rayon Haselberg benötigte man als Nichteinwohner einen Passierschein. Militärflughäfen und Raketen-

... und im Eichwald bei Insterburg steht gut veranlagtes Rotwild: **Ostpreußische Geweihvielfalt**

basen sollen dort besonders vertreten sein. Solches tarnen die Russen meisterhaft in großen Wäldern. Nun, uns stand nicht der Sinn nach derartigen Dingen. Landschaftliche Impressionen und steinerne Zeugen aus deutscher Zeit wollten wir fotografisch einfangen. Als wir nahe der von Russisch-Orthodoxen restaurierten evangelischen Kirche in Haselberg hielten, und ich ein Foto schoß, fragte mein sonst so cleverer Litauer einen russischen Milizmann nach dem Weg. „Wo wollen Sie denn hin?" – „Nach Sowjetsk (= Tilsit)." – „Wo kommen Sie denn her?" – „Aus Sowjetsk." – „Ist ja komisch. Dann kommen Sie mal mit auf die Wache!" Ein Gespräch, das mir später die Lehrerin übersetzte.

Schon saßen wir auf der Arme-Sünder-Bank im Wachlokal, und das Verhör begann. Sichtlich aufgeräumt übersetzte mir die Lehrerin die Fragen des wachhabenden Milizoffiziers. Wörtlich schien sie meine Antworten wiederzugeben. Nein, ich hatte keine Verbotsschilder an den Rayongrenzen gesehen, hätte sie eh nicht lesen können. Vom benötigten Passierschein wußte ich auch nichts. Ehrlich gab ich an, daß ich nur einen Ausflug machen wollte, um einem befreundeten Reiseunternehmer neue lohnende Ausflugsziele mitteilen zu können. Artig machte ich das sich thematisch längere Zeit wiederholende Frage-Antwort-Spiel mit. Intuitiv unterließ ich die Empfehlung an meine Übersetzerin, sie möge meine Antworten – unserer Lage zuträglich – frisieren.

Soweit, so gut. Drei Stunden später: Nach dem ich umgerechnet 4,00 DM Bußgeld gezahlt und eine eindringliche Ermahnung eingesteckt hatte, durften wir das Wachlokal verlassen. Der Offizier ließ es

Lockenten aus recycelten Fahrzeugreifen: Bescheiden, aber sehr zweckorientiert präsentiert sich die Angebotspalette im Insterburger Jagd- und Angelgeschäft

sich nicht nehmen, uns an der Schwelle persönlich zu verabschieden. Händedruck, gegenseitige Verbeugung, dann schloß er mit nettem Blick und den freundlichen Worten „Auf Wiedersehen und gute Fahrt!", auf deutsch, versteht sich, und ergänzte ebenso fließend wie versöhnlich, daß man sich wie überall auf der Welt an Vorschriften halten müsse. Die Lehre aus der Begebenheit sollte mir in jagdlicher Hinsicht noch günstig sein.

Zurück in das Jahr 1995: Zielsicher steuerte Bogdan Pawlowski mit Stefan und mir das zweistöckige Gebäude des Rayon-Jagdvereins in Insterburg an. Elchschaufler und mittelmäßige Hirschgeweihe im Treppenaufgang. Der Herr Kreisjägermeister empfing uns in seinem Büro. Ein pensionierter Fliegeroberst von gedrungener, dynamischer Gestalt. Er hatte für dieses neue Tätigkeitsfeld noch extra Wildbiologie studiert und nahm nun seine Aufgabe sehr ernst. Wie Bogdan Pawlowski übersetzte und auch selbst bestätigte, fielen in den vorangegangenen Jahren im Kreis Insterburg immer wieder sehr brave Rehböcke. Etliche Elchschaufler wiesen den Kreis zu meiner Überraschung sogar als festen Einstand des Symboltiers aus. Und im Eichwald nahe Insterburg fielen brave bis starke Hirsche: Davon kündete unter anderem eine Zwölf-Kilogramm-Trophäe an seiner Bürowand. Ähnliches galt für den Pentlacker Wald im Süden. Als wir nach längerem

Gespräch das Haus verließen, waren wir von der Fachkompetenz und natürlichen Autorität des Gastgebers sehr angetan.

Fototermin auf dem Seesteg des Polygons am Dienstag, den 26. September. Unsere abgekochten Geweihe richteten wir bruch- und herbstlaubgeschmückt mit Blick auf die Heide her. Weit klang das Taschenhorn an dem klaren Morgen über den See, „Hirsch tot!" Einzig Kranichrufe mußten wir entbehren.

Darum auf, in die Gegend nördlich von Birkenmühle, wo die edlen Vögel sonst auf weiter Feldflur gut zu beobachten waren. Hatten wir auch keinen Anblick, boten uns die großen Feldgehölze, Mischwald unterschiedlicher Altersstufen, farbenfrohe Abwechslung:

Dort mochten die alten Hirsche der Rominter Heide ihre ruhigen Wintereinstände gehabt haben, als den Fleischproduktionsschlachten der Vorjahre Junghirsche und Kahlwild Dutzendweise zum Opfer fielen und den Bestand schmerzvoll verringerten.

Als Dankeschön für Stefans Einladung revanchierte ich mich noch mit einer Schiffahrt auf dem Wystiter-See. Das Schiff der Fischereiforschungsanlage fuhr eine weitausladende Runde über den See. Mit von der Partie auch unser deutscher Oberst; er hatte bislang noch kein Waidmannsheil gehabt, sich stattdessen nur die Hacken wund gelaufen. Statt seiner sollte der geduldige Forstmeister Tage später nach unser aller Abfahrt zum Erfolg kommen: Er streckte wahrscheinlich den Eissprossenzehner, der vor meinem ungeraden 16-Ender geflüchtet war. Im Memelforst hatte er übrigens zuvor einen Stangenelch erlegt.

Für jene Bootsfahrt wie übrigens auch für jede andere Schiffsbewegung mußten die Fischereibeflissenen vorab die telefonische Erlaubnis der Grenztruppe einholen. Sonst hätte es blaue Bohnen regnen können; so blieb es nur bei einem störenden Nieselregen.

Stets liest man in der Jagdliteratur, man solle sich am erlegten Hirsch schnell die Grandeln sichern, sonst könnten sie leicht „verloren" gehen. Mir blieb die Lehre nicht erspart. Als ich nach Übergabe der Trophäe die Grandeln erbat, gab es lange Gesichter. Sie waren mit der Trophäe abgekocht worden und landeten, wie sich später ergab, im Ausguß des großen Kübels im Gras hinter der Küchenbaracke. Um die versteckten Deutschkenntnisse der Russen wohl wissend, gab ich mich, im Gespräch mit Stefan und dem Oberst, *scheinbar* unbeobachtet, einem künstlichen Tobsuchtsanfall hin. Neben slawischen Flüchen betonte ich lauthals, daß ich von der Abschußgebühr zum Schadenausgleich 30 Prozent abziehen würde. Schwuppdiwupp, keine Viertelstunde verging, schon waren die(?) Grandeln da ...

Überhaupt hatte der Unkundige die Trophäe auf dem defekten – darum kaum Heizkraft besitzenden – Herd zum Ausgleich die ganze Nacht lang köcheln lassen. Erbarmung! Wie immer habe ich den Schädel in Westfalen nochmals abgekocht, nachdem ich das durch Kaltleim innerlich gefestigte Nasenbein mehrere Tage aushärten ließ.

Am Mittwoch, den 27. September, hieß es für Stefan und mich Abschied nehmen, nach dem wir am Vorabend das lästige Jagdprotokoll mit Sascha erledigt hatten und auf dem Seesteg „Jagd vorbei" und „Halali" erklungen waren. 03.30 Uhr standen wir bereits wieder auf, packten den Geländewagen, pflanzten die Trophäen auf's Dach und frühstückten. Abschied von der Köchin aus Königsberg und dem rußlanddeutschen Wächter des Polygons. Auch Sascha war schon wieder auf. Während der fußkranke Oberst schlief, machte sich sein Pirschführer auf, Hirsche zu bestätigen. Aber warum hatte er denn bloß die 8 x 68 S - Blockbüchse seines Gastes auf dem Rücken?

Kaum waren Stefan und ich mit unserem Diesel in den waldumsäumten Weg nach Ebenrode eingebogen, gebot ich Halt. Hinaus aus dem Wagen, das Taschenhorn zur Hand. Nachts hatte es geregnet, nun fielen große Tropfen laut aus dem Blätterwerk der Chausseebäume. In der so herrlich feuchten Luft erklang mein „Auf Wiedersehen", um im uns umfangenden Wald als mattes Echo zu widerhallen.

An der innerostpreußischen Demarkationslinie brauchten wir nur eine Stunde zu warten und wurden zügig abgefertigt. In Osterode durfte ich wegen angeblichen Überholens eines Traktors auf einer vermeintlichen Kreuzung umgerechnet 30,00 DM Bußgeld zahlen. Um 20.30 begrüßten uns deutsche Zöllner in Pomellen westlich der Oder, wobei wir eine Waffenwieder- und Trophäeneinfuhr deklarierten. Und um 00.30 Uhr landeten wir im vorpommerschen Zwischenübernachtungsziel Rothemühl, wo Stefan gern gesehener Jagdgast ist. Völlig erschöpft sanken wir in den Schlaf, doch zuvor dankte ich dem Schöpfer.

Denn die Heimat hatte mich reich bedacht: Mit einem Rominter Geweih und einem verläßlichen Freund – beides hat Seltenheitswert in heutiger Zeit.

ZEHNTES KAPITEL

Heuschnupfen und hohe Halme

Auch wenn ich nicht beabsichtigte, in Masuren zu verweilen, summte ich still vergnüglich das Masurenlied in 6.500 Metern Höhe in mich hinein: „... Ihr schwebenden Wolken, gedenkt auch mein – im Hain! O führt mich durch Wälder und Felder zur Heimat ein!" Eine bizarre, sich hochtürmende Wolkenlandschaft ergänzte das Stimmungsbild optisch.

Auch drei Stunden Startverspätung auf dem Flughafen Hannover hatten meiner guten Laune keinen Abbruch tun können: Schließlich sollte es zur Bockjagd ins südliche Ostpreußen gehen. Nun, am Sonnabend, den 8. Juni 1996, trug mich eine in Frankreich gebaute Turboprop-Maschine zum Flughafen Groß Schiemanen, wenige Kilometer südlich der alten masurischen Kreisstadt Ortelsburg.

Auf Initiative eines Kornwestheimer Reiseunternehmens in Zusammenarbeit mit der polnischen LOT war es zu der erfreulichen Einrichtung der Charterlinie gekommen. Zuerst hatte man bei den Planungen ein Rollfeld in der Nähe Allensteins, der bedeutendsten Stadt im südlichen Ostpreußen, ins Auge gefaßt. Die Landebahn stellte sich als zu kurz heraus, und eine polnische Bürgerinitiative gegen Fluglärm bot zusätzliche Stolpersteine. Schließlich einigte man sich auf den alten deutschen Militärflugplatz Groß Schiemanen, der bis dato von der polnischen Luftwaffe genutzt wurde. Das änderte sich erst mit dem Jungfernflug im Oktober 1985, an dem ich mit weiteren Journalisten teilnehmen konnte.

Und wie damals bot sich jetzt beim Landeanflug das Bild einer seendurchsetzten und mit Kiefernwälder bereicherten Landschaft. Das Rollfeld selbst war ringsum in gebührendem Abstand, wohl aus Gründen der Tarnung, lückenlos von Kiefernhochwald umschlossen.

Einige kleine Pavillons waren neu, sie genügten der Passagierabfertigung trotz bescheidener Ausmaße allemal.

Beim Zoll erwartete mich bereits Stanislaw Wrobel als Vetreter des polnischen Jagdreisebüros. Nach – wie wohltuend – völlig reibungsloser Waffenabfertigung fuhr er mich über Allenstein in den Kreis Mohrungen. Unterwegs wartete er mit aufschlußreichen Fakten auf: Demnach existierten zum damaligen Zeitpunkt in der Wojewodschaft

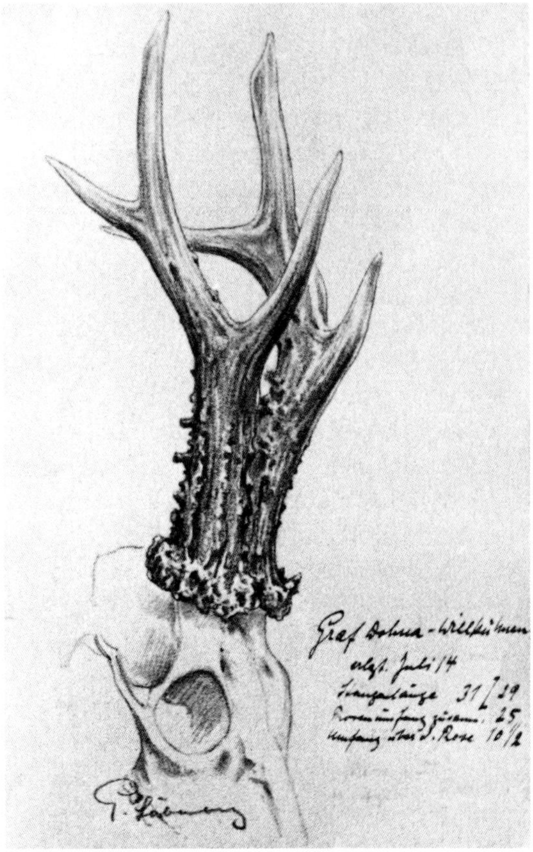

Bockparadies Ostpreußen: Bereits für Jagdmaler Prof. Gerhard Löbenberg stellten solch kapitale Rehkronen aus Willkühnen, Kreis Königsberg, ...

Allenstein 64 Jagdclubs mit 3.500 Mitgliedern. Die Revieruntergrenze eines Clubs beträgt 3.000 Hektar. 20 Reviere wurden von Jagdclubs aus dem Warschauer Raum bewirtschaftet. Bestehen die Reviere zu über 40 Prozent aus Wald, fallen die Pachtgebühren an den Staat, sonst jedoch an die Wojewodschaftsverwaltung. Seit Aufhebung des sozialistischen Staatssystems sind die Jagdclubs verpflichtet, Wildschäden finanziell zu begleichen. Eine Reaktion liegt in der erforderlichen Verringerung der Schalenwildbestände. Die vermehrten finanziellen Anforderungen an die Mitglieder dürften in den kommenden Jahren zum Untergang mancher Jagdclubs führen, wie Kenner urteilen.

Südlich Liebstadt, direkt am Ufer der Passarge gelegen, empfing uns im Dämmerschein das Gut Gartenpungel. Mit Bedacht hatte ich das mir empfohlene Revier gewählt: Im Flußtal mit seinen guten Böden mußten schließlich bessere Böcke stehen als beispielsweise in den sandbödigen Wäldern Masurens. Der Fluß selbst bildet auf weiten Strecken die historische Grenze zwischen dem ostpreußischen Oberland am Westufer und dem Ermland am Ostufer.

Rehwildenthusiasten werden bei dem Begriff Oberland aufhorchen und mit einherschleichender Gänsehaut die einstigen Spitzenreviere seiner drei Landkreise ins Gespräch einfließen lassen: Podangen im

Kreis Preußisch Holland, Prökelwitz im Kreis Mohrungen und Grasnitz im Kreis Osterode (Ostpr). Doch ruhig Blut, schon in den 30er Jahren war die Ära ostpreußischer Kapitalböcke längst Geschichte, wie der Kenner Manfred v. Kobylinski anschaulich niederschrieb. Tagesstrecken eines Wilhelm II. waren in ihrer Zahl an hochjagdbaren bis hochkapitalen Böcken längst unerreichbar.

Aber auch der ermländische Kreis Heilsberg war immer mal wieder für mehr als brave Böcke bekannt. Dort, östlich der Passarge, würde ich nun jagen. In den Revieren des Guttstädter Jagdclubs waren in den Vorjahren vereinzelt Trophäen um die 500 Gramm erbeutet worden. Mit diesen Gedanken im Kopf wollte das Einschlummern in der Herrensuite des wohlrestaurierten Gutshauses gar nicht leicht gelingen.

Aufstehen um 02.30 Uhr, bereits eine halbe Stunde später stand der karge russische Geländewagen mit Chauffeur und Pirschführer auf der Auffahrt bereit. Schnell einen verstohlenen Blick auf den Kilometermesser geworfen; ein Blick, der bei jedem Anfang und Ende einer Pirschfahrt lohnt. Denn allzugern schlagen Jagdführer die An- und Abfahrt zwischen ihrer Wohnung und dem Jagdquartier des Klienten entgegen aller vertraglicher Regeln auf die Revierkilometer mit drauf. Oder es werden generell überhöhte Distanzen verbucht. Da meist nach Kilometern abgerechnet wird, können stattliche

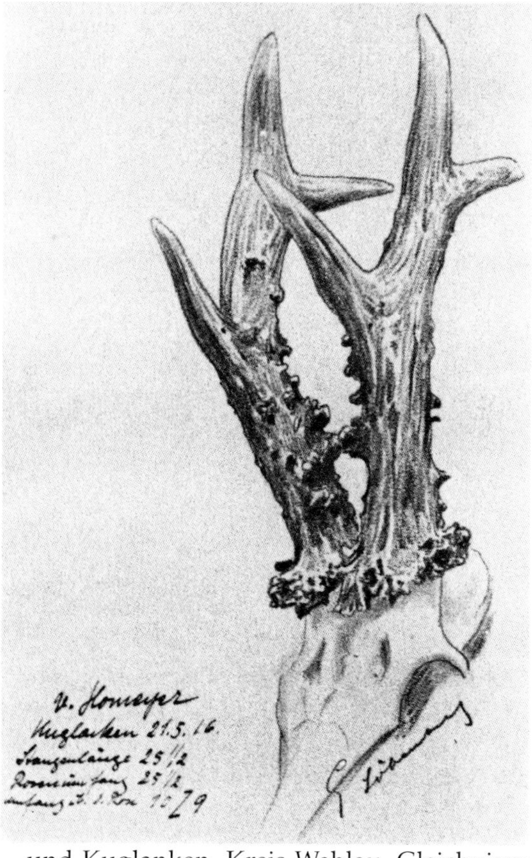

... und Kuglanken, Kreis Wehlau, Gleichnisse einer vergangenen Epoche dar: **Einst zu Kaiser Wilhelms II. Zeiten**

Summen zustande kommen. Davor sollte man sich als Jagdgast schützen. Also stets die Augen auf!

Wir durchfuhren die hügelige, mit Kiefern- und Mischwaldungen durchsetzte Feldflur östlich Hohenfeld. Am Horizont befand sich eine achtköpfige Schwarzwildrotte in zügiger Bewegung hangaufwärts. Ein Überläufer schien krank zu sein, hielt aber trotz schleppender Bewegung wacker mit, wie im herandämmerden Morgenlicht zu erkennen war. Beim Näherfahren flüchtete die Rotte jedoch bereits auf stattliche Entfernung.

Eine Fußpirsch im Bereich von Waldrändern ergab nur den Anblick eines sichernden Fuchses. Schließlich erreichten wir einen Hügel, dessen Kuppe eine Kanzel mit guter Rundumsicht trug. Jan, mein Pirschführer, deutete an, daß wir uns dort verstärkt einem alten Bock widmen würden. An dem Kapitalen seien schon mehrere Jäger gescheitert.

Kranichrufe, erst zwei, dann sechs vorüberziehende Vögel rundeten die sonnige Morgenstimmung beim halbstündigen Ansitz ab. Beim Rückmarsch zum Wagen entdeckten wir reichlich Fährten von Rot-, Schwarz- und Rehwild. Eine kleine KFZ-Safari, schon pirschten wir in geradezu malerisch abwechslungsreichem Gelände. In der Ferne ein abspringendes Reh, dann ein mausender Fuchs. Hinter einer Gestellkante ästen ruhend ein Gabler und eine Ricke. Den dortigen Hochsitz würden wir am Abend besteigen. Da sollte im allerletzten Büchsenlicht ein heimlicher Alter austreten.

Bei der Rückfahrt zum Gut schlief ich fast ein. Am Tage würde ich ausgiebig ruhen. Das Ruhebedürfnis sollte mich während der ganzen Reise umnebeln: Schuld daran war mein Heuschnupfen-Antiallergikum; andererseits wollte ich die Bockwelt nicht durch unablässiges Niesen vor mir retten.

Stolz führte mich der Gutsverwalter Marian Grajek nach dem Mittagessen durch die neu errichteten Wirtschaftsgebäude der großzügigen Anlage. Gepflegte Pferde auf nicht minder gepflegten Weiden unterstrichen, daß Reiterferien zum Angebotsspektrum des Guts gehören. Das Gutsgebäude seinerseits war erst jüngst unter erheblichem Aufwand restauriert und harmonisch erweitert worden.

Schmunzelnd zeigte mir Marian einen voll funktionsfähigen Schwimmkübel und ein altes BMW-KRAD mit Beiwagen in der Wagenwerkstätte. Die Mitarbeiter machten einen hochmotivierten Eindruck. Das ganze Anwesen zählt übrigens als Teil eines deutsch-

An der Passarge gelegen: Das restaurierte, stark erweiterete Gutshaus Gartenpungel, Kreis Mohrungen

polnischen Joint-ventures zum Besitz eines wohlhabenden Hamburger Textilfabrikanten.

Um 18.00 Uhr holten mich Jäger und Chauffeur ab. Wieder gleich zwei? Wahrscheinlich gehörte Genosse Lenin im Jagdclub aus guten Gründen zu ihrer Pflichtlektüre: „Vertrauen ist gut, Kontrolle ist besser ..." Mich störte der Aufwand, ist man auf der Jagd doch gern allein. Langsam trug das nachmittägliche Kartenstudium Früchte, ich begann, mich im Raum zu orientieren.

Vorbei am Zaun-See ging es in den Raum Queetz. Wie angekündigt, bestiegen wir die zweite Kanzel vom Vormittag. „Unendlich viele Kuckucksrufe", notiert das Tagebuch. Nach geraumer Zeit erschien ein schlecht vereckter dreijähriger Sechser. Wegen der sichtbaren Mükkenplage hielt es ihn nicht lange auf der Bühne. Sich schüttelnd, strebte er in den gegenüberliegenden Mischbestand.

Ein Turmfalke flog mit deutlich erkennbarer Mäusebeute an uns vorbei. Im Westen, wohl 15 Kilometer weit weg, tobte derweil ein Gewitter. Von Süden her eilte eine Regenfront herbei. Um 21.30 Uhr, es war bereits erstaunlich dunkel, baumten wir notgedrungen ab. Als wir nach einem Kilometer den Geländewagen erreicht hatten, touchierten uns einige schwere Regentropfen. Kaum hatten wir ihn bestiegen, öffneten sich die Himmelsschleusen zu einem der bekannt heftigen ostpreußischen Gewitter. Und als wir nach grandiosem Naturschauspiel Gartenpungel erreichten, herrschte dort „stilgemäß" Stromausfall. Gut, daß ich wie immer meine verläßliche Maglite-Stablampe dabei hatte.

Eine natürliche Grenze zwischen Oberland und Ermland: Die Passarge. Auf den guten Böden in ihrem Umfeld wachsen brave Trophäenträger heran

Zur Morgen-Safari erschienen meine Begleiter schon um 02.00 Uhr. Auch das eigentlich schon recht spät angesichts der früh einsetzenden Morgendämmerung dort im Osten. Im Großraum Heiligenthal, also wieder in neuem Terrain, plazierten wir uns auf einer Kanzel an einer steilen Böschung. Einem schmalen, von Tümpeln durchsetzten Talgrund schloß sich ein langsam ansteigender Hang an, licht mit jungen Laubhölzern bestockt. Dahinter rahmte Kiefern-Baumholz die Kulisse.

Ein Schmalreh zog bald auf der Hangwiese zur Linken an uns vorüber. Im fernen Gegenhang präsentierte sich ein Jährling mit lauscherhohen Spießen. Ein Neuntöter flog zügig von hinten heran. In den Wiesen um uns herum mausten drei Füchse. Ein jagdbarer Bock zeigte sich nicht. Schon ab 05.30 ging´s auf Autopirsch durch die Feldflur.

An Hasen mangelte es nicht. Ricken kamen in Anblick, ein Zukunfts- und ein Abschußjährling.

„Es ist kühl, hin und wieder fallen einige Tropfen. Die Jäger sind betrübt, daß noch kein ordentlicher Sechser gesichtet wurde", läßt sich das Tagebuch aus. Meine Stimmung war nicht besser. Zugegeben, der Termin war ungünstig. Wer starke Böcke jagen will, sollte erfolgsorientiert den Zeitraum vom 11. Mai bis spätestens Ende Mai einplanen. Sonst ist die Vegetation schon zu weit fortgeschritten. Mir hatten mal wieder kollegiale Urlaubsplanungen den nötigen zeitlichen Spielraum genommen.

Der Abend brachte wieder nichts ein. Das Besteigen einer besonders hohen, aber nicht minder klapprigen Kanzel erforderte erhebliche Verwegenheit. Langgezogene, hochgrasige (sic!) Wiesen, von Hekken getrennt, sparten nicht mit Anblick. Neben einem Schmalreh belebten zwei Rotröcke und ein Adebar die Szenerie. Letztere Parteien hielten augenscheinlich einen Wettbewerb im Mäusefangen ab.

Eine Schnepfe zog quorrend am Hochsitz vorbei. Wäre ich noch zum Aufgang der Bockjagd gereist, hätte mich auch die Flinte begleitet, so daß ich eine Langgesichtige oder zumindest weitere Luftlöcher für´s Tagebuch hätte ernten können. Hätte, hätte, hätte …

Schnell noch ein Stellungswechsel, als es stark dämmerte. Zwei Kilometer auf unserem Anfahrtsweg zurück, und wir postierten uns hinter einem Gebüsch. In der Nähe sollte bei letztem Büchsenlicht oft ein braver Bock vorbeiziehen. Diesmal tat er es nicht.

Am Dienstag, den 11. Juni, ging es morgens zum reichlich entfernten Guttstädter Stadtwald. Durch die verschlafene Kleinstadt mit ihrer sehenswerten mittelalterlichen Backsteinkirche schlängelten wir uns in südöstlicher Richtung, bis uns gepflegte Forsten umfingen.

Auf einem stabilen Hochsitz nahe einer Lichtung in Kiefernbeständen unterschiedlichen Alters setzten wir uns an. Anfangs zeigte sich ein Fuchs. Als wir im Sonnenschein abbaumten, erschien im starken Bodennebel ein schwacher Jährlingsbock.

Beim Wagen befand sich der chauffierende Jäger mit einem fremden Zunftgenossen in angeregtem Gespräch. Der wußte von einem interessanten Abnormen zu berichten, auf den wir es doch abends mal versuchen sollten. Mit dem Wagen ging es weiter in östliche Richtung. Felder und Weiden dehnten sich weit aus. Im Talgrund lag das Dorf Schönwiese. Vom Erkundungsgang auf einem Hügel zum KFZ zurückgekehrt, wies uns der Fahrer auf einen Bock ein. Der zog durch eine hochgrasige, ungepflegte Weide in reichlicher Entfernung. Im Fernglas zeigte sich seine graue Decke und ein sehr mäßiges, bleistifthohes, kaum verecktes Gehörn. Drei Jahre mochte der Abgekommene zählen.

Dort konnte ich kaum einen Kapitalen durch das Geschieße vergrämen. Also nichts wie ran, um den Bann zu brechen. In geduckter Haltung schlich ich mich bis zu einem Weidezaun. Bequem konnte ich in der Hocke am massiven Zaunpfahl anstreichen. Ganz schön weit, wohl 200 Meter. Das Zielfernrohr auf „10 x" gestellt, eingestochen, Luft geholt, den Zielstachel eineinhalb Handbreit höher als sonst in den Wildkörper geführt, schon rollte das Schußecho durch das weitläufige Tal.

Einige Fluchten noch, dann verendete der Bock mit Blattschuß hinter einer Brennesselinsel. Der Jäger stürmte vor, griff den Gestreckten, und schon bald war er atemlos wieder in unserer Runde. Das Gehörn zeigte leicht angedeutete Vordersprossen. Im linken Blattbereich prangte eine verheilte, doch haarlose Wunde. Die Waage des Wildbrethändlers in Guttstadt zeigte schließlich 16 Kilogramm Wildpretgewicht. Rot- und Rehwild wurde zu der Zeit mit umgerechnet 8,00 DM pro Kilo vergütet, Schwarzwild mit lediglich 1,50 DM.

Meine Begleiter fühlten sich erleichtert. Ein Bier in Gartenpungel ließ den Morgen ausklingen.

Abends ging es wieder in einen anderen Teil des Kreises Heilsberg. Südlich von Battatron baumten wir auf eine niedrige Kanzel auf, einen Kiefernwald im Rücken, vor uns schmale, gemähte Wiesen, im Anschluß ausgedehnte Getreidefelder. Durch Hagelschlag hatten sich stellenweise schüttere Inseln herausgebildet.

Plötzlich rumorte es hinter uns an den Stämmen. Es knisterte und schwirrte: Ein Baumläufer hatte sich uns zugesellt und suchte unter den ungeschälten Eckstangen des Hochsitzes nach Nahrung. Das quirlige Kerlchen kehrte im Lauf des Abends immer wieder zurück und war uns Trostpflaster angesichts der Schwärme winzig kleiner Stechfliegen, die uns ebenfalls rege Gesellschaft leisteten. Kein Wunder bei der warmen Witterung.

Aber auch mein „Dups" schmerzte. Den Hochsitz hatte wohl ein Architekt auf dem dritten Bildungsweg geplant. „Das Sitzbrett ist zu schmal und zu tief angebracht. Man kommt sich vor wie auf einem Plumpsklo", bemerkt das Tagebuch. – Edlere Gedanken rief eine emsig auf Jagdflug befindliche Rohrweihe hervor. Sie schien einen Bodenhorst in einer der Schilfinseln zu besitzen, die im weiteren Bereich des Feldermeeres verstreut lagen. Die roten Backsteine und die Dachziegel alter deutscher Abbauten glühten in der Abendsonne. Fast fühlte man sich in bessere Zeiten versetzt.

Im symbolischen Einklang: Das Storchennest auf dem Hochstand östlich Gartenpungel spricht Bände

Geraume Zeit mochte verstrichen sein, da erhob sich in einem großen Gerstenschlag auf 200 Meter Entfernung ein roter Bock. Er prahlte geradezu mit seinem hohen, ungeraden Sechsergehörn. Schnell mal visierte ich ihn an. Der brave Stutzen ruhte fest in meinen Händen. Kein Herzklopfen, schießen wollte ich sowieso nicht. Sein noch graziles Gehabe und der dreieckige weiße Muffelfleck wiesen ihn als noch zu jung aus. Mochte er leben. Ein prächtiges hoffnungsfrohes Bild gewährte er jedenfalls schon jetzt: Wie herrlich sich das dunkle, V-förmige Gehörn vom grüngelben Hintergrund abhob.

Zur Rechten, hart am Waldrand, tauchte eine Ricke auf und äste sich beständig näher. Geradeaus erschien ein schlecht veranlagter Jährling. Den brachte der Dreijährige stürmisch auf Trab. Beide verschwanden zur Linken in den Kiefern.

In weiter, weiter Ferne rechts an einer Waldausbuchtung ein roter Bock, wahrscheinlich Gabler. Die vermeintliche Ricke hatte sich unterdessen auf 20 Meter genähert. Sie entpuppte sich nun, als wir richtig ansprachen, als Knopfbock. Er drückte sich langsam im Bestand. Mochte er von den Polen als Selektionsbock erlegt werden.

Kein Tag ohne Fuchs: Vertraut schnürte Meister Reineke an der Waldkante entlang und unter unserem Hochsitz hindurch. Auf unser Mäuseln hin verhielt er kurz, zog dann gemütlich in die Wiese.

Es dämmerte bereits verstärkt, da trat zur Rechten ein braver Bock aus. Fehlalarm; es handelte sich um den ungeraden Sechser. Er steuerte langsam, aber zielstrebig auf die Gerste zu.

Der erhoffte Alte blieb aus. Auf der Fahrt zum Gut präsentierten sich am Wegesrand einmal mehr erstaunlich viele Hasen.

Morgenansitz auf demselben Hochsitz. Es war kalt, doch hatte ich zusätzlich eine Strickjacke angezogen. Wieder war der Baumläufer kopfunter aktiv. Und wie am Vorabend versuchte ein Sperber sein Jagdglück auf Singvögel. Die Weihe blieb diesmal aus.

Kranichrufe in der Ferne. Nach langem, unbequemen Sitzen entdeckten wir den schlechtveranlagten Jährling in der Gerste. Ansonsten blieb die Bühne leer.

Mit dem KFZ erschlossen wir uns eine extrem abwechslungsreiche Hügellandschaft: Gerstenfelder, Kiefernhochwälder und Laubholzanpflanzungen. Auf huckeligem Lehmweg verlangsamte der Wagen das Tempo.

Eine Schneise im Schilf gewährte den Einblick in eine anmoorige Stelle. Dort stand ein Kranichpaar. Von der Frühsonne beschienen, umrahmte es ein hellbraunes, fast noch flaumig wirkendes Junges. Das war bereits so hoch wie die Stelzen seiner Alten. In langsamer Fahrt ohne Zwischenhalt – bloß nicht stören – verinnerlichten wir freudig pochenden Herzens das seltene Bild. Bei weitem keine Minute hatte es gedauert, um doch in der Seele einen bleibenden Platz zu finden.

Im weiteren Fahrtverlauf erblickte ich noch eine Bekassine, die sich anschickte, in einem Bruch einzufallen. So hatte sich der Morgen durch die Vogelbeobachtungen auskosten lassen. Selbst der Fahrer, nicht verstehend, warum wir den ungeraden Sechser pardonniert hatten, taute sichtlich auf.

Er hatte während unseres Frühansitzes ein schweinisches Erlebnis gehabt: Auf freiem Feld war ihm eine Bache mit fünf Frischlingen bis auf 20 Meter nahe gekommen. Als sie ihn schließlich entdeckte und ungemütlich wurde, ging er aus seiner Hocke hoch und flüchtete in das Auto.

Unsere Rückfahrt in dem russischen, sprich hart gefederten Geländewagen gestaltete sich diesmal besonders ruppig. Die Federpfühle des Betts erquickten sodann die heuschnupfenmüde Seele. Vom Nachmittagsschlaf erwacht, blickte ich durch die Fenster in Richtung Passarge. Der nach einer Gesamtlänge von 171 Kilometern ins Frische Haff mündende Fluß ließ sich nicht anmerken, daß er einst das wirtschaftlich meistgenutzte natürliche Fließgewässer Ostpreußens dargestellt hatte. Jenseits des malerisch mäandernden Flusses wurde am Hang Heu gewonnen. Neben etlichen Störchen fand sich eine Kolkraben-Familie ein, deren flügge Junge lautstark um Futter bettelten.

Ein Gewitter zog auf. Es verewigte sich auf meiner Terasse, wo ich Kleidung und Stiefel lüftete, jedoch nur mit wenigen Regentropfen. Mäßiger Regen, der den Gutsverwalter ärgerte, der Jagd hingegen kaum zusätzliche Impulse verleihen mochte, schloß sich an.

Abends fuhren wir in südöstliche Richtung. In der Nähe des Zaun-Sees standen zwei Kraniche regungslos. Abrupt hielt der Wagen; der Jagdführer sprang heraus, bückte sich auf dem Weg, und schon kam er mit seltenem Fund zurück. Er präsentierte zwei Kranich-Schwungfedern, die er mir nun freudig überreichte. Besten Dank! Beim Ansitz auf einer hohen, stabilen Kanzel entfaltete sich vor uns eine weit gestaffelte, von Laubwald umgebene Wiesenlandschaft. In ihr schlich sich Bodennebel ein, um zu einem weißen Teppich auszuufern.

Schon malte ich mir aus, wie aus dem Nebelmeer zur Rechten ein kapitaler Bock zögerlich auftauchen würde, was Jan mir angekündigt hatte. Da erschienen aus eben der Richtung graue Schatten perlenkettenförmig aneinander gereiht auf der Bühne. Sehr zügig überquerten die Schwarzkittel parallel zu uns die offene Wiese, um mit leichtem Rechtsschlenker in einer dahintergelegenen Schilffläche einzuwechseln.

War da nicht? Ja, als letztes Stück hielt der uns schon bekannte dreiläufige Überläufer wieder zügig mit. Kurze Diskussion mit dem Jagdführer, den Stutzen angeschlagen und die Vergrößerung heruntergeschraubt, entsichert, mitgezogen, Ziel erfaßt und … auf rund 60 Meter bravourös vorbeigeschossen.

Nach dem Spektakel brauchten wir auf den heimlichen Bock wirklich nicht mehr zu hoffen. Gar nicht lange, da ertönte der Motor unseres Geländewagens. Wir baumten ab und führten geduldig eine Kontrollsuche unter Lampenlicht im großräumigen Schußbereich ergebnislos durch.

Am Donnerstag, den 13. Juni, saßen wir morgens in derselben Gegend auf einer anderen, sehr stabilen Kanzel an. Wiederum zeigte sich kein Bock. Eine Ricke erschien, begleitet von zwei Kitzen. In lebensfrohen Sprüngen verfolgten sie einander. Leider war ihr Spiel nur spärlich auszumachen: Das hohe Gras konnte einem selbst bei solch waffenlosem Idyll die Sache verderben.

Kranichrufe erfüllten die Luft. Sechs der großen Vögel kämpften sich gegen den von Windböen beunruhigten Himmel. Auch uns kühlte die frische Morgenbrise unangenehm aus. Im Schatten unseres Sitzes erreichten uns wärmende Strahlen der Frühsonne nicht.

Bewegung war angesagt. Es folgte jedoch keine ausgedehnte Fußpirsch nach meinem Geschmack. Nein, meine polnischen Begleiter erwiesen sich einmal mehr als ausgeprägte „Ruscheldupse". (Dieser herrliche ostpreußische Ausdruck findet zumeist Anwendung bei Kindern und Hunden, also hyperaktiven Kreaturen, schlichter ausgedrückt: unruhigen Hintern.) Natürlich bildete den Hauptzweck der KFZ-Pirsch das Herausschinden von Kilometern für das Jagdprotokoll. Da sich mir auf diesen Fahrten abgeschiedene Landschaftsszenerien boten, duldete ich das Unterfangen gern.

Die Fahrt verlief ohne jedweden Wildanblick. Es blieb unangenehm windig, und im Tagesverlauf zogen Wolken auf. Mein Antiallergikum hielt mich weiterhin unangenehm träge, so daß ich an Tagesausflügen noch immer keine Lust verspürte. Nur kleine Spaziergänge am Passargeufer boten Abwechslung. Als angenehmer Luxus neben dem schön ausgestatteten Zimmer und dem dazu gehörigen Bad westlichen Niveaus entpuppte sich nun die funktionierende Zentralheizung.

Nördlich von Hohenfeld saßen wir am Abend auf einer neu errichteten Kanzel an. Vor uns eine Wiese, rechts und links Wald. Zur Linken bahnte sich im Wiesengrund zudem die Passarge schlängelnd ihr Bett. Das Angeln sei dort verboten, erklärte Jan: Biberschutzgebiet. Nur eine Ricke zeigte sich. Bald schon zwang uns elendes Regenwetter zum Abbaumen.

Unablässiger, heftiger Regen begrüßte uns auch zum letzten Jagdzug am folgenden Morgen. Wir plazierten uns auf die Kanzel vom Vorabend. In der Ferne äste kurz ein jüngerer Bock. Mit zunehmendem Licht ließ der Regen etwas nach.

Von rechts her trat nach geraumer Zeit auf Schußentfernung ein zweijähriger Abschußbock aus. Mit klammen Fingern löste sich der Regenschutzdeckel nur widerwillig vom Zielfernrohr. Schon war der zügig Ziehende fast außerhalb meines Schußwinkels. Ein rasch hingeworfener Schuß bannte ihn nicht auf dem Fleck. Der Bock konnte

Blickt auf ein erfülltes Jägerleben zurück: Der polnische Forstmeister Ludwik Sliwka in Johannisburg

sich, einen Bogen ziehend, in das uneinsehbar hohe Ufergras einschieben. Das schwere TUG-Projektil mochte aber ganze Arbeit geleistet haben.

Nach einiger Zeit des Ausharrens baumten wir ab. Der Jagdführer fand den Beschossenen und zog ihn herbei. Reichlich zwei Hand breit klaffte Gescheide aus dem Ausschuß. Aber was war das, atmete er etwa noch? Tatsächlich war der Bock noch am Leben. Unverständlich, warum ihn der Führer nicht sofort von seinen Leiden erlöst hatte. Nun griff ich zur blanken Waffe und erledigte den Rest. So weit brauchte es doch wirklich nicht gekommen sein. An dem Erlebnis mochte ich mich nicht mehr freuen.

Da es noch früh am Morgen war, fuhren wir nordwärts in Richtung Elditten weiter. Kaum hatten wir im weiteren Fahrtverlauf hügelab ein Kieferngehölz durchquert, hielt der Fahrer den Wagen noch an der Kante. Er hatte einen Bock entdeckt. Halblinks in einem Gegenhang äste ein Sechser. Durch einen uns entgegenradelnden Landarbeiter ließ er sich nicht stören. Raus aus dem Wagen: Allein pirschte ich, das lückenhafte Weggebüsch als Deckung nutzend, in gebückter Haltung vorwärts. Immer wieder mit dem Fernglas beobachtend, näherte ich mich bis auf 150 Meter dem Hang. Langsam äste der Bock hangabwärts, gelegentlich zum Weg sichernd. Hatte der Wind mir die ganze Zeit ins Gesicht geweht, begann er nun zu küseln.

Ich mußte schleunigst handeln. Kaum wollte sich der Pirschstock in den harten Boden rammen lassen, fand keinen Halt. Drei Schüsse wurde ich, wie stets an der Wange repetierend, in schneller Folge los, als der Bock die hohe, steile Schräge gamsähnlich hinunterpreschte. Am Hangfuß angelangt, teils von hohem Gras gedeckt, präsentierte er sich nochmals breit. Ein guter Blattschuß war die Quittung. Nachdem ich den Gestreckten durch´s hohe Gras mühsam zum Wegesrand gezogen hatte, war ich mit den Begleitern einig. Vor uns lag ein mäßiger dreijähriger Sechser.

Auch wenn sich die Jäger nichts anmerken ließen, feixten sie innerlich gewiß ob meiner Kanonade. Mir war das gleichgültig. In gei-

Aus dem Raum Gehlenburg: Die 222 I.P. starkeTrophäe von Ludwig Sliwkas Lebenshirsch zeigt die nicht nur in Masuren seltenen Fächerkronen

Von einem polnischen Jäger im Raum Bartenstein erlegt: 13 Kilogramm Geweihgewicht und 241,24 Internationale Punkte sprechen für sich

stiger „Karpatenmanier" beschieße ich eine erstrebte Beute immer solange, bis sie meinem Blickfeld entschwunden ist oder ein Verdacht auf Krellschuß besteht. Nochmals: Brauchbare Nachsuchenhunde sind im Osten leider selten. Wie sehr unverzagtes Weiterfeuern das Jagdgeschick zu beeinflussen vermag, sollte sich mir jedoch erst zwei Jahre später wirklich erschließen.

Auf dem restlichen Weg zum Gut zeigten mir die Begleiter stolzerfüllt einen neuen Hochsitz in der Feldflur. Auch wenn dessen Dachmieter nicht zugegen waren, herrschte an deren Identität doch kein Zweifel. Ein Storchennest, wohl schon einen halben Meter aufgetürmt, befand sich auf dem Dach der geschlossenen Kanzel. Die blieb natürlich von jagdlichen Verwendungen bis auf weiteres ausgespart.

Gutsverwalter Marian staunte nicht schlecht, als das „Reh tot" erklang und auf dem Rasen nahe des Herrenhauses gleich zwei Böcke zur Strecke lagen. Bei einem Bier auf der Terasse klang das gemeinsame Erleben aus, dann verabschiedeten sich die Jagdführer von mir.

Hatte ich schon keinen starken Bock gesichtet oder gestreckt, würde sich das hohe Gras bei der nun anstehenden Tagesexkursion nicht negativ bemerkbar machen. Vor Tagen bereits hatte mich Marian bei Forstmeister Ludwik Sliwka, Johannisburg, angekündigt. Dessen Trophäensammlung braucht in Mittel- und Osteuropa keine Vergleiche zu scheuen. Also nichts wie hin. Marians Chauffeur ließ trotz der Landstraßen die Kilometer nur so schmelzen und fuhr mich mit sicherer Steuerhand nach Johannisburg, wo wir vor einem schlichten zweistöckigen Büroneubau am Ortsrand hielten. Das Forstamtsgebäude war erreicht. Auf meine Idee, vor unserer Aufwartung irgendwo noch schnell zu Mittag zu essen, entgegnete er, wir würden doch in wenigen Stunden wieder auf Gartenpungel sein, wo man uns umfassend versorgte.

Freundlich empfing mich Forstmeister Sliwka in seinen Amtsräumen, dann fuhren wir im KFZ-Konvoi zu seinem Privathaus, einem stattlichen Nachkriegsbau in Johannisburg. Schon im Hausflur bewies eine Wisentdecke, wo es lang ging. Dann stockte mir der Atem, obwohl ich durch Fotos „vorgewarnt" war. Denn die Strecke des Mannes, der seit Jahrzehnten über 36.600 Hektar Forsten in der Johannisburger Heide herrschte, konnte nicht eben klein sein. Sein Jagdrevier erstreckte sich auf den westlichen Teil des Kreises Johannisburg bis über den Puppener Forst in den Kreis Ortelsburg hinein.

Er öffnete die Tür zu seinem Jagdzimmer, und schon erblickte ich an der Frontwand rund 40 Geweihe hochjagdbarer bis kapitaler Hirsche. Platzsparend vom Fußboden an neben- und übereinander eng an eng gehängt, ergaben die Trophäen einen Wald voller Enden, wie man ihn höchstens in einer Geweihsammlung a la Schloß Erbach (Odenwald) erwartete. Formedle, teils mit Becherkronen an den Rominter Schlag erinnernde Geweihe, keines unter 14 Enden, stachen hervor. Sie hatte der jagdverfallene Forstmann in den vorangegangenen Jahrzehnten erlegt. Der Verdacht liegt nahe, daß ein Teil des Rominter Wildes durch die heftigen Kampfhandlungen bei Kriegsende in andere Teile Ostpreußens versprengt wurde und seine typischen Eigenschaften teils dominant vererben konnte.

Die nähere Vergangenheit wirkte bescheidener. Der allmähliche Qualitätsrückgang des masurischen Rotwildes stand plastisch vor

Augen. Leider konnte ich den Gastgeber nicht zu seiner Einschätzung der Lage befragen, denn seine Frau, eine heimatverbliebene Ostpreußin, weilte gerade auf Verwandtschaftsbesuch in Westdeutschland. Zwar spricht auch er einige Sätze deutsch, doch nutzte er sein Vokabular zielgerichtet, mir einen flüssigen Willkommensgruß zu verabreichen. – Ein Blick ins Gästebuch bewies, daß bekannte Jäger aus der großen Politik bei ihm verweilt hatten, mochten sie nun Strauß oder Tito heißen oder zum Kreis sowjetischer Machthaber oder Vasallenfürsten gehören. Schwupps, schon war das Schnapsglas wieder voll. Dutzende starke Keilergewaffe und etliche Rehgehörne präsentierten einen weiteren Aspekt ostpreußischer Natur. Die wirklich starken Böcke jedoch stammten nicht aus Ostpreußen, sondern aus Kielce, wie Sliwka erwartungsgemäß betonte.

Schwindelig mußte es mir fast beim Anblick seiner Lebenstrophäe werden, auch ohne Einfluß des Dutzends verschiedener Schnäpse und Liköre, die mir im Laufe der Führung verabreicht wurden – Erbarmung! Über einem Kaminsims prangte das 222 Internationale Punkte starke Hirschgeweih und die Abwurfpaßstangen zweier vorangegangener Jahre. Nein, mit der bald anstehenden, eigentlich schon überfälligen Pensionierung sei seine Jagdpassion noch lange nicht abgeklungen. Wie zum Beweis kramte er schnell ein neues Zeiss-Zielfernrohr aus dem Gewehrschrank hervor. Das würde er sich demnächst auf seine Büchse montieren lassen – und dann ginge es weiter.

Etliche präparierte jagdbare und andere, tot aufgefundene Vögel bis hin zum Kranich rundeten den Raum thematisch zu einem Hort masurischer Naturschätze ab. Bis ich einen lobenden Satz im Gästebuch zustande gebracht hatte, wurde mein Sinn nochmals durch flüssigen Geist gestärkt. Nach soviel dankenswerter, umsichtiger Gastfreundschaft ging´s sehr beflügelt auf den Weg zum allzu verspäteten Mittagessen. Die Sache war es Wert gewesen.

Als dann auch meine Koffer gepackt und das Jagdprotokoll mit den abends eingetroffenen polnischen Jagdbürovertretern reibungslos abgeschlossen war, freute ich mich auf den Rückweg. Eines hatte ich gelernt: Zu so fortgeschrittener Zeit würde ich nicht wieder zur Bockjagd nach Ostpreußen ausrücken; ein zu teures, weil uneffektives Unterfangen.

Pünktlich brachte mich der Flieger am Sonnabend, den 15. Juni wieder westwärts. Träumend beschritt ich während dessen ostpreussisches Herbstlaub … ohne Heuschnupfenmittel.

ELFTES KAPITEL

Schuß in den Ofen

Selbstlose Aufforderungen sind selten genug, gerade in jagdlicher Hinsicht. Eine solche sprach mir 1996 Forstmeister i. R. Helmut Mattke aus. Ob ich nicht Lust hätte, ihn im Herbst in den Elchwald zu begleiten? Die Antwort mag sich jeder denken. Es konnte unterwegs nur interessant werden; schließlich hatte er einst als Eleve im dortigen Revier Wildhügel gewirkt.

So zog es ihn in den Süden des Elchwalds, während mir eher der Sinn nach den nördlichen Elchrevieren stand, in denen schon die Hohenzollern einst die Büchse geführt hatten. Diese Bruchwälder hatte ich bislang noch nicht hinreichend erkundet. Wir würden uns vor Ort also trennen.

Bereits im Juli hatte ich auf einer Dienstreise die Region des Grossen Moosbruchs besucht. An der Försterei Grabenwald, vormals auch unter dem klangvollen Namen Juwendt bekannt, ignorierte mein Taxifahrer einen Schlagbaum und bog nordöstlich auf den Friedrichsroder Damm in den Forst Pfeil ein. Die Försterei besaß nurmehr ein Blechdach. Schiefe Holzschuppen und mageres schwarzbuntes Vieh auf der angrenzenden Weide machten keinen gepflegten Eindruck. Am gegenüberliegenden Straßenrand ein Holzverladeplatz mit großem Kran. Vom Damm aus bestaunte ich eine Moorlandschaft, in der leider großräumig Torf für niederländische Gartenbaubetriebe gestochen wird. Moorseen und seltene Falter prägten sich ebenso in mein Gedächtnis ein wie eine große, rostige Torfeisenbahn.

Moorkolonien wie Friedrichsrode und Wilhelmsrode existieren nicht mehr. Die Kartoffeln und Zwiebeln der Siedler waren einst nicht nur in Königsberg ob ihrer vorzüglichen Qualität gefragt. In nordwestlicher Richtung, vorbei an einem Schöpfwerk, erreichten wir auf immer enger verschlungenem Pfad das Ufer der Timber. Weiden und Erlen säumten sie. Meinem Fahrer, einem passionierten Petrijünger, war der Fluß als gutes Fischgewässer bekannt. Ich hatte mich schon

Ergebnis konsequenter Elchhege: Der 1934 erlegte „Großmächtige von Gilge" nach einer Zeichnung von Prof. Gerhard Löbenberg

gewundert, wie schneidig er den überaus dicht vom Böschungsschilf umschlossenen Weg befahren hatte. Das Flußidyll war ein begrenztes; Bremsen forderten von uns schleunigst blutigen Schwellenzoll oder Rückzug.

Schon früher keimte die Erkenntnis in mir auf, daß man den Elchwald – weit mehr noch als die Rominter Heide – persönlich bereist haben muß, will man ihn in seiner landschaftlichen Vielgestaltigkeit und Sonderlichkeit *wirklich* erfassen! Bei aller ausdrücklichen Wertschätzung für Hans Kramers vorzügliche Monographie „Elchwald" sollte sich das noch weiter bestätigen. Ja, man nimmt sein Buch hernach mit noch größerer Freude und Achtung wieder zur Hand.

Lange, allzu lange hatte mich der Büroschreibtisch am Freitag, den 20. September, festgehalten. Im Schweinsgalopp nach Haus, das Zauberzeug gepackt, zum Bahnhof gehechtet, den Zug nach Rostock gerade noch erwischt. Dort hatte sich inzwischen Helmut eingefunden, der mich in sein trautes Heim nach Heiligendamm einlud.

Am Folgetag ging´s bereits um 04.00 Uhr im Opel ostwärts. An der Oder-Neiße-Linie bei Pomellen brauchten wir nur 45 Minuten zu warten; für uns ein stiller Rekord. Der polnische Zöllner wollte nicht einmal die Waffen in Augenschein nehmen, stempelte vielmehr die Transitgenehmigung „einfach so" ab.

Wie schon so oft ging die Fahrt über Schneidemühl und Bromberg. Dort hielten wir uns nordwärts entlang der Weichsel, um den Strom bei Graudenz zu überbrücken. Auf halber Strecke zwischen Bromberg und Graudenz lohnt eine Rast: Ein Parkplatz zur rechten Hand bietet einen wundervollen Panoramablick auf das Stromtal. Auf dem fern gelegenen östlichen Uferhang thront Kulm, dessen Stadtrecht im Mittelalter von etlichen Gemeinwesen in Ostmitteleuropa übernommen wurde.

Endlich befanden wir uns wieder im Preußenland. Der leider ins Vergessen geratende Ausdruck steht für die Schwesterprovinzen West- und Ostpreußen, die trotz unterschiedlicher geschichtlicher Entwicklungen stets als kulturelle Einheit betrachtet werden sollten.

Im Gegensatz zu der Route Bromberg – Thorn – Allenstein erspart die Strecke über Graudenz rund 20 Kilometer und verfügt über ausgebautere Straßen. Wer jedoch wochentags reist, muß starken LKW-Verkehr erdulden. An jenem Sonnabend erreichten wir unseren Zwischenhalt, die Pension in Diwitten nördlich Allenstein, schon um 16.00 Uhr.

Je zwei weitere Waidgesellen wollten ihr Jagdglück im südlichen Elchwald und in der nördlichen Rominter Heide zu erringen suchen. Die Elchwald-Klienten verfügten über einschlägige Erfahrungen. Wolfgang Pütsch, ein niedersächsischer Rotwildjäger, hatte bereits 1992 einen hochkapitalen Recken als Zufallsbeute im Baumwald gestreckt. Mehr als 14 Kilogramm hatte seine Trophäe einen Tag nach dem Abkochen gewogen, doch nahmen die russischen Verantwortungsträger eine kulante Haltung ein. Nun würde Pütsch auf Keiler ansitzen und die Hirschbrunft beobachtend genießen.

Reinhard Leichert, ein holsteinischer Jagdaufseher, hatte 1995 vergeblich im Bereich der Bruchwaldreviere auf den Elch gepirscht.

Am Sonntag, den 22. September, stand unsere kleine Fahrzeugkolonne bereits um 07.00 Uhr am Übergang Preußisch Eylau. Lässig verzichteten die polnischen Grenzorgane auf eine Waffenschau. Bei den Russen gestalteten sich die Einreiseformalitäten einmal mehr zäh und langwierig. Bogdan Pawlowski vermittelte in gewohnter Seelenruhe. Endlich tauchte Berufsjäger Alexeij mit noch fehlenden Waffeneinfuhrdokumenten aus Königsberg auf. Letztlich durchfuhren wir einen Vorposten, der Helmuts Wagennummer kontrollierte und einen zusätzlichen Stempel in seinen Paß einbrachte, dann war der dreistündige Vorgang abgeschlossen.

Über Königsberg fuhren wir nach Labiau, um dort eine Übersetzerin mitzunehmen. Sie sollte den Klienten in der alten Revierförsterei Reußwalde, dem Jagdquartier, verbal zur Verfügung stehen.

Dort hatten schon sowjetische Politgrößen residiert. Von Luxus konnte jedoch keine Rede sein. Ein offener Kamin im Speisezimmer, Holzvertäfelungen und einige Kronenhirsch-Trophäen an den Wänden verkörperten spartanische optische Reize. Da bot ein separates Backsteingebäude mehr Anklänge an alte Zeiten: Die geräumige Wildkammer, durchgehend gefliest und mit einer nicht mehr funktionierenden Elektrowinde.

Bald konnte ich mich den Kameraden mit „Waidmannsheil" empfehlen, denn inzwischen war mein Jagdführer, der Kreisjägermeister aus Heinrichswalde, eingetroffen, um mich abzuholen. Alexander Chljapow, ein betont gut aussehender Vierziger, bestach von Anfang an durch sein zuvorkommendes Wesen. Nach zügiger Autofahrt speisten wir in seinem privaten Heim in Heinrichswalde. Mit Frau und Tochter bewohnte er eine Mehrzimmerwohnung in einem langgezogenen, dreistöckigen Plattenbau. Der Balkon wurde intensiv als Wintergarten genutzt. Elch- und Rehtrophäen an den Wänden der sauberen Wohnung waren mittelmäßig.

Am Parkplatz vor dem Haus begrüßte uns sein Mitarbeiter Nikolaij, ein ruhiger, sportlicher Rotbart. Der versah seinen Dienst auf der früheren Revierförsterei Siberien am Westrand des Tawellningker Forstes. Beim Umpacken der jagdlichen Utensilien auf das andere Fahrzeug konnte ich mir ein Schmunzeln nur äußerst schwer verkneifen. Als die beiden dort so standen, glichen sie dem amerikanischen Schlagersänger Engelbert Humperdinck und dem Actionschauspieler Chuck Norris tatsächlich zum Verwechseln ähnlich: Bist Du, lieber Leser, schon mal mit Hollywood-Stars auf Jagd gegangen?

Auf nach Norden: Der Weg ins Elchrevier bedingt einen Umweg, denn zuvor muß die Gilge, der südliche Mündungsarm der Memel, überquert werden. Bei der Gilge-Brücke nahe des Dorfes Sköpen befindet sich ein Straßenposten der russischen Grenztruppe. Auch wir wurden kontrolliert, benötigten einen Sonderpassierschein. Ohne diesen gelangt man unterdessen schwerlich in die Deltaregion der Memel. Im Rahmen von Exkursionsplanungen, z.B. nach Pait, sollte man dies nicht vergessen.

Heute passable Hotelanlage: Das frühere Forstamtsgebäude Neu Sternberg nahe Groß Baum im Kreis Labiau

Wer als russischer Bewohner der Gegend mal seinen Paß vergißt und nach Heinrichswalde oder Tilsit zum Einkaufen fährt, kann bei einer Kontrolle auf dem Heimweg sein blaues Wunder erleben. So richten sich die besonders gegen litauische Schmuggler gedachten restriktiven Maßnahmen als Bumerang gegen ihre eigene Bevölkerung. So etwas hat russische Offizielle jedoch noch während keiner Regierungsform gestört ...

Die Landschaft der Elchniederung wirkt für Außenstehende auf weiten Strecken besonders trostlos, man verliebt sich erst auf den zweiten Blick in sie. Monoton flache, agrarisch besonders spärlich genutzte Weiten erfreuen nur durch die noch zahlreich vorhandenen Reihen der Chausseebäume. Sie prägen ihr noch den Stempel menschlichen Gestaltungswillens auf. Erfreulich oft begegnen einem Rebhuhnketten, die im Sand der Fahrbahn hudern. Heftigste Kämpfe gegen Ende des Zweiten Weltkriegs, aber auch sowjetische Agrarreformen der Folgezeit haben gerade die Elchniederung besonders vieler Dörfer und Abbauten beraubt, wie man es sonst nur aus den östlichen Grenzkreisen der Provinz gewohnt ist.

Wie sehr das Wasser eine prägende Kraft in der Region darstellt, zeigte sich uns beim Erreichen des Jagdquartiers: An der östlichen, geschützten Seite eines Hochwasserdamms liegt die frühere Revierförsterei Siberien. Unweit fließt die stark verschilfte Kleine Prudimm gemächlich haffwärts.

Auf ihr tummelte sich eine fröhliche Hausentenschar, im Aktionsradius nur eingeengt durch gestutzte Flügel und ein altes Fischernetz flußaufwärts. Das fand Halt am Holzsteg, der zum jenseitigen Kartoffelacker der Jägerfamilie führt ... und zum Holzhäuschen, das man normalerweise mit einem Herzen versieht.

Ein geräumiges Zimmer im ausgebauten ersten Stock des Hauses, den auch die Jägerfamilie bewohnte, bot ein gut gepolstertes Bett, einen Kleiderschrank und die gekachelte Front eines Holzofens, der vom Speisezimmer aus beheizt wurde. Waschgelegenheit fand sich ein Stockwerk tiefer bei der Anverwandtschaft.

Großfamilie und betonte Lebensmittel-Selbstversorgung – ein Bild, das auch älteren Ostpreußen, bei allen historischen Klüften, nicht fremd sein dürfte.

Sogar eine Übersetzerin, die künftig allabendlich erschien, hatte man für mich aufgeboten: Deutschlehrerin Natascha wohnte im nahegelegenen Herdenau. Mit ihr und der vorzüglich kochenden Gastgeberin ergaben sich aufschlußreiche Gespräche über das Alltagsleben im Königsberger Gebiet, während sich meine „Hollywood-Stars" eher auf das Jagdtaktische beschränkten.

Natascha hatte bereits die Bundesrepublik bereist und wies für eine Dorflehrerin erstaunliche Sprachkenntnisse auf. Erwähnenswert, da es mit dem Ausbildungsniveau russischer Fremdsprachenlehrer häufig nicht zum besten bestellt ist. Schon ein deutscher Abiturient hält zumeist locker mit. Ja, ein großes Kompliment hätte kurz nach der Gebietsöffnung 1991 in Kuckerneese ihr Englisch-Kollege geerntet: Er sei von einem deutschen Reisenden gelobt worden, ein vorzügliches Oxford-Englisch zu sprechen. Schmunzelnd konnte ich nun die Aussage bestätigen: Der Reisende war nämlich ich – au weia – so klein ist diese Welt.

Genug der Genreschilderung, also auf zur ersten Abendpirsch: Mit dem Geländewagen ging es auf dem erhöhten Fahrweg entlang des Großen Grabens westwärts vorbei an Pait. Nordwärts abbiegend, verbargen wir den Wagen im Verlauf eines unbefestigten Weges in Richtung Loye. Nichts, aber auch gar nichts mehr erinnert an das frühere Fischerdorf auf der verschilften Freifläche zur Rechten und Linken des gleichnamigen Flusses. Der strömte in großzügigen Windungen vor uns durch's Gelände. Ein platschender Aufschlag verriet die Anwesenheit von Bibern. Vereinzelt hoben jeweils in einiger Entfernung Enten pfeilschnell vom Wasser ab. Kein Wunder bei der scharfen Bejagung, die ihnen dort zuteil wird.

Über einen Notstieg hinweg drangen wir in den angrenzenden Erlen-Bruchwald ein. Zu deutscher Zeit wurden diese Flächen laut HANS KRAMER als „Niederwald, also im Stockausschlagbetriebe, in 60jährigem Umtriebe bewirtschaftet". Von den großen Fahrdämmen und vereinzelten Schneisen in den Jagen einmal abgesehen, fand der Verkehr einst meist auf den Entwässerungsgräben statt: Sei es, daß man zur Herbstzeit im flachen Kahn lautlos zur Elchpirsch stakte, sei es, daß man im Winter per Schlitten auf den zugefrorenen Gräben eingeschlagenes Holz abtransportierte. Und nun?

Verschilft und vermoddert präsentierte sich der Graben zu unserer Rechten, als wir durch Stangenholz einer Lichtung zustrebten. Ein Bild, das sich noch oft wiederholen sollte. Ordnungsgemäß geräumte Gräben sucht man vergeblich, ein Benutzen von Kähnen bliebe auf weiten Strecken undurchführbar. Der Wasserspiegel erreichte bis auf wenige Zentimeter die Höhe des Waldbodens. Am Grabenrand entlang stapfend und über Wurzeln hangelnd, mußte man sich hüten, nicht ins Wasser zu fallen. Wechsel und Trittsiegel von Elch- und Schwarzwild stimmten zuversichtlich. Endlich näherten wir uns der Lichtung.

Für niederländische Gartenbaufirmen gestochen: Werden die Russen durch ungehinderten Torfabbau das ganze Große Moosbruch vernichten?

Mannshohes Gras und Schilf umfing uns sofort. Nochmals waren wir körperlich gefordert, da die Gräser in hohen Bülten standen und man beim Gehen leicht stolpern konnte. Die „niggerheads" aus der alaskanischen Jagdliteratur lassen grüßen.

Ein acht Meter hoher, aus Rundhölzern gefertigter und durch Militärtarnnetze vervollständigter Hochsitz bot reichlich Steh- und Sitzfläche. Gegen ein mögliches Umfallen war er zusätzlich durch straff gespannte Drahtseile gesichert.

Mehrfach vernahmen wir aus verschiedenen Richtungen ziehendes Schalenwild: Elche, wie Alexander gestikulierte. Heftiges Brechen und lautes Quieken aus anderer Richtung verwies auf Schwarzkittel, die sich in dem Gelände gewiß urig wohl fühlen mußten. Und immer wieder über uns hinwegstreichende Enten. Bei stark fortschreitender Dämmerung nutzte Alexander ein monokulares Nachtsichtgerät, doch ohne Erfolg. Trotz guten Windes blieb die Bühne leer. Ich nahm das nicht tragisch, war es doch der erste Abend.

Der Rückweg im Dunkeln gestaltete sich unangenehm. Zwar hatte Alexander den obligaten Handscheinwerfer dabei, doch war es gut, daß auch ich über eine eigene Stablampe verfügte. Beim Gang durch Loye erstrahlte ein sternklarer Nachthimmel.

Das Frühpirsch-Szenario wartete mit Frostwetter auf. Auf klappriger Brücke überquerten wir den Inse-Fluß, um dann zu Fuß auf dem Hochwasserdamm südwärts in Richtung Tawe zu pirschen. Ein weit angenehmerer Weg als am Vorabend. Zur Linken Erlenbaumholz, immer wieder durch verflachte Gräben unterbrochen. Verschilfte Lichtungen boten keine Einsicht. Pirschzeichen von Elch- und auch Schwarzwild im Dammbereich fehlten nicht, die Fährte eines groben Schweins forderte Respekt ab.

Teils unter „Normal Null": Weite Strecken östlich des Kurischen Haffs liegen unterhalb des oder nahe am Meeresspiegel. Ausgeklügelte Pumpwerke aus deutscher Zeit sorgen eingeschränkt noch immer für die nötige Vorflut

Die Bestände machten einen vernachlässigten Eindruck. Umgestürzte Bäume, teils stark modernd, verliehen dem Bild urwaldähnlichen Charakter. An dem großen Wiesenschlag vor Tawe, das ebenfalls nicht mehr existiert, verharrten wir bis zum Dämmern. Auch dort kein Anblick. Nur ein Elchkopf zeigte sich kurz im Schilfgewirr am Rande unseres Rückwegs. Da hatte Nikolaij auf seinem Kontrollgang an anderem Ort mehr Glück. Er konnte

Am Kurischen Haff gelegen: Auch heute ist Inse Fischerdorf

zumindest drei fortbrechende Elche vermelden. Die Schilderung klang glaubwürdig.

Abends fuhren wir auf dem Großen Haffdeich, der die Forstämter Ibenhorst und Tawellenbruch (vormals Tawellningken) östlich begrenzt, in nordwestlicher Richtung. Die Erlenbestände reichen nicht bis an den Damm. Ungepflegte, verschilfte Wiesen legen sich in einer Breite von etwa 500 Metern als langer Schal dazwischen. Sie werden auf weiter Strecke von der mäandernden Loye durchflossen.

Östlich des Damms bietet sich ein ganz anderes Bild. Gemähte Wiesen, soweit das Auge reicht, ließen auf geregelte Heugewinnung schließen.

Wir schlugen uns in Richtung Hochwald durch das übermannshohe Schilf. Grasbülten als Stolperfallen und vereinzelte Nester von Erlenanflug machten die Strecke nicht gerade angenehmer. Erst am Uferrand der schon stattlich breiten Loye, auf einem kleinen, buschumsäumten Huckel verhielten wir zum Anstand. Bei gutem Wind blickten wir immer wieder erwartungsvoll in Richtung „Wiese".

Schon flogen Enten in schneller Fahrt über uns hinweg. Etwa 50 mochte ich am Ende des Abends gezählt haben. Der stärkste Schoof betrug 17 Exemplare. Wellenkeile auf dem Wasser: Biber boten uns lustige Kurzweil. Emsig ronnen sie durch die Loye, teils mit belaubten Ästen im Schlepp. Zuweilen ein lautes Abtauchen.

Zwischendurch strich ein massig wirkender Vogel lautlos am Waldrand entlang, schwang sich in einiger Ferne in die Wipfelregion auf. Als er auf einem abgestorbenen Ast fußte, gab er sich scherenschnittartig vor dem chromgelben Abendhimmel zu erkennen. Ein Uhu, dessen markante Federohren im Fernglas nicht zu übersehen waren. Nach geraumer Zeit strich er ab.

Auf der Wiese war es unterdessen ruhig geblieben. Inzwischen begann ein Biber, kaum fünf Meter entfernt und nur durch einen Drainagegraben von uns getrennt, laut herumzunagen. Später noch steuerte ein zweiter Biber direkt unser Ufer an und bewegte sich ebenfalls vertraut in der Vegetation. Bei hereingebrochener Dunkelheit bahnten wir uns wieder mühsam den Weg zum Haffdamm. Auch ohne Elchanblick hatte sich der Abend durch das Beobachten der seltenen Tiere mehr als gelohnt.

Apropos selten – Alexander berichtete beim Abendessen von den recht zahlreich im Bruchwald nistenden Schwarzstörchen. Sie würden jährlich von den Ornithologen der Universität Kaliningrad beobachtet. Meine Frage zielte nun auf das Vorkommen von Birkwild. Das erstaunte ihn etwas, da es nicht im Beute-Interesse der russischen Jäger im Königsberger Gebiet liegt. Dennoch konnte er präzise Angaben machen. Er zählte folgende Balzplätze in der Elchniederung mit je drei bis zwölf Hähnen auf: östlich Trammen, westlich Kleinhohenberge, südlich Raging, südlich Welmdeich, südlich Mägdeberg, südlich Polenzenberg, östlich und südlich von Argemünde. Haselhühner hatte er übrigens im Bereich Schnecken als Standwild bestätigt.

Am Dienstag, den 24. September, war es morgens wieder bitter kalt. Wir fuhren in die gleiche Richtung wie am Vorabend, ließen das Auto ein ganzes Stück früher stehen und pirschten auf dem Großen Haffdamm vorwärts. Durch das rauhreifige Gras hätten wir uns zu lautstark bewegt. Immer wieder verharrten wir, ließen unsere Ohren sondieren oder schauten unromantisch durch das Nachtsichtgerät, wenn auch ohne Erfolg.

Bei aufkommender Dämmerung verharrte ich am großen, nordöstlich weisenden Dammknick. Mochte vielleicht noch Schwarzwild von den Wiesen über den Damm ins Schilf einwechseln. Wieder mal kam ich ungewollt ins Grübeln: Das auf dem deutschen Meßtischblatt eingezeichnete, stattliche Gehöft ist längst dem Erdboden gleich.

Alexander drang indessen in den Randbereich der verschilften Wiesen am südlichen Ibenhorster Forst vor. Zwei Elche wollte er am entfernten Waldrand entdeckt haben.

Auf meinem Abschnitt raschelte es auf einmal stark im Nutzwiesenbereich. Ein Fuchs entfernte sich fast gallopierend durch einen hohen Grasabschnitt. In Büchsenschußweite sicherte er nochmals auf gemähter Fläche. Leicht hätte ich ihn erlegen können.

Aufkeimendes, pastellzartes Morgenrot, in Violett und Blau nuanciert übergehend: Ein Anblick, wie er mir aus einer kleinen Ölstudie des Malers Richard Friese geläufig ist. Zugegeben, ich hatte das Bild in der Farbabstufung des Himmels als zu intensiv (bös gesprochen: kitschig) eingestuft. Nun mußte ich mich eines besseren belehren lassen. Nur wer die herbstlichen Morgen- und Abendstimmungen des Elchwaldes und der Rominter Heide selbst erlebt hat, wird – dann aber umso nachhaltiger – auch diesen Darstellungsaspekt in Frieses Werk voll zu würdigen wissen.

Kraniche, endlich einmal wieder Kraniche, vervollständigten aus der Ferne durch ihr Trompeten den Sonnenaufgang. Nikolaij näherte sich alsbald, nahm Alexander und mich in sein Fahrzeug auf und fuhr uns dann auf holprigem Seitendamm durch den Ibenhorster Forst zu einem hochwaldgesäumten Teich. Rote Ziegelsplitter und ein stattliches Loch verrieten den Standort der einstigen Revierförsterei Wittken. Dort fußen auch Eichen und Linden. Immerhin liegt das Gelände um die Försterei mit 2,20 Metern über Normal Null deutlich höher als der umgebende Bruchwald mit 0,40 bis 0,80 Metern üNN. Frühjahrshochwasser sind da nichts Ungewöhnliches. Alexander verwies auf ein stattliches „Biberhaus" am gegenüberliegenden Ufer des Teichs, kaum zu übersehen.

Altersschwache, stattliche Eichen grüßten auch im weiteren Fahrtverlauf vom bis zu 3,30 Meter üNN aufsteigenden Langen Berg. Am Wegesrand hier und da auch einige krumme Kiefern. Die Erlenbestände sind etwas mit Birken durchsetzt. Der Wald dort nördlich der Loye wirkt durchaus freundlich. Eine märchenhaft verwunschene Gegend, die sich kein einziger der so raren Besucher entgehen lassen sollte.

Nach dem Frühstück in Siberien folgte eine weitere Exkursion; das gute Fotowetter wollte schließlich genutzt sein. Über Herdenau, Stucken und Dünen näherten wir uns dem Forstamt Ibenhorst. Vor der Försterei Dünen bogen wir auf eine stichgerade westwärts weisende Birkenchaussee ein, um dann jedoch wegen besserer Straßenverhältnisse auf einen südlich parallel laufenden Dammweg auszuweichen. Traurig ragte ein ziegelsteinernes, doch in seiner Wassertechnik brutal ausgeschlachtetes Schöpfwerk am Ibenstrom dammaufwärts empor, gleichsam Sinnbild des geschundenen Landes.

Noch ein Stück nordwärts, erneut den Ibenstrom auf einer behelfsmäßigen Brücke zu Fuß überquert, schon standen wir vor einem hochwassersicheren Hügel. Von stattlichen Laubbäumen halbkreisförmig umsäumt, mochte dort einst das Forstamtsgebäude gestanden haben. Ein weiß getünchtes Backsteingebäude in der Nähe stammte gewiß aus deutscher Zeit. In über 50 Meter Entfernung imponierte ein zweistöckiges, hölzernes Wohnhaus. Trotz behelfsmäßig verglaster Veranda und primitiver Bedachung ließ es einstigen Wohlstand erkennen.

Zurück zur alten Försterei Dünen. Diese blieb indes vorhanden, ebenso wie ihr backsteinerner Stall. Der war leider zum Teil seines Dachs entledigt. Das Anwesen beherbergt auch heute eine Forstdienststelle. Geschnitzte und mit roten Kennzeichen versehene Begrenzungspfosten für Bestandsabteilungen lehnten frisch produziert an der Stallmauer. Alexander geriet mit einem ihm bekannten Förster schnell in ein Gespräch.

Ich hingegen ließ meine Gedanken ins Kaiserreich zurückgleiten, als Dünen noch Ackmenischken hieß. Mehrfach war der noch junge Richard Friese in der Revierförsterei längere Zeit zu Gast, um auf Motivpirsch zu gehen. So auch im Oktober 1884, als er in Ibenhorst erstmals seinem Gönner, dem nachmaligen Kaiser Wilhelm II., „in freundlicher Unterhaltung" persönlich gegenüberstand.

Die Försterei Dünen ist von Mischwald mit hohem Nadelholzanteil umgeben. Auch sie liegt also deutlich höher als die nördlichen Jagen des Forstamtes oder das ebenfalls nahe gelegene Bredschuller Moor. Bereits im Mai 1991 hatte ich auf einer Erkundungsfahrt mit meinem Niederunger Landsmann Horst Gawehn den östlich des Moors verlaufenden Dammweg befahren. Teils war der mit kindskopfgroßen Feldsteinen gepflasterte Weg wohl erhalten. An anderen Stellen hätten große Löcher in der Fahrbahn unachtsamen Fahrern schnell Achsenbrüche eingehandelt. Absterbende Birken im Sumpfbereich prägten auf weiten Strecken das Bild. Nördlich der erhalten gebliebenen Ansiedlung Adlig Brionischken weidete Rindvieh in den ungezäunten Flußwiesen. Ein berittener Hütejunge verbreitete Wildwest-Stimmung. Am nördlichsten Landzipfel angekommen, entdeckten wir die steinernen Reste der einstigen Fähranlegestelle. Am jenseitigen Flußufer ist bereits das litauisch administrierte Kirchdorf Ruß zu sehen. Vor dem Betrachter teilt sich jedoch im imposanten Naturschauspiel der Ruß-Strom als nördlicher Mündungsarm der Memel seinerseits in fünf Flußarme auf.

Unser Versuch, mit dem Normal-PKW südlichwestlich Adlig Brionischken noch einen Abstecher in Richtung Försterei und Dorf Skirwieth zu machen, scheiterte sofort an den schlechten Wegeverhältnissen.

Bleibt nachzutragen, daß das Bredschuller Moor wie auch die nördlichen Jagen des Ibenhorster Forstes ein offizielles Reservat darstellen. Zumindest „auf dem Papier" werden dort Elche nach amtlicher Aussage nicht beschossen.

Doch zurück in den September 1996. Man soll seine Gastgeberin schließlich nie durch verspätetes Eintreffen zum Mittagessen vergrämen. Als Aperitif bot sich uns auf dem Rückweg von der Exkursion die Kunde eines Gehilfen von Alexander, den wir am Wegesrand bei Trammen ausbremsten. Er wartete mit der Meldung auf, daß er am

Pirschzeichen, doch kein Elchanblick: Pirsch und Anstand im Grenzbereich der Forstämter Ibenhorst und Tawellenbruch blieben erfolglos

Vorabend im Bereich zwischen der Loye und dem nördlich gelegenen Elchhügel Elche, darunter einen ungeraden Zwölfender, beobachtet hätte. Bei seinem Raucherhusten für mich ein Wunder.

Tagsüber eroberte eine milchige Wolkendecke den Himmel, auch nahm der Wind an Stärke zu. Zur Abendpirsch blieb es aber trocken. Wir pirschten vorsichtig an den Grabenrändern der besagten Jagen 50 und 51.

Auf einem langgezogenen Hügel, der eine Lichtung bildet, herrschte starker Verbiß an gürtelhohem Erlenanflug. Ein Meter hohe Eichen waren an ihren Blättern von weißen Pilzen befallen. Alte Eichen, einige absterbend, und hiebreife Erlen säumten die Lichtung. Ein Kiefernhorst, zu Baumholz herangewachsen, bot weitere Abwechslung. Einige seiner Stämme dienten den Schwarzkitteln als Malbaum.

Wir verharrten geraume Zeit im Schutz der Kiefern, doch kein Wild erschien. Weitere, zum Teil frische Pirschzeichen verwiesen auch auf dem Rückweg auf tatsächlich anwesendes Elch- und Schwarzwild.

Am Mittwoch, den 25. September, führte uns die Frühpirsch wieder in die Jagen 50 und 51, dem sich ein Anstand bei den Loye-Wiesen anschloß. Höckerschwäne, Kolkraben und ein Schoof von 30 En-

Erhebt sich laut Meßtischblatt „sogar" bis zu 3,10 Meter über Normal Null: Ein schmaler Landrücken im Jagen 50 des Forstamtes Ibenhorst. Da gedeihen auch einige Eichen und Kiefern

ten blieben einziger Anblick. Dies war Alexander zunehmend unangenehm. Er postierte mich vor eine weit ausladende, alte Eiche auf dem Höhenzug vom Vorabend und verdeutlichte, daß er mit seinem Gehilfen ein weiträumiges Drücken für mich veranstalten würde.

Herrliche Stille; langsam erschien die Morgensonne über den Baumwipfeln und spendete bescheidene Wärme. Nach langer Zeit ein Brechen und Knacken voraus. Es erschien der atemlos wirkende Alexander, um mich abzuholen.

Die Rückfahrt auf dem Großen Haffdeich hielt eine Überraschung bereit: Ein Schreiadler thronte auf einem nicht mehr benutzten Strommast. Überhaupt hat die Gegend Vogelfreunden etliches zu bieten. Nachmittags arrangierte man mit einem Dutzend Treibern ein größeres Drücken östlich der nicht mehr vorhandenen Revierförsterei Klein Inse. Zwei Elche brachen dabei nach hinten fort. Von meinem Stand aus erblickte ich nur einen emsigen Buntspecht, der morsche Baumrinden loshebelte und abriß. Nach dem Drücken mußten die Treiber mehrere verschlammte Gräben überspringen und umgestürzte Bäume jonglierend beschreiten. Große Gaudi, als ein besonders Wohlbeleibter einen Stamm zu durchbrechen drohte. So blieb ihm nur raumgreifender Umweg und das Grinsen seiner Gefährten. Ein zweites Treiben in Richtung Inse erzielte ebenfalls keinen Erfolg. Ein fliegender Schwarzspecht und sogar eine Wasseramsel erfreu-

Nahe der erhalten gebliebenen Försterei Dünen: Die Birkenchausse führt in Richtung des abgetragenen Forstamtsgebäudes Ibenhorst

ten da mein Herz. Alexander entpuppte sich nun als guter Seelentröster und Organisator. Denn er hatte den Fischerei-Inspektor gebeten, mich in dessen Boot von Inse aus zum Schöpfwerk nahe Siberien zu fahren.

Die Fahrt im flachen Motorboot durch die Gewässerlandschaft Ostpreußens ist immer ein besonderer Genuß, so auch diesmal: Den Inse-Fluß landeinwärts fahrend, gelangten wir zügig in den nur mäßig gewundenen, für mich erstaunlich breiten Griebe-Fluß. Von Erlenwald umsäumt, da und dort schilfige Uferpartien, aufsteigende Stockenten und Fischreiher (Möge der Begriff selbsternannten Ökologen quer ´runtergehen!) genoß ich jede Minute der Exkursion. Schon waren die stabilen Pfosten der nicht mehr vorhandenen Brücke des Kaiser-Damms passiert, da näherten wir uns dem Höhepunkt. Der Griebeescher, ein langgestreckter Waldteich mit schwimmenden Schilfinseln, lud zu einer Ehrenrunde. Bei verstummendem Motor fühlten wir uns gleichsam als einzige Menschen auf etliche Entfernung. Das restliche Streckendrittel legten wir auf dem stärker gewundenen Ragging-Fluß, teils in einer lichteren Umgebung zurück. Noch ein kleiner Spazierweg auf dem Großen Haffdeich, schon stand ich wieder vor der Försterei Siberien.

Trostpflaster: „Und hier war doch dem Alch!" – der Verbiß ist nicht zu übersehen

„Abends vergeblicher Ansitz an einem Wechsel im südlichen Ibenhorster Forst", bescheidet sich das Tagebuch trocken.

Die Frühpirsch am Donnerstag, den 26. September, führte uns wie-

Ein wichtiges Elchreservat: Das Bredschuller Moor im nördlichen Memeldelta könnte schon bald durch Erdölbohrungen gefährdet sein

der nordwärts auf dem Großen Haffdeich. Alexander hatte wieder mal sein Nachtsichgerät dabei. Bei Dunkelheit beobachteten wir einen krächzenden Kauz auf einem Weggebüsch. In der Nähe eines vorher bestätigten Wechsels stellte mich Alexander an. Noch war es dunkel. Er selbst pirschte mit Nachtsichtgerät und Handscheinwerfer vorwärts. Immer dieser wilde Aktionismus. Bald vernahm ich aus der Weide-Landschaft im Osten ein ziehendes Stück Schalenwild: Ein Stück Schwarzwild – oder gar ein Elch?

Alexander, er mochte bereits 100 Meter nordwärts stehen, betätigte plötzlich seinen Suchscheinwerfer und hatte einen braven Keiler im Lichtkegel. Grau wirkte dessen feiste Schwarte. Durch´s Fernglas konnte ich das herrliche Bild in mich hineinsaugen. Leicht auch hätte ich den Stutzen an den ins Erdreich gerammten Zielstock anstreichen und den Bassen ohne Hektik, zielsicher beschießen können. „Nein, ohne Wenn und Aber. Nein, so bitte nicht!"

Dies blieb der letzte Pirschgang im Bruchwald-Revier. Er mündete noch in einen Anstand bei einem Elchwechsel im Erlenholz. Nur rinnende Bisamratten zeigten sich. Wieder auf dem Haffdamm, zogen 35 Kraniche in großer Höhe trompetend über uns hinweg.

Trollte auf der Hinfahrt ein pummelig wirkender Enok über die Fahrbahn, gab sich nun ein Steinmarder in eiliger Flucht die Ehre. Weihen gaukelten in der Frühsonne über den gemähten Weiden. Sie zählen in ihrer Häufigkeit so sehr zum Landschaftsbild der Elchniederung, daß man leicht vergißt, sie überhaupt zu erwähnen.

Einstigen Glanz vermitteln nur uralte Eichen im Umfeld: Das frühere Forstamtsgebäude Gertlauken

Das Jagdprotokoll war in wesentlichen Zügen unter Hilfe von Natascha schon am Vorabend erstellt worden. Nach herzlichem Abschied von Nikolaijs Familie und einem letzten schmackhaften Mittagsmahl kutschierten mich meine „Hollywood-Stars" nach Reußwalde.

Im Auto zog ich Zwischenbilanz. „Alle Tage Jagdtag, doch nicht jeder Tag ein Fangtag", wie wahr. Selbstverständlich hätte ich gern einen Elchhirsch gestreckt. Doch durch ehrlich-nüchterne Vorausinformationen von Bogdan Pawlowski hatte ich das geringe Chancenmaß längst verinnerlicht – und *vorab* seelisch verdaut. Daß meine Hoffnungen zumindest im Anblick mir bislang unbekannter Waldformationen und seltener Tierarten Früchte trugen, ist mehr als nur herrliches Beiwerk künftiger Erinnerungen.

Was aber mochten Helmut Mattke und seine Gefährten zwischenzeitlich erlebt haben?

Kurz gesagt, die Stimmung in der waldumrauschten Försterei Reußwalde war alles andere als berauschend. Bis zu meinem Eintreffen waren die drei wackeren Waidgenossen achtmal zur Jagd ausgezogen: Insgesamt hatten sie die Stimmen dreier Hirsche gehört und einen – sogar – erblickt, wenn auch keinen jagdbaren. Fragen?

Dabei waren dort in den 80er Jahren vielendige, langstangige Spitzentrophäen erbeutet worden. Seit dem Ende der Sowjetdiktatur nahm die Wilderei jedoch kaum übersehbare Ausmaße an. Eigentlich erstaunlich, bilden diese südlichen, sogenannten Lehmreviere des Elchwalds doch die Hauptjagdgründe des militärischen Gebiets-Jagdvereins.

Die jüngsten Aussagen der Waidgesellen überraschten mich nicht völlig. Anläßlich meiner Juli-Dienstreise hatte ich im Hotel Neu Sternberg einen deutschen Gastjäger aus dem Raum Cuxhaven kennengelernt. Während mehrerer Jagdtage auf Rehböcke hatte er auch nicht ein einziges frisches Pirschzeichen irgendeiner Schalenwildart entdekken können …

Ich hingegen hatte damals am Rande meiner nichtjagdlichen Exkursionen bei einer Fahrt durch die Lehmreviere noch einige erhaltene deutsche Förstereien am Wegesrand erblickt, so z.B. Eichenrode, Otterngrund, Wasgien, Wildhügel.

Erstaunlich vollzählig ist der historische Gebäudebestand des Dorfs Gertlauken bei aller Heruntergekommenheit erhalten geblieben. Auch das Forstamtsgebäude existiert noch. Das kann man vom Oberforstamt Pfeil nicht behaupten. Anstelle des Gebäudes ist nurmehr ein brennesseliger Krater zu sehen. Der schöne bruchsteinerne Stall ist noch da, ein Jahr zuvor hatte ihn Helmut Mattke noch mit komplettem Dach betrachtet. Im Juli 1996 fehlte es bereits völlig …

Eigentlich wollte ich heuer von Reußwalde sofort nach Rominten weiterreisen. Leider hatte noch kein Bote aus Königsberg den erforderlichen Sonderbetretungsschein jener Grenzsperrzone für mich hinterlegt. Ärgerliche Schlamperei. Es blieb mit nichts anderes übrig, als eine Nacht in Reußwalde zu verbringen. Unverdrossen jedoch fuhr ich mit zur Abendpirsch raus. Aufschlußreichen Anblick bot die halbmilitärische Selbstladebüchse, die mein Jagdführer kunstvoll im Gestänge der Dachplane griffbereit fixiert hatte. An einer großen, gemähten Waldwiese postierten wir uns in einen Gebüschrand. Rotwildverbiß an den Zweigen war nicht zu übersehen. Aus dem uns umfangenden Wald, vorwiegend Kiefernbaumholz, drang kein Brunftruf. Auch sonst herrschte Totenstille.

Eigentlich ein herrliches Revier. Zu Sowjetzeiten verdichteten sich Pläne, ähnlich wie zu deutscher Zeit, wieder Wisente auszuwildern. Der Zusammenbruch des Systems ließ das angesparte Projektgeld jedoch hoffnungslos zusammenschmelzen.

Kein Brunftschrei, nichts. Ohne große Unterhaltung fuhren wir im Geländewagen auf passablen Wegen zurück zur Försterei. Den anderen Klienten war es genauso ergangen.

Am Abend traf noch ein wohlhabender russischer Jagdgast auf Durchreise ein. Ich kannte den Herrn, der es innerhalb weniger Jahre vom einfachen Sowjetmenschen zum Reeder von rund 40 Kühlschiffen gebracht hatte, aus vergangenen Jagdaufenthalten vom Sehen. Schnell entwickelte sich trotz kleiner Sprachbarrieren ein unvoreingenommenes Gespräch. Wie mir bekannt war, hatte er mehrfach mit seinen Freunden in den Memelforsten nördlich Haselberg erfolgreich auf Rotwild schießen können. Auch Gennadij Losjakow vom Jagdverband in Königsberg war erschienen und überreichte mir den „Propusk" für Rominten.

Na also, nichts wie ab ins Bett. Doch zuerst wollte die unbeleuchtete, alpinistisch-steile Treppe bezwungen sein. Wehe dem, der da betrunken oder – wahrscheinlich noch schlimmer – nüchtern herunterfällt. Da ich mit Helmut Mattke ein Zimmer teilte, konnte eine persönliche Lagebeurteilung nicht ausbleiben. Trocken resümierte er: „Das Ganze ist ein Schuß in den Ofen." – „Tja, mein Lieber, wenn ein solcher wenigstens vorhanden wäre. Es ist nämlich saukalt in deiner Bude hier." – „Na, und das bei den Preisen…"

Damit aber nicht genug: Als am folgenden Morgen die Abrechnungsprotokolle angefertigt wurden, sollten die Klienten die spärlichen Schnittchen, die sie zum „Weck-Kaffee" vor der jeweiligen Frühpirsch verzehrt hatten, als zusätzliche Frühstücke bezahlen – Prost Mahlzeit!

Nichts wie auf nach Rominten! Während sich Wolgang Pütsch auf den Weg zur russisch-polnischen Grenzstation machte, folgte Helmut und mir Reinhard Leichert in seinem Kombi.

Kaum hatten wir im früheren Landgestüt Trakehnen einen Fotohalt gemacht, überholte uns zufällig Berufsjäger Alexeij und geleitete uns nach Tollmingen. In einem zweistöckigen deutschen Backsteinziegelbau, der einst als Gaststätte gedient hatte, befand sich nun die

Pension eines russischen Offiziers im Ruhestand. Mit Frau und Helferin führt er im Erdgeschoß ein Restaurant, dessen Theke zugleich als eine Art Dorfkiosk dient. Im Obergeschoß wartete auf uns ein sauberes, lichtes Mehrbettzimmer und, oh Krönung, ein Badezimmer mit funktionierender Warmwasserdusche! Der freundliche Wirt betrieb außerhalb des Dorfs ein geräumiges Sika-Zuchtgatter. Die Baststangen der Hirsche sollten in Fernost Geld einbringen; das Wildbret wanderte zu unserer Freude öfter auf den Mittagstisch.

Die beiden, seit Tagen erfolglos anwesenden Klienten, machten uns gegenüber einen verschlossenen, ja frostigen Eindruck. Sie hätten sich ausbedungen, nur Abschußhirsche zu strecken, seien von ihren Führern jedoch nur an hochjagdbare Hirsche herangeführt worden. Von russischer Seite klang das „durch die Buschtrommel" ganz anders; da war von (absichtlichen?) Fehlschüssen die Rede. Sei´s drum, uns sollte das nicht stören: Wir würden die Hirschbrunft für uns genießen.

Reinhard Leichert, der vor Jahren im südlichen Rominten schon Erfolg auf Elch und Hirsche hatte, kostete nun die Pirsch in der nördlichen Heide aus. Nachts schlief er in seinem Kombi hinter der Pension. Helmuts Wagen hingegen war in einer bewachten Scheune im Sika-Gatter untergebracht.

Da Alexander Sytschew in dem Jahr leider nicht als Pirschführer zur Verfügung stand, freute ich mich, erneut mit Ewgenij Koslowski unterwegs zu sein. Auch sein tollpatschiger „Graf" war als lebendige Auto-Alarmanlage wieder mit von der Partie. Auch diesmal würde dem im Fahrzeugfond Plazierten das ewige Gerüttel aufgrund schlechter Wege zur Verdauungsmassage gereichen. Auch diesmal würde er sich folglich befleißigt fühlen, unsere Atemluft mit würzigen Düften anzureichern …

Die erste Abendpirsch führte uns in den Raum Schönbruch, auf den Bahndamm bei Neuteich. Beim Anstehen vernahmen wir drei Geweihte, die sich durch meinen Ruf reizen ließen. Indes schwand das Büchsenlicht bei dem schwer wolkenverhangenen Himmel zügig. Direkter Anblick blieb aus. Das Wetter sollte uns noch bis zur Abreise zu schaffen machen.

Am folgenden Morgen, wir schrieben Sonnabend, den 28. September, freute ich mich auf meine Lieblingsregion Seefelden. Zwei rauhe Stimmen; der Binokel-Hirsch wie auch der Wolfssprossen-Hirsch könnten überlebt haben?! Mehrere starke Hirschfährten in ihren Arealen stimmten uns optimistisch. Noch bei schon vollem Tageslicht schrie

Letzter Abglanz aus den Lehmrevieren: 1995 erbeutete noch ein Taunusjäger dies 8,5 Kilogramm schwere Geweih. Ein Jahr später kam im Elchwald kein Hirsch mehr durch deutsche Hand zur Strecke

ein Hirsch. Die wild zerklüftete Flußlandschaft umfing uns wieder mit ihrem Zauber.

Nach der Frühpirsch reisten die zuerst gekommenen Jäger ab. Der eine lästerte bald darauf telefonisch bei einem Jagdvermittler, wie ich denn nur in dem russischen Tarn-Overall zur Jagd gehen könne. Dies handelte ihm von dem erfreulich deutsch denkenden Gesprächspartner jedoch keine Zustimmung, sondern eine geharnischte Predigt über meine patriotische Zuverlässigkeit ein. Zudem: Wer ständig hinter braven Trophäen her ist, hat halt kein Geld für die vorzüglichen amerikanischen Real-Tree-Tarnanzüge. Am Tage klapperten wir verbliebenen Klienten die jagdkulturellen Stätten der Heide ab. Lange voraus hatte ich erfahren, was sich uns nun als direkter Anblick bot: Geldgierige Deutsche und Russen hatten sich in den Ruinen des Reichsjägerhofs zu schaffen gemacht und den zentralen Stein aus dem tuffsteinernen Frontbogen des Kamins herausgeschlagen. Der zusammengestürzte Bogen wirkte nun noch kläglicher denn je. Der mit dem grob eingemeißelten Wappen der Reichsjägerschaft bestückte Stirnstein war vermutlich vor Monaten als Hehlerware von einem Sammler im westlichen Deutschland für 5.000,00 DM aufgekauft worden. Nicht besser sah es im Umfeld des Reichsjägerhofs aus: Die stattlichen Feldstein-Verkleidungen im Terassenbereich waren in erheblicher Zahl herausgebrochen und abtransportiert worden. Noch schlimmer in Nassawen: Es würde Millionen kosten, das Forstamtsgebäude wieder herzurichten – und für wen? Nun wird das Dach in sehr wenigen Jahren vollends eingestürzt sein.

Einzig das Forstamtsgebäude Barckhausen scheint gesichert. Eine Lübecker Initiative unterstützte den russischen Besitzer tatkräftig in der Renovierung. Die käme auch den Waisen eines samländischen Kinderheims zugute: Das Forsthaus als sommerliches Ferienheim für die Kleinen. Der Besitzer würde sie mit Produkten aus seiner Landwirtschaft versorgen.

Man arbeitete Hand in Hand und vor allem mit Sachverstand nach zum Teil mühsam recherchierten historischen Bauplänen. Akribisch sollten heuer der bedachte Außentreppenaufgang und Rundhölzer der äußeren Dachkonstruktion erneuert und ergänzt werden.

Reinhard Leichert trat nach vollendeter Exkursion die Heimreise an. Einige Jahre zuvor hätte ich Reisenden einiges mehr an Details zeigen können: Details nur – aber doch Mosaiksteine im Gesamtbild der Rominter Jagdgeschichte. Fehlte unterdessen nicht die eichene, geschnitzte Treppe in Freverts Nassawener Wohnhaus? Und die Form-Backsteine am Außenrand des Fundaments der Rominter Hubertus-Kapelle, auch sie verschwunden.

„Totalausverkauf": Einerseits legte man auf devisenträchtige Klienten unter Hinweis auf die Jagdhistorie des Reviers wert, andererseits wird die historische Hinterlassenschaft als sprichwörtliche Kuh, die man morgen noch melken will, heute geschlachtet.

Abends stellten wir uns bei einer Hausruine am Vorjahreswechsel des Wolfssprossen-Hirsches an. Wir wählten jedoch einen völlig anderen Anfahrtsweg, da der bisherige nun vollends unpassierbar wäre, erläuterte Ewgenij. Beim Anmarsch bot sich unverhofft ein uriges Bild, in einem Escher zwischen Fichtenbeständen standen Elchtier und diesjähriges Kalb. Schier zeitentrückt ästen sie Wasserpflanzen. Langsam hatten wir uns, kaum mehr als 50 Meter entfernt, ins hohe Gras sinken lassen. Wilderer hätten die Chance ungehemmt genutzt. Als wir uns nach geraumer Zeit erhoben, um den Weg fortzusetzen, bekam uns das Wild mit und flüchtete gischtspritzend in raumgreifendem Troll durch das recht flache Wasser in den nahen Bestand.

Apropos Wilderer: Wie es hieß, stellten nicht nur russische Raubschützen den Brunfthirschen nach. Verwegene Litauer überwanden demnach die noch immer ungezäunte litauisch-ostpreußische Grenze, um nach erfolgreichem Beutezug nur mit den Geweihen der geschossenen Hirsche zu entfliehen. Die boten sie wiederum deutschen Jagdgästen in ganz Litauen an: Statt sich auf der Pirsch abzurackern, konnten die willigen Abnehmer ihre kostbare Zeit zur Pflege intensivster Völkerverständigung mit blonden Spezialdolmetscherinnen verwenden. Das „Alttier" daheim würde hernach aufgrund der stattlichen Trophäe keineswegs stutzig und den Jagd-„Freunden" mußte vor Neid der Hemdkragen platzen. Gleich vier Fliegen mit einer Klappe – Waidmannsgeheul …

Kurz vor unserem Ziel, wir durchquerten geradewegs ein Fichtenstangenholz, glänzte es 30 Meter vor uns golden am Boden: In der Abendsonne glühte förmlich der Balg eines Enoks, der sich am Rand des Schlags behaglich zu einem Sonnenbad zusammengerollt hatte. Verschlafen schaute er allmählich in unsere Richtung, um dann träge zu entkommen. An ein Schießen hatte ich zu keinem Moment gedacht, wie mir nachher klar wurde. Natürlich hätte das im Rahmen des Rotwildanstands sowieso unterbleiben sollen.

Ewgenij hatte vor wenigen Tagen vier Hirsche in dem Beritt vernommen. An frischen Fährten mangelte es nicht. Unser Harren unter dem herbstlich belaubten Obstbaum blieb hingegen erfolglos. Zumindest hatte das Wetter aufgeklart.

Nieselregen wurde zu unserem festen Belgeiter auf der sonntäglichen Frühpirsch; wenigstens wirkte er geräuschdämmend. Noch bei Dunkelheit gingen wir im Raum Albrechtsrode einen kräftig meldenden Hirsch an. Da und dort meldeten in geziemendem Abstand Beihirsche. Auf einem weiträumigen Kahlschlag, der sporadisch durch Kiefernhorste Deckung bot, arbeiteten wir uns bei gutem Wind vorsichtig vorwärts. Die Stimme des Platzhirsches war vielversprechend, doch blieb er von uns durch eine Fichtendickung in einiger Entfernung unsichtbar. Mit herandämmerndem Morgen verlagerte sich das Brunftgeschehen von uns fort.

„In langer Verfolgung durch Nadel- und Mischwald verschiedener Altersklassen sowie durch sumpfige Partien können wir den Kontakt wahren", steht im Tagebuch: Eine anstrengende Verfolgung, bei der das schnell ziehende Wild kaum einzuholen ist. Dennoch, wie bereits betont, muß man jede noch so kleine Chance zwingend nutzen. Als wir den Recken schemenhaft in einem lichten Holz mit viel Unterwuchs erspähten, bekam uns ein Beihirsch mit – lautes Gepolter… aus der Traum.

Davon kann man nurmehr träumen: Zufällig erlegte ein niedersächsischer Jäger 1992 diesen Kapitalhirsch im Elchwald. Schon zu Freverts Zeiten zeichnete sich ab, daß die Rominter Hirsche vom Rotwild im Elchwald in der Trophäenqualität alsbald überflügelt würden

Hügelauf, hügelab rangen wir uns nun westwärts durch das besonders steile Gelände bis zur Straße durch. Wir staunten, wie weit südlich wir auf unserer Verfolgungsjagd geraten waren. Im Großraum Dobauen meldeten mehrere Hirsche fleißig. Wieder gingen wir eine alte Stimme an, wieder scheiterten wir an einem Beihirsch. Kahlwild hatten wir bis dato nicht im Anblick gehabt. Etliche Pirschzeichen im weichen Lehm mochten die Stimmung kaum verbessern. Den harten Rückmarsch zum Wagen erleichterte neben Albereien eine Verschnaufpause am Ufer des Wystiter-Sees, wobei wir einen einsamen Gänsesäger beobachten konnten.

Vormittags klarte das Wetter einmal kurz auf. Schön, daß die nahe gelegene Kirche, das Donalitius-Museum, geöffnet hatte. Eine Turmbesteigung belohnte die Mühen mit einem herrlichen Rundum-Blick. Als grün geschwungenes Band erstreckt sich südlich die Rominter Heide bis zum Horizont.

Helmut, der seine Bockbüchsflinte in Rominten nicht wieder ausgepackt hatte, fuhr nun mit mir und unserem rußlanddeutschen Übersetzer in dessen Auto zum Marinowo-See. Herbstlich einsam, ein Bild des Friedens. Mochte es so bleiben. Zuvor hatte es mal Pläne finanzkräftiger Russen gegeben, am Nordufer, etwa in der Nähe des verschwundenen deutschen Kurhauses, ein Hotel zu errichten. Ein Hubschrauberlandeplatz hätte ebensowenig gefehlt wie ausgedehnte Golfplätze auf der versteppten Feldflur nördlich der Heide. Glücklicherweise blieb das alles nur Gedankenspiel.

Angesichts des schlechten Wetters zogen wir die Heimreise am kommenden Tag in Erwägung: Langsam hieß es geistig Abschied zu nehmen. Wo könnte man herrlicher sinnieren als auf dem Bahndamm bei Neuteich? Kaum hatten wir abends den Geländewagen in der Nähe geparkt, zogen rund 100 Kraniche in vier Keilen am Firmament entlang. Unser Anstand in der Nähe eines alten Apfelbaums wurde leider von einem Pilzsucher-Auto blockiert, verd…

So stellten wir uns südlicher an einer Lichtung in hohem Fichtenholz unterhalb des Bahndamms an. Ewgenij wußte, daß dort ein Hirsch zwischen Einstand und Brunftplatz wechselte. Doch kein einziger Hirsch meldete in unserer Nähe oder ließ sich reizen. Immer wieder Kranichkeile am Himmel, meist sieben bis 20 Kreaturen. Das Büchsenlicht war nahezu geschwunden, da erschien ein massiger Hirsch auf der Wiese. Zum korrekten Ansprechen war es schon zu dunkel, auch ein sicherer Schuß wäre nicht mehr anzutragen gewesen.

Die zum Verhören ausgeschickten Berufsjäger berichteten uns in der Pension, daß es im Dobauer Raum lebhaft zuginge – na also. Zu meiner Freude erschien auch noch Sascha. Einer seiner Mitarbeiter hatte meine Hornklänge am Wystiter-See vernommen, als ich im Rahmen der „Standardexkursion" meinen Waidgenossen ein Ständchen geblasen hatte. In Rominten bleibt halt nichts unbemerkt.

Nicht ganz ohne Erwartungen starteten wir am Montag, den 30. September, zum letzten Versuch. Unablässiger, sich zeitweilig verstärkender Nieselregen konnte uns nicht abhalten, vorsichtig auf den Wirtschaftswegen entlang an Fichtenbeständen unterschiedlichen Alters zu pirschen. Da und dort Stimmen, doch hielt sich das Wild in Dickungen verborgen. Ein Anrufen wurde nur faul beantwortet.

Dort, im stark hügeligen Bereich südlich des Wystiter-Sees und nördlich des früheren Dorfs Dobauen, machten die Fichtenbestände einen geordneten Eindruck. Helmut Mattke äußerte später mit Kennerblick, daß die Forstwirtschaft in der Rominter Heide deutlich besser betrieben würde als vergleichsweise im Elchwald, auch wenn die Russen von ihren polnischen Kollegen noch vieles lernen könnten.

Wir erklommen einen hohen Hügel, dessen Holzbestand jüngst abgetrieben worden war. Zwischen Stubben hangelten wir uns auf dem

Noch steht die Stallruine: Hingegen ist das Hauptgebäude des Oberforstamts Pfeil, einst Amtssitz des Elchjägermeisters Hans Kramer, zerstört

lehmig-glitschigen Boden empor. Eine herrliche Aussicht, die nochmals die Vielgestaltigkleit der Landschaft unter Beweis stellte. Wild zeigte sich von unserem weitläufigen Panorama-Ausguck nicht.

Unterdessen trafen wir auf Alexeij, der unterstützend ausgerückt war, doch auch keinen Anblick gehabt hatte. Langsam schlenderten wir bei regentrüben Morgenlicht zum Geländewagen. Da, in einer Kehre des sandigen Wirtschaftweges, leuchtete es rot auf. Zurück in den toten Winkel, die Regenkappen vom Diavari, schon arbeitete ich mich lautlos bei gutem Wind vor. Träger und Kopf im Böschungsgras, ein nicht zu großräumiger Körper, dann ein zweiter Leib. Kahlwild … oder doch ein Hirsch? Nein, wie erwartet löste sich das Rätsel, als die Tiere beim Äsen gelegentlich sicherten. Minute um Minute verstrich, ich blieb unerkannt. Wie durchaus zu erwarten, kein Hirsch erschien. Nun alles auf die letzte Karte gesetzt, einige scharfe Trenzer, doch keine Antwort.

Die Stücke trollten in die schüttere Fichtenkultur zurück. Ich stürmte auf dem Weg vorwärts, vielleicht würde sich für Sekunden ein jagdbarer Geweihter zeigen, das mochte reichen. Nein, die Bühne blieb leer. Weit konnte ich die Tiere bei ihrem Rückzug durch die lückenhaft bestockte Talsenke bis in den Gegenhang immer wieder beobachten.

Ein spannender Abschluß meiner Jagdtage; auch Ewgenij und Alexeij waren noch ganz aufgeregt, als sie sich mir näherten. Völlig durchnäßt, kaum in der Pension angekommen, verfertigten wir das Protokoll, aßen schnell, dann ging´s auch schon an´s Packen. Nach einem herzlichen „Auf Wiedersehen" von den Jagdführern harrten wir nun dem Übersetzer entgegen. Der sollte uns Diesel für das Auto besorgen. Würde der benötigte Stoff aufzutreiben sein? Nach bangem Warten erschien er mit zwei großen Kanistern und beantwortete so die Frage.

Noch einen Abstecher nach Groß Rominten, das lag mehr oder minder eh auf unserem Weg: In weißem Kalksandstein präsentierte sich wohlumzäumt und mit emsig bewirtschaftetem Gemüsegarten das gepflegte Eigenheim des dortigen Revieraufsehers. Der kräftige Zwei-Meter-Mann erwartete uns schon. Unter der Angabe, ich wolle viel-

Wieder in Gumbinnen daheim, doch nicht am historischen Standort: Die von Ludwig Vordermeyer geschaffene bronzene Elchskulptur

leicht eine Trophäe aus seiner bekannt großen Kollektion erwerben, konnte ich diese nun fotografierend in Augenschein nehmen.

Neben kapitalen Wolfs- und Luchsdecken und dazugehörigen Schädeln standen die Hirsche im Mittelpunkt. War auch kein wirklich „aufregendes" Geweih darunter, zeigten die Trophäen des von Gastjägern nicht bejagten Westteils der Heide einen anderen Aufbau. Sie erinnerten an die kaiserliche Ära. Das beste Geweih war ein 18-Ender von rund neun Kilogramm Gewicht.

Tunlichst vermieden wir einen Trophäenerwerb im Gegensatz zu anderen Besuchern vor uns. Man sollte nicht dazu beitragen, auf diese Weise einem zusätzlich das Wild vernichtenden Gewerbszweig Vorschub zu leisten! Grübelnd ob der besonders eilfertig angeboteten Dinge verließen wir das Haus des Wildhüters. Wie lautet doch gleich das deutsche Sprichwort mit dem Gärtner?

Auf dem Weg zum Kontrollpunkt Preußisch Eylau südlich Königsberg passierten wir zuvor einen nur russisch beschrifteten Parkplatz. Dort mußte man eine Straßenbenutzungsgebühr entrichten. Deren Quittung ist für die Ausreise am eigentlichen Kontrollpunkt unabdingbar: Hat man sie nicht, wird man nochmals zurückgeschickt. Nein, nicht wir Deutschen sind Weltmeister der Bürokratie oder Gebührenerhebung.

Nach vergleichsweise zügiger Grenzkontrolle fuhren wir erstmal ins schöne Masuren, um uns der gepflegteren Kulturlandschaft zu erfreuen. Abendlicher Sonnenschein verwöhnte uns auf dem Weg nach Johannisburg, wo wir bei einer Verwandten von Helmut angenehm bewirtet wurden. Auch wenn keine „zentnerschweren" Trophäen auf dem Autodach lasteten, gab es doch eine Menge zu erzählen, nicht nur vom fehlenden Ofen in Reußwalde.

ZWÖLFTES KAPITEL

Von Urhahnen und Balzgockeln

Hatte der vorangegangene Herbst in Ostpreußens Wäldern meinen Büchsenlauf blank gelassen, wollte ich das Jagdglück im Frühjahr 1997 in Lettland suchen. Lettland ist bis auf weiteres der einzige baltische Staat, in dem Auer- und Birkhahnabschüsse vergeben werden. Ich hatte eine der verhältnismäßig wenigen Plätze zur lettischen Hahnenjagd über Jörg Eberitzsch buchen können. Wohltuend ausführlich informierte mich der Inhaber des Jagdbüros Kahle über die Jagdmöglichkeiten und die erforderlichen Papiere im Zusammenhang mit einer Trophäeneinfuhr nach Deutschland. Diese Zeilen sind nicht als Schleichwerbung zu verstehen: Schließlich gibt es in der Branche genug schwarze Schafe, die nur darauf abzielen, möglichst schnell Arrangements zu verkaufen. Und wie fix ist eine Trophäe beim Zoll beschlagnahmt, bloß weil ein spezielles Einfuhrzertifikat fehlt ... Ich jedenfalls brauchte mir den Reisegenuß nicht durch bürokratische Unwägbarkeiten vermiesen lassen.

Die Packerei am Vorabend hatte mal wieder bis 23.00 Uhr gedauert; nun, am Sonntag, den 20. April, verließ ich frühmorgens die Wohnung, um mich auf leeren Straßen per Taxi dem Flughafen zu nähern.

Hamburg-Fuhlsbüttel: Sie standen vor mir in der kleinen Schlange am Abfertigungsschalter zum Flug nach Riga und hatten sich schon vor mir enttarnt, bevor wir überhaupt ein Wort gewechselt hatten. Ihre lodengrünen Jacken und der ungewöhnlich lange Koffer sprachen Bände. Die beiden norddeutschen Herren in den Sechzigern fanden charmante Worte für die noch charmantere blonde Bodenstewardeß, eine junge Schönheit aus Island. Alle Indizien wiesen mehr als deutlich darauf hin: Diese Mannen wollten zur Balzjagd, wollten sie in vollsten Zügen genießen.

Bei einem Kaffee an der Flughafenbar kamen wir schnell ins Gespräch, das auch nicht abbrach, als wir bereits in einer Turboprop-Maschine der Hamburg Airlines auf Riga zustürmten. Wir schwelgten in großer Hoffnung auf Jagderfolg. Schließlich würden uns 150.000 Hektar Forsten im Raum Dundaga umfangen, von denen 50.000 Hektar zur Jagd offenstünden. Und unsere lettischen Betreuer mit ihrer eher mitteleuropäisch anmutenden Mentalität würden gewiß des östlichen Schlendrians abhold sein. Ausführliche Referenzen ließen darauf schließen.

Das bewahrheitete sich schon am Flughafenzoll Riga. Ein freundlicher, bärtiger Herr stellte sich als Algis Felts vor: Nach eigenen Worten Oberforstmeister zu Dundaga. Die Waffeneinfuhrprozedur verlief ohne lange Warterei oder Palaver, was auch bei der Visaerteilung der Fall war. Schon brausten wir in Algis japanischem Geländewagen an Rigas Seebad Jurmala vorbei und nahmen Kurs Nordwest Richtung Kurlands Küstenspitze.

In Lettland konnte von Frühling noch keinesfalls die Rede sein; bereits durch´s Flugzeugfenster waren uns weiß getünchte Felder aufgefallen. Ab und an trieb heftiger Wind Schneewehen über die Fahrbahn. KFZ-Kontrollen mäßigten unser Tempo ebenso. Mal wieder war eine Polizei-Razzia gegen Autodiebe angesagt. Dann leichter Schneefall. Ein einsames Storchenpaar hatte bereits ein Baumnest in der Nähe eines Gehöfts am Straßenrand bezogen. Würden die Tiere genug Nahrung finden?

Nach rund zweistündiger Fahrt betraten wir ein schmuckes Gästehaus südöstlich Dundaga. Eine junge Birkenallee führt an einem Fisch-

Fast kanadisch anmutende Landschaft: Mischwald nahe der kurländischen Küste

Einfach zum Wohlfühlen: Das Forstamt Dundaga verfügt über ein gepflegtes Gästehaus

teich vorbei zu der zweistöckigen Holzkonstruktion. Sie liegt hochwaldumsäumt nahe einer Revierförsterei. Flugs begrüßte uns ein weiterer Gastjäger, Walter Larisch aus dem Frankfurter Raum. Kaum hatten wir uns akklimatisiert, ging es auch schon zum Abendansitz: Wir sollten in der Nähe von Schlafbäumen die einfallenden Auerhähne verlusen. Walter und ich bestiegen den Geländewagen von Algis. Nach geraumer Fahrt Richtung Süden nahm mich Förster Andre an einer Straßenabzweigung in Empfang.

Der fortan sehr wort- und gestenkarge Mann führte mich in einem Lada Niva in sein Revier. Unterwegs passierten wir noch eine Torffabrik, dann nahm uns Nadelwald auf. Ein langgestreckter See zur Rechten bot zusätzliche optische Reize in den von uns durchfahrenen durchweg großen Mischbeständen. Zumeist Kiefer oder Fichte in unterschiedlichen Altersklassen, da und dort mit Birke durchsetzt, wechselten sich ab.

Als wir den Wagen verließen, stand ein Marsch durch beschwerliches Gelände bevor. Von Rückefahrzeugen arg zerfurchte Wirtschaftswege und sumpfige Gehölze waren die Regel. Dabei schlug der stattlich beleibte Führer ein erstaunliches Tempo an.

In Kiefernbaumholz, mit Fichte untermischt, hielten wir. Andre machte mich auf einen Baum in einiger Entfernung aufmerksam, ein Schlafbaum. Er gebot, an einer Kiefer niederzukauern und setzte sich ein paar Bäume weiter nieder.

Als stählerne Begleiterin hatte mir Büchsenmachermeister Christian Kuchenreuter, Cham, als Testwaffe einen Bockdrilling überlassen.

Gelegentliche Schneefälle: Auch im April kämpft der Winter in Lettland noch um ein Bleiberecht. Wer auf solchen Ackerweiten balzende Birkhähne anzugehen versucht, hat mit einem Schneehemd etwas mehr Chancen

Mit 12er-Vollchoke-Schrotlauf und einem .22 Hornet-Kugellauf war ich so auf Rauhfußhühner in unterschiedlichsten Situationen bestens gerüstet. Mein Präparator hatte ausdrücklich geraten, Vollmantel-Geschosse zu verwenden und möglichst nicht mit Schrot zu schießen, was den Vogelbalg verhundsen könnte. Von größeren Kalibern als .22 Hornet ist nach einigen Expertengesprächen zumindest auf Kleine Hahnen abzusehen. Diese würden bei ungünstigen Treffern geradezu explodieren.

Der große Kugellauf im Kaliber 7 x 65 R (10,5g-Kegelspitz-Geschoß) konnte helfen, Wölfe als Zufallsbeute zu sichern. Nach Offerte des Oberforstmeisters war die Erlegung dieser Grauhunde für uns kostenfrei! Auf Keiler hieß es laut lettischem Jagdrecht zu der Jahreszeit jedoch prinzipiell „Hahn in Ruh".

Mehrere Anschußbilder mit je drei großen und kleinen Kugeln hatten Streukreise zwischen 25 und 35 Millimeter Durchmesser ergeben. Eine Fortner-Mündungsverstellung ermöglicht bei einem Laborierungswechsel das kostengünstige Neu-Einschießen des Bockdrillings. Die Waffe ist kinderleicht zu bedienen. Wie bei anderen Kipplaufwaffen wirkt der Schieber auf dem Kolbenhals als Sicherung, in dieser Ausführung auf die Abzugsstangen. Zwischen Öffnungshebel und Sicherungsschieber befindet sich eine sogenannte Schwedenschaltung: Per Schwenkhebelchen wählt der Schütze, ob der vordere Abzug die große oder die kleine Kugel auslöst. Der hintere Abzug dient generell dem Schrotschuß. Eine narrensichere Angelegenheit.

Die von mir geführte Waffe hatte Meister Kuchenreuter per Suhler Einhakmontage mit einem Zeiss Diavari 2,5 - 10 x 52 bestückt. Eine klassische Wahl, die den vielseitigen Gebrauchszweck der Waffenkonstruktion noch unterstreicht. Herz, was willst Du mehr?

Ich hatte den Bockdrilling bei meinem Jagdhaftpflichtversicherer in einem gar nicht mal teuren gesonderten Abschluß auf seinen absoluten Neupreis versichern können; angesichts der Diebstahlgefahr auf Flugreisen eine sinnvolle Ausgabe.

Nun ruhte die schlichte, doch edle Waffe zur Rechten an „meiner" Kiefer. Ich selbst machte es mir auf einem Haufen frisch geschnittener Fichtenzweige gemütlich.

Mit hereinbrechender Dämmerung fielen links, vorn und rechts, jeweils für uns unsichtbar, mit lautem Schwingenschlag Auerhähne ein. Ihr Worgen geriet zu einem beeindruckenden Konzert; daß die morgendlichen Balzstrophen der Hähne sehr viel leiser ausfallen, ahnte ich noch nicht.

In der Ferne schienen Himmelsziegen zu fliegen. Entgegen unserer Hoffnung blieb der zuerst von Andre vorgestellte Schlafbaum leer. Der Rückweg bescherte zumindest den Anblick einer Schnepfe.

Im gemütlichen, wenn auch etwas kühlen Jagdhaus tauschten wir Gastjäger unsere Erlebnisse aus. Zwei der Waidgesellen hatten ebenfalls worgende Hähne vernommen.

„Erbarmungslos" klingelte um 03.30 der Wecker. Zumindest auf dem Zifferblatt ist die Zeit im Baltikum der deutschen übrigens eine Stunde voraus. Eine halbe Stunde später ging es zum Schauplatz des

Vorabends. Und wie bereits am Vorabend entdeckten wir auf dem Fußmarsch häufig Auerhahnlosung.

Beim Eindringen ins Kernrevier folgten wir den Lauten eines vor uns balzenden Hahns. Plötzlich ging nur zehn Meter links von uns laut polternd ein anderer ab. Dabei hatten wir zuvor das Gelände, besonders aber die Kiefernkronen, mit dem Fernglas abgeleuchtet. Der Balzende verstummte einige Momente später, um ebenfalls abzureiten. Lautes Kranichtrompeten milderte die ärgerliche Situation – eine Situation, mit der wir uns künftig noch öfter abfinden mußten. Gut, daß ich eine ganze Woche Jagd gebucht hatte, kam mir in den Sinn.

Am Nachmittag traf ein weiterer Jäger aus dem Frankfurter Raum ein: Kyriakos Papadopulus, dessen massive Ahnenwurzeln ungeachtet seines hessischen Dialekts nach Hellas reichen. Mit ihm teilte ich fortan ein Zimmer.

Wieder führte mich abends der wortkarge Andre. Auf der Anfahrt hielten wir blitzartig in Seenähe. Ein Seeadler thronte gelassen auf einer krumm gewachsenen Kiefer um Uferrand. Beim Weiterfahren kreuzte ein Urhahn in Schrotschußentfernung vor uns den Waldweg. Ein wenig später verhofften zwei starke Bachen kurz am rechten Wegesrand und wurden flüchtig. Beim Anmarsch auf die Kernzone ritt ein Auerhahn ab. In einem Kiefernstangenholz entdeckten wir weitere Schlafbäume: Teils frische, teils vertrocknete Losung in engen Haufen am Boden und gelegentlich Falzpech an den Stämmen.

In einem lichten Kiefernbaumholz ließ sich Andre auf geschnittenem Astwerk an einem Stamm nieder. Anflug diente als willkommene Tarnung. Ich schnitt in naher Entfernung breite Zweige ab, steckte sie zusätzlich in den Boden und komplettierte so unseren Schirm. In Schrotschußweite vor und hinter uns je eine knorrig ausladende Kiefer. Vom Zielstock aus ließen sie sich gut ins Visier nehmen. Außer einem verhaltenen Singvogelkonzert drang kein Laut an unser Ohr.

Im Verlauf des Rückmarsches ritt wieder mal ein Hahn ab. Ein klarer nordischer Sternenhimmel wollte bewundert sein, bevor wir den Lada bestiegen. Trotz stark zunehmenden Mondes zog der Komet Hale-Bopp recht gut sichbar seine Bahn. Meine Waidgesellen konnten beim Abendbrot wenigstens den Anblick von Rot- und Schwarzwild melden.

Eine üble Überraschung am Dienstag, den 22. April: Es schneite anhaltend. Nach Aussagen des Führers erschien die Auerhahnjagd nicht sonderlich aussichtsreich. Daher suchten wir einen nahe gelegenen Birkhahnbalzplatz auf. Vor uns breiteten sich langgestreckte Wiesen in der Nähe einer Kiefernwaldung aus. Sie waren handtuchartig durch Hecken bzw. Baumreihen entlang von Drainagegräben unterteilt. Wir kauerten auf einem Fichtenzweiglager hinter Krüppelbäumchen und zusätzlichen Tarnzweigen an der Stirnseite der Wiesen im Bereich einer Fichtenreihe. Böse pfiff der Wind unbeeindruckt durch den Behelfsschirm in unsere Gesichter. Der herandämmernde Morgen brachte keinen der schwarzen Ritter mit sich.

Wie gut tat uns der Gang zum Wagen. Ortswechsel: Nun ging es in ein weitläufiges Moorgebiet mit Torfabbau. Kaum übersehbare Flächen, von tiefen Entwässerungsgräben durchzogen. Kiefern und Birken hielten schleichend Einzug. Mehr oder minder verrottetes Torffördergerät säumte unseren Weg. Ungeachtet der schmalen Gleise einer Moorbahn befuhren wir einen Fahrdamm. Dann ging es wieder auf zum Teil sandigen Passagen bis zu einer Wegkreuzung. Die war von Wirtschaftsfahrzeugen derart malträtiert worden, daß selbst dem Lada Niva ein Weiterkommen unmöglich wurde.

Zu Fuß schloß sich ein beschwerlicher Weg in dem nachgebenden Boden an. Birken und Entwässerungsgräben säumten die „Fahrbahn".

Jagdliche Adventsstimmung nach Ostern: Welcher Waidmann würde im Balzrevier der Urhahnen nicht von ihr ergriffen?

Mehrfach mußten wir steilwandige Gräben durchqueren. Der Zielstock tat dabei gute Dienste. Auf einer riesigen Moorfläche entdeckte ich erst einen, dann zwei weitere, balzende Birkhähne. Der Einzelgänger ritt ab.

Durch einen Graben mit hoher Böschung näherten wir uns linker Hand mehrere 100 Meter den zwei Balzenden. Als wir glaubten, auf gleicher Höhe zu sein, schauten wir vorsichtig über den Rand: Die Stätte war leer, unsere Plackerei vergeblich. Also zurück. Ein Hahn fiel in das vor uns liegende Gelände ein. Alle Sinne gespannt, entstieg ich dem Graben und pirschte bis zu einem Birkenanflug. Ein Abglasen des leicht birkendurchsetzten Terrains brachte keine Klarheit, der Hahn schien vom Moor verschluckt. „Streichende Hähne eingerechnet, den letzten auf dem Rückweg zum Auto, sah ich an diesem Morgen neun Stück", notiert das Tagebuch. Zu einer effektiven Jagdausübung fehlten in diesem riesigen Gelände feste Schirme. Von lettischer Seite wurde jedoch entgegnet, daß die Birkhähne ohnehin ihre Balzplätze zu unregelmäßig einhielten. Bei unserem Eintreffen am Gästehaus ein großes Hallo. Dort stand unser Walter, bruchgeschmückt. Er hatte einen am Boden balzenden Auerhahn mit der Hornet-Kugel gestreckt. Schon ruhte der Hahn in der Kühltruhe. Nachmittägliches Probeschießen hinter dem Gästehaus auf einer Sandbahn ergab bei allen Jagdgästen zufriedene Mienen.

Vom .22 Hornet-Vollmantel-Geschoß aus dem Kuchenreuter-Bockdrilling ereilt: Der Kleine Hahn des Verfassers

Ein besonders schöner Stoß: Nie hätte der Verfasser gedacht, daß er sich den Großen Hahn so schwierig erringen müßte

Abends ging es um 19.00 Uhr raus. Als Andre und ich in den Waldweg einbogen, raubte uns ein holzrückender Trecker, der den Weg querte, etwas Zeit. Rücksichtsvoller querte ein Auerhahn den Weg, nämlich in Wipfelhöhe. Immer wieder mußte ich staunen, wie behende diese massig wirkenden Vögel ihre Flugmanöver zwischen selbst dicht stehenden Stämmen vollführen. Dann wieder strich, nur wenige Meter vor uns, ein Haselhuhnpaar ab, das im Sand der Wegböschung gehudert hatte.

Beim Angehen in den Kernbereich traten wir nach und nach drei Große Hähne los. Kranichrufe verliehen dem Anstand etwas Abwechslung, doch zeigte sich kein Hahn. Auf dem Rückweg entdeckten wir im Scheinwerferlicht zuerst einen Fuchs, dann einen Hasen.

Es schneite bauschige Flocken, als wir am folgenden Morgen das Kernrevier erreichten. Der Anmarsch vergrämte diesmal „nur" einen Hahn. Nun wurde es ernst; mit hereinbrechender Dämmerung fingen rechts und links je ein Hahn zu balzen an, ach wie leise. Deutlich leiser, als man es von Birkhähnen gewohnt ist.

Voller Anspannung bewegten wir uns nach rechts. Im schnellen Flug strich eine Henne heran, ließ sich auf einer knorrigen Kiefer nieder. Für alle Eventualitäten die Waffe in der Hand, backte ich schnell an und erfreute mich ihres Anblicks durch das Zielfernrohr. Ja, wäre sie ein Hahn, dann hätte es gepaßt. Wenige Augenblicke nur, dann ritt sie ab. Da und dort lautes Flügelschlagen von Auerwild. Trotz Abglasens blieb nichts zu erkennen. Unser Hahn balzte sich immer stärker ein. Beim Schleifen immer ein, zwei Schritte durch das wassergetränkte und mit heruntergefallenen Reisern gespickte Moos. Als mein Führer einmal abrupt zum Stehen kam und mit seinem Zeigefinger nach rechts unten wies, verharrte auch ich regungslos, ohne einen Hahn entdecken zu können. Nach wenigen Augenblicken vernahmen wir ohnmächtig sein Fortpoltern.

Der Fingerzeig hatte nicht bedeutet, etwa zu verharren oder mich neben Andre zu stellen. Er symbolisierte vielmehr den in Bodenbalz befindlichen Hahn. Ich hätte schießen sollen. Ein klassisches Mißverständnis. Ja, ja, das kommt davon, wenn man Gesten in ihrer Bedeutung nicht vor der Jagd mit einem neuen Führer abstimmt.

Noch balzte der Hahn zur Linken. Wir gingen ihn pflichtgemäß nach Gehör an, doch auch er wußte sich vor der Gefriertruhe des Präparators zu retten.

So schwierig hatte ich mir die Jagd auf den Auerhahn nicht vorgestellt. Von wegen „bauschige Flocken", das war eine kalte Dusche ... doppelt hält bekanntlich besser, also auf zur nächsten.

Der Lada Niva trug uns in die Feldflur. Wenige, zum Teil erhaltene Abbauten, mehr jedoch als im Königsberger Gebiet, belebten das Bild der leicht monoton wirkenden Hügellandschaft. Von einer Anhöhe herab glasten wir weite Stoppeläcker ab.

Gleichzeitig entdeckten wir einen einsam im Feld balzenden Kleinen Hahn. In geduckter Haltung ging ich ihn langsam an. Immer wieder verharrend, beobachtete ich den Balzenden durch das starke Zeiss 15 x 60 B/GA. Ein ideales Glas für die Birkhahnjagd, will man sich ein separates Spektiv ersparen. Am Zielstock angestrichen, kann man trotz hoher Vergrößerung mit etwas Übung nahezu erschütterungsfrei beobachten: Ja, das da war kein junger Schneider.

Bis auf annähernd 100 Meter traute ich mich heran, dann hockte ich langsam am Zielstock nieder und stach ein, als ich den Hahn bereits im Zielfernrohr hatte. Sekunden zu spät, denn schon erhob er sich laut purrend und entschwand in flachem Flug. In der Ferne balzten Kiebitze.

Auch die zweite reelle Chance des Morgens war vertan. Weiter ging die Autopirsch, vorbei an mächtigen alten Eichen. Um einiges später hielten wir in der Nähe einer Ansiedlung: Ein einsam wirkender Kranich stand auf der Wiese. Zu meiner Überraschung landeten wir, freilich von einer anderen Seite kommend, beim ersten Birkhahn-Balzplatz der Vortages.

Wir bezogen nur kurz im Schirmbereich Stellung. Ein Kullern ließ unseren Blick schweifen. Es schneite wieder fest. Andre entdeckte den munteren Sänger am gegenüber liegenden Wiesenende hoch auf einem Baum. Langsam ging ich den Hahn allein an. Einige 100 Meter galt es zu nehmen, geschützt durch eine mehr oder minder dichte Hecke. Als ich in Schußweite geriet, verstummte der Hahn. Ein Schiessen blieb angesichts der vielen störenden Äste jedoch undenkbar. Bevor ich eine günstigere Position einnehmen konnte, ritt er ab. Wie beim vorangegangenen Mißerfolg wäre auch in dieser Situation ein Schneehemd von großem Nutzen gewesen.

Doch schnell zum Fahrzeug und dann zu einer anderen Weide in Flugrichtung jenseits des Gehölzes. Letztlich konnten wir uns dem(?) Hahn mit dem Wagen auf einige Entfernung nähern. Weiter zu Fuß im trockenen Graben, von Gebüsch und Bäumen spärlich gedeckt. In eine andere Richtung sichernd, saß der Hahn dennoch irgendwie lethargisch auf freier, verschneiter Weide.

Unachtsam hatte ich ausgeatmet, schon war die Okularlinse des Zielfernrohrs beim Anschlagen beschlagen. Schnell noch ein Reinigungsversuch mit dem Wildlederhandschuh, dann mußte es gehen. Auf 70 Meter erhielt der Hahn die Kugel, worauf er in hohem Bogen gen Himmel abstrich. Nach 100 Metern landete er verendend im Schnee: Ein ausgewachsener Hahn mit je vier Sicheln.

Zwei kläffende Fixköter eilten von einem nahegelegenen Gehöft herbei und vermiesten die Stimmung. Nach kurzer Gratulation verstummte Andre einmal mehr.

Ein geknickter norddeutscher Waidgesell erwartete mich beim Gästehaus: Auch er war durch Fehleinschätzung eines Handzeichens seines Führers um eine Auerhahn-Erlegung gekommen. Langsam brach die Sonne durch. Einen nahegelegenen Baumstamm hatten die Letten vorsorglich mit Fichtengrün drappiert. Nun konnte ich meinen Spielhahn ausführlich fotografieren, bevor er ausgekühlt in der Kühltruhe verschwand. Zum Stilleben gewandelt, glänzte sein blauschwarzes Gefieder prächtig in der Sonne, während sein Stoß zum Spiel des Windes wurde.

Auch der massive Rundholztisch am Eingang zu unserem Heim war in Erwartung edler Jagdbeute von unseren ebenso umsichtigen wie optimistischen Betreuern reichlich mit Fichtengrün bedeckt wor-

den. Mehr und mehr beschlich uns Gastjägern beim Anblick der leeren Zweige jedoch ein banges Gefühl. Abends schneite es wieder. So fiel der Jagdzug aus, und wir erfreuten uns des warmen Kaminfeuers. Sehnsüchtig blickten wir auf die erstaunlich sachgerecht präparierten Urhahnen im Flur und Speisezimmer. Dort erwartete uns einmal mehr ein köstliches Mahl der für uns kochenden Revierförstersfrau. Unsere beiden nordischen Balzgockel waren jedenfalls ganz in ihrem Element, auch wenn ihnen nicht mehr Aufmerksamkeit zuteil wurde als dem Rest der Corona. Darin waren wir fünf uns jedenfalls einig: So gut hatte noch keiner von uns auf einer Jagdreise gegessen, Kompliment! Doch was würde daheim die Personenwaage sagen?

Ein aufschlußreiches Bild boten auch die Hirschgeweihe und Abwurfstangen im Haus: Jährlich erlegten Gastjäger Brunfthirsche um acht bis neun Kilogramm Geweihgewicht. Tiefsitzende, dachförmig gekantete Eissprossen und flache, nach hinten gezogene Kronen lassen etwas Maral-/Wapiti-Einschlag vermuten. Einige mittlere Elchschaufler und Stangler fehlten ebensowenig, sie kommen meist als zufällige Beigabe während der Hirschbrunft zur Strecke.

Auch am Donnerstag, den 24. April, hieß es: „Leise rieselt der Schnee ..." Schon um 04.00 Uhr warteten die Pirschführer bei ihren Fahrzeugen auf uns. Ausnahmsweise war Algis nicht erschienen, dienstliche Termine banden ihn in Riga. Walter und ich stiegen in Andres Lada. Auf dem Weg zum Stammrevier trennten wir uns jedoch. Walter sollte Andre auf Birkwild beim großen Moor folgen. Mich nahm Sigurd unter seine

Touristische Nabelschau: Nahe der kurländischen Küstenspitze präsentieren die Letten stolz den zentralen Schnittpunkt Europas

Fittiche, ein wohltuend feinsinniger, rücksichtsvoller Charakter, der zudem vorzüglich deutsch sprach. Von der ersten Sekunde an hatte ich ausgesprochenes Vertrauen zu diesem Mann. Seine umsichtige, lautlose Pirschführung überzeugte vollends. Wir bogen nach links in reine Kiefernbestände ab. Es dämmerte leicht, als wir zu Fuß auf einem schmalen Weg in einen Baumholzbestand eindrangen. Spurrillen über Spurrillen, zuweilen wassergeflutet. Auf einem gefällten Kiefernstamm gebot Sigurd freundlich, Platz zu nehmen. Erstmal galt es, Geduld zu üben.

Nach und nach setzte die Balz einiger Hahnen verhalten ein. Nun pirschten wir umsichtig vorwärts, immer wieder verharrend, um zu lauschen. Der Waldboden war verhältnismäßig trocken, mit Nadelstreu reichlich bedeckt. Trockene Reiser als „Knackfallen" verlangsamten unser Tempo weiter. Endlich entdeckte ich in meinem dämmerungsstarken 15 x 60 einen schwarzen Klumpen am Boden zwischen lichten Stämmen. Dieser Klumpen bewegte sich! Auch glaubte ich kurzzeitig einen zweiten entdeckt zu haben.

Wir mußten näher ran. Beim erneuten Halt hatte ich den Urhahn mit seiner Schaufel endlich deutlicher im Fernglas. Durch´s Zielfernrohr reichte es noch nicht für einen sicheren Schuß. Äußerst vorsichtig stießen wir über eine schwach bestockte Stelle vor. Im Glas, es war immer noch recht schummrig, entdeckte ich den Hahn im Stammlabyrinth erneut. „Oh Sankt Hubertus hilf! Sollte der Auerhahn mein sein, verzichte ich im Herbst darauf, den Rominter Hirschen nachzustellen", welch opferbereiter Schwur. Sigurd krümmte sich vor mir, eine deutliche Aufforderung; nun mußte es gehen. Schnell ruhte der Kuchenreuter auf seiner Schulter. Im Diavari präsentierte sich der Balzende quer zwischen zwei eng stehenden Stämmen ... wie schnell mochte er wieder entschwunden sein. Fix ins Ziel hineingerührt, ein kurzes Visieren, schon bellte der Hornet-Lauf auf.

Blitzartig sackte der Urhahn in sich zusammen. Wie mir später der Präparator verraten hat, durchschlug das Vollmantel-Geschoß das Brustbein. Lebenswichtige Organe wurden nicht verletzt. Die mächtige Erschütterung muß einen Schocktod herbeigeführt haben.

Für alle Eventualitäten lud ich noch schnell eine Hornet-Patrone nach, entfernte das Zielfernrohr, und der Zeigefinger suchte die Nähe des Schrotabzugs. Dann schritten wir auf den Gefällten zu, und nach etwa 60 Metern knieten wir wir vor ihm nieder. Feierliche Ergriffenheit erfüllte uns und ließ uns geraume Zeit schweigen.

Wie schade, daß dieser Begriff äußerster Seelenregung im jagdlichen Schrifttum so inflationäre Anwendung findet und uns des Wort*schatzes* beraubt, wenn es einmal gilt, Seltenes oder Außergewöhnliches zu umschreiben. Ein ähnlicher Mißbrauch erfährt wohl noch öfter dem Attribut „kapital", das Selbstbetrüger schon auf 300-Gramm-Rehkronen und 7-Kilogramm-Geweihe anwenden. Maß halten also … um Bestes wirklich auskosten zu können.

Innigste Rührung sprach aus unseren Blicken; erst allmählich löste sich die Spannung, als mir Sigurd den Erlegerbruch überreichte. Dann erfüllte das „Auerhahn tot" aus meinem Taschenjagdhorn in verhaltenem Jubel die nebelige Frühluft des Kiefernforstes.

Nachdem wir den besonders makellosen Spaten bewundert und anhand der Schnabelrille am Brocker das Alter als nicht mehr jung eingestuft hatten, gingen wir zum Auto zurück. Dabei trug Sigurd den Urhahn, wie ein Vater sein schlafendes Kleinkind trägt. Währenddessen hatte wieder leichter Schnellfall eingesetzt und verzauberte ringsum leise unsere Welt. Vorsichtig betteten wir den Hahn auf schnell zurechtgeschnittenen Kiefernzweigen im Auto und schlugen gedankenentrückt den Weg zum Jagdhaus ein. „Leise rieselt der Schnee …", weihnachtlich friedvoll mutete die Stimmung.

Kaum trafen wir am Jagdhaus ein, folgte ein glücklicher norddeutscher Nimrod: Auch er konnte einen Urhahn strecken, noch massiger als meiner, wenn auch mit bescheidenerem Fächer. Friedlich vereint ruhten die geflügelten Recken nun auf fichtenbruch-gesäumtem Tisch. Die gute Stimmung beim Eintreffen der anderen Jagdgespanne mag sich jeder selbst ausmalen.

Im Zwiegespräch mit dem anderen Erleger überschnitten sich die Gedanken einhellig: Auch sein Auerhahn war wie ein Kind zur letzten Fahrt getragen worden und wurde auf dem Tisch wie zum Abschied von den lettischen Förstern gestreichelt. Wie sehr mochten diese braven Waidmänner an ihrem Wild hängen! Ja, unter unsere innige Freude mischte sich unterschwellig Scham, ihnen ihre Schutzbefohlenen entrissen zu haben. – Als sich der Schwarm zum Morgenschlaf verklüftete, blieb ich bis mittags bei den Hahnen sitzen. Könnte man stimmungsvoller Tagebuch schreiben und nachholen? Auch wollte ich die auskühlende Beute vor den umherstreifenden Hunden des Försters bewahren; man sollte das Glück ja nicht überstrapazieren.

Auch der Urhahn wurde als Stilleben fotografiert, bevor er gut ausgekühlt und sachgerecht verpackt in die Gefriertruhe wanderte.

Abends verzichtete ich auf eine Jagd und ließ das Erlebnis lieber „unüberdeckt" nachklingen. Als die Gefährten vom Anstand kamen, saßen wir mit den Förstern und der Köchin in bunter Reihe zusammen. Einmal mehr staunten wir nicht schlecht, *wie sehr* unsere Gastgeber der deutschen Sprache mächtig waren.

Am folgenden Morgen verzichtete ich ebenfalls auf die Jagd: Regnerisches und stürmisches Wetter hätten kaum günstigen Anblick erwarten lassen. Kyriakos belehrte mich eines Besseren und erlegte einen Auerhahn. Der Jagdführer eines anderen Klienten streckte zudem zwei wildernde Hunde.

Bis zum Abend besserte sich das Wetter. Während nun Kyriakos daheim blieb, führte Algis Walter und mich zum Schnepfenstrich. Wieder tat sich eine abwechslungsreiche Landschaft auf. Etliche Ruinenwände zerstörter Abbauten riefen in Erinnerung, wie sehr das fleißige lettische Volk unter der menschenverachtenden Sowjetdiktatur ausbluten mußte.

„Ein Biberstaudamm, eine Wolfsspur, ein zehnköpfiges Kahlwildrudel und fünf Kraniche", soweit der Beobachtungseintrag im Tagebuch. Auf einer Weide fuhr uns Algis bis nah an einen Waldrand heran, dann forderte ein tiefer Entwässerungsgraben Halt. Nachdem die Hürde genommen war, postierte sich Walter nahe eines Fichtenbestands.

Algis und ich marschierten durch sumpfiges Gelände, umrahmt von Kiefern- und Fichtengehölzen. Am Rand einer etliche Hektar umfassenden Lichtung mit leichtem Birkenanflug wurde ich abgestellt. Gebräch wies auf Schwarzkittel hin. Weit entfernt zog eine Bekassine laut ihre Bahn. Algis entfernte sich, um den Wald zu durchstreifen. Nach einiger Zeit beschoß ich die nun näherkommende Bekassine vergeblich.

Es dämmerte bereits, als sich Algis, ein ausgebleichtes Zwölfer-Geweih auf dem Rücken, näherte. „Wolf", so der knappe Kommentar.

Unser Standort erwies sich als günstig. Verschieden hohe Birken und Fichten umgaben uns in naher und mittlerer Entfernung. Bald näherte sich quorrend der erste querfliegende Schnepferich. „Rumms", sagte der einzige Flintenlauf, vergeblich. Fünf weitere Langgesichtige, aus wechselnden Richtungen kommend, durften sichüber meine kläglichen Schrotschußkünste freuen. Unter sternenklarem Himmel und auf gefrierendem Boden marschierten wir zurück. Walter kam unterdessen nur eine Schnepfe – außer Schußweite.

Am nächsten Morgen blieb ich wieder bequem im Bett. Während Kyriakos einen Birkhahn fehlte, erlegte Walter einen auf 60 Meter. Sein Birkhahn-Fehlschuß-Erlebnis hatte er schließlich schon hinter sich gebracht. Daß der unverdrossene Kyriakos ein Jahr später in Dundaga einen uralten Birkhahn mit je sechs Krummen erlegen konnte, sei hier der Vollständigkeit halber eingeflochten.

Nachmittags zeigte uns dreien Algis das Naturreservat im Bereich der kurländischen Küstenspitze. Vom Ostseestrand aus reichte unser fernglasverstärkter Blick bis zum Südzipfel der estnischen Insel Ösel. Auf den Wellen dümpelten verschiedene Entenarten, wie z.B. Eider- und Eisenten. Zuvor hatten wir einen jungen Seeadler bestaunt. Ein orange-farbenes Balkengerüst nebst Bronzeplatten wies an der Landzunge den (?) geographischen Schnittpunkt Europas aus. Im weite-

Lohnt einen Abstecher: Das Schloß Dundaga, zu deutsch Dondingen, verfügt in seinem Park über Jahrhunderte alte, besonders geradwüchsige Eichen

ren Verlauf des Ausflugs flüchteten ein Reh und ein Fuchs über die staubige Straße in die monoton wirkenden Kiefernbestände.

Zum Ausklang noch etwas Kultur: Mehr jedoch als das schlichte Gemäuer des Ordensschlosses Dundaga, zu deutsch: Dondingen, beeindruckten uns die mächtigen Eichen im angrenzenden Park. Die älteste sollte schon 800 Jahre alt sein. Bei ihrem Anblick mochten wir das gern glauben.

Bei unserer Fahrt zum abendlichen Schnepfenstrich, der Walter und mir keinerlei Gelegenheit zum Vorbeischießen mehr bieten sollte, beobachteten wir an fernem Waldesrand ein 30köpfiges Kahlwildrudel. Und neben Kranichen auf freier Flur sahen wir noch einen einsamen Singschwan, der auf einem gestauten Teich schwamm. Auf eindrückliche Weise verabschiedete sich so die nordische Natur. Das Kofferpacken fiel uns schwer – gern wären wir noch bei den angenehmen baltischen Waidgesellen geblieben.

Am Sonntag, den 27. April, brachte uns Algis zum Flughafen nach Riga. Nach herzlichem Abschied verlief der Rückflug ebenso reibungslos wie die Abfertigung beim Zoll in Fuhlsbüttel. Schließlich waren wir mit Ausfuhrdokumenten für unsere Hähne – allen voran die unabdingbaren EG-Veterinärzertifikate – ausgestattet.

Kaum hatte ich mein Zauberzeug daheim verstaut, ergriff ich den großen Gefrierbeutel samt Ur- und Spielhahn, bestieg den ICE nach Hannover, wo bereits Ralf Lohe am Bahnsteig auf mich wartete. Ein paar schnelle Bierchen, einige Erläuterungen, schon wußte der erfahrene Präparator, in welcher Pose er das edle Wild präparieren würde. Er hat sich dann auch erfolgreich Mühe gegeben, unsere Freundschaft nicht zu gefährden.

Wenige Wochen später klingelte mein Telefon: Bogdan Pawlowski informierte mich, daß die Jagd im Königsberger Gebiet für Deutsche bis auf weiteres gesperrt sei. Das enthob mich der Versuchung, gegenüber Sankt Hubertus womöglich eidbrüchig zu werden …

DREIZEHNTES KAPITEL

... und die Sehnsucht bleibt

Nun nähert sie sich langsam ihrem Ende, unsere gemeinsame geistige Pirsch durch Ostpreußen, lieber Leser. Und kaum beendet, ist die geschilderte Zeitspanne doch schon ein Stück Jagdhistorie: Denn das 1997 im Königsberger Gebiet ausgesprochene „Hahn in Ruh´" für deutsche Jäger hält an.

Was geschah seitdem? Letztmalig schoß in der Brunft 1997 ein russischer Jagdklient einen Abschußhirsch in der nördlichen Rominter Heide, bis auf weiteres ist die Hirschjagd offiziell gesperrt. Nach telefonischer Aussage von Bogdan Pawlowski meuchelten Raubschützen hingegen etwa 15 Geweihte in der hohen Zeit!

Reiche russische Hirsch-Klienten werden sich, wie in den vergangenen Jahren, wohl auch künftig auf die Memelforsten konzentrieren, wo eine Beute-Aussicht noch am ehesten gewährleistet ist. Zudem ist dort die Unterbringungsfrage zufriedenstellend gelöst. Im übrigen sind russische Jäger große Wasserwild-Enthusiasten, was die Schilfgürtel des Frischen und des Kurischen Haffs zu ihren bevorzugten Revieren macht.

Anfang 1998 fiel eine starke Wolfsfähe auf einer Lappjagd nördlich der Rominter Heide. Die Schalenwildbestände im Kreis Ebenrode sind anhaltend gering: Neben Wilderern und Wölfen hat der harte Winter 1996/97 gerade in den eh schon schwachen Rehbestand eine zusätzliche empfindliche Bresche geschlagen. Das Niederwild leidet unter starker Schlingenstellerei. Einzig das Schwarzwild läßt sich nicht unterkriegen. So werden die Russen weiterhin am Teufelsmmor westlich Ebenrode auf Schwarzkittel anstehen. Das Moor selber, in dem auch sechs bis acht Stück Rotwild ihren Einstand haben, ist Reservat und somit von der Jagd ausgenommen.

Kreisjägermeister Alexander Sytschew, der mich im April 1998 mit einem Kurzbesuch überraschte, unterstrich das Ende der Gästejagd. Auch für ihn und die Mitglieder seines russischen Rayon-Jagdvereins stehen gerade mal je eine Hand voll Schwarz- und Rehwildlizenzen für dies Jahr zur Verfügung. Kommentar überflüssig. Seine Aussagen decken sich mit denen von Bogdan Pawlowski, der jüngst in Königsberg beim Regionalverein der Jäger und Fischer weilte.

Eine weitere neue Kunde läßt um das bislang in der nördlichen Heide rein erhaltene Rominter Rotwild bangen. Dem russischen Gastwirt in Tollmingen wurde ein übler Streich bereitet: Ob einfacher Neid oder eine verweigerte Schutzgeldzahlung dahinter stecken, kann man von außen kaum beurteilen. Jedenfalls zerschnitten Unbekannte die Zäune seines Sika-Gatters und trieben das Wild in die Feldflur. Es ist nicht auszuschließen, daß sich das bodenständige Rotwild durch die Sikas verbastardisieren läßt. Die Tragweite der Konsequenzen ist noch lange nicht abzusehen. So etwas hat es andernorts schon gegeben, als Stichwort sei nur der Arnsberger Wald in Westfalen genannt.

Die russische Jagdaufsichtsbehörde in Königsberg betreibt Gedankenspiele, in der Rominter Heide zusätzlich Damwild auszusetzen. Den russischen Verantwortlichen liegen die Werke FREVERTS und KRAMERS vor, und sie sind über deren Inhalt durchaus unterrichtet. Sollten sie die Erfahrung ignorieren, daß Damwild im Elchwald sehr wohl gedieh, in Rominten jedoch keineswegs aufblühte? Das Rominter Rotwild könnte auf den zusätzlichen Störfaktor gewiß verzichten.

Zu einem noch erheblicheren Störfaktor aus ökologischer Sicht dürfte eine Erdölförderung im Bereich des nördlichen Elchwaldes und der Rominter Heide führen. Lizenzen für Probebohrungen wurden bereits an russische Firmen vergeben. Da zählt der Reservatsgedanke auf einmal wenig … Seit langem weiß man auch auf polnischer Seite von Ölvorkommen unter der Rominter Heide und in den östlich angrenzenden Naturregionen von Suwalki und Augustow. Doch stellen die polnischen Verantwortlichen den Naturschutzgedanken oben an.

Im Juni 1998 wartete Andreas Gautschi gegenüber dem Verfasser mit der Nachricht auf, die russische Grenztruppe hätte begonnen, einen Drahtzaun vom östlichen Eckpunkt der russisch-polnischen Demarkationslinie in Richtung Wystiter-See zu ziehen. Nach Abschluß der Arbeiten dürfte er die ganze ostpreußisch-litauische Ostgrenze abschirmen. Bleibt zu hoffen, daß dieser dazu beiträgt, litauische Raubschützen zu behindern.

Zu Zeiten der Sowjetherrschaft mußten Wilderer das Risiko eines drastischen Strafmaßes eingehen; der politische Wandel in der Russischen Föderation hat diese Hemmschwelle deutlich gemindert. Wildererbanden betreiben ihr schmutziges Handwerk zum Teil wohlorganisiert, wie z.B. im Elchwald. Es ist menschlich verständlich, wenn die zuständigen Berufsjäger keine Risiken in Anbetracht einer ver-

Deutsche Raubkunst im russischen Smolensk: Einst stand die von Prof. Richard Friese geschaffene bronzene Hirsch-Skulptur nahe der Hubertus-Kapelle in Jagdhaus Rominten

schwindend geringen Berufsunfähigskeits- bzw. Hinterbliebenenrente für ihre Familien eingehen möchten. Im Gegensatz zu den Raubschützen mangelt es ihnen zudem an geeigneter Bewaffnung, Sprechfunkgeräten, Fahrzeugen und Benzin.

Konzepte zu einer nachhaltigen Bewirtschaftung der nördlichen Rominter Heide unter einhergehendem straffen Jagdschutz entwikkelte seit Anfang der 90er Jahre der im Rheinland ansässige polnische Wildbiologe Bogdan Pawlowski. Er hatte einst in der Sowjetunion Wildbiologie studiert und im Hohen Altai riesige Reviere verwaltet. Sein Lebenswerk stellt die Schaffung eines Spitzen-Rotwildreviers am Lansker See südlich Allenstein dar. Es diente der Erwirtschaftung von Devisen für die Volksrepublik Polen. In diesen ebenso vorbildlich wie diskret gehegten – und nur gesellschaftlich exponierten Persönlichkeiten zugänglichen – ostpreußischen Wäldern fielen in den 70er Jahren etliche Hirsche mit Geweihgewichten zwischen zehn und zwölf Kilogramm. Hervorragende natürliche Äsung und absolute Ruhe in der hermetisch abgeriegelten Sperrzone schufen ein Hirschparadies. Es wurde im Rahmen des politischen Wandels in den 80er Jahren zerschlagen. Nach Öffnung des Reviers für die neiderfüllten „einfachen" Jagdvereine des Umlandes war der Bestand bald zusammengeschossen.

Bogdan Pawlowski erspähte mit der Öffnung des Königsberger Gebiets die Anknüpfung an seinen alten Traum. 1991 vermittelte er die ersten Jagdgäste in die nördliche Rominter Heide. Zugleich machte er die russischen Verantwortlichen mit einem ausgefeilten Konzept nachhaltiger Nutzung vertraut. Seine Pläne wurden jedoch immer wieder, gewollt wie ungewollt, vereitelt. Zwei Jagdvermittler drängten ihn 1992 und 1993 aus dem Geschäft. Und als er wieder Fuß faßte, sah er sich anderen Bestrebungen ausgesetzt.

Inzwischen unterbreiteten – mindestens zwei Interessenkreise deutscher Jäger – den russischen Verantwortlichen Planspiele über Rominter Stiftungen ins Ohr: Mit in Aussicht gestellten, hohen finanzi-

Von deutschen und russischen Schacherern zerstört: 1996 raubte man den Schlußstein des Kaminsims im Reichsjägerhof

ellen Mitteln und Fachwissen bot man die Unterstützung der Wiederbelebung Romintens als Spitzenrevier an. Jagdschutzmaßnahmen sollten ebenso wie Erhaltungsmaßnahmen an Relikten deutscher Jagdkultur aus deutschen Spenden finanziert werden.

Später hätten die hohen Stiftungsväter die Hirschabschüsse wohl erstmal unter sich verteilt ... und uns beiden, lieber Leser, wäre eines geblieben – nämlich kräftig zu spenden. Langsam überwog auch in den genannten Kreisen der Realitätsgedanke, daß bei dem anhaltenden Mangel an rechtlichen Rahmenbedingungen in der Russischen Föderation Investitionen kaum gesichert wären. Zudem wäre es töricht, ein solches Projekt ohne einen intimen Kenner der östlichen Mentalität und Geschäftsgepflogenheiten zu starten.

Inzwischen waren auch die Russen an den märchenhaftesten Versprechungen deutscher Geschäftemacher und Enthusiasten ermüdet. Vielleicht hätte sonst das Pachtangebot einer rheinischen Anwaltskanzlei gezogen: Ein namhafter Chemiekonzern „mit fünf Buchstaben" – ein Gruß an alle Kreuzworträtselfreunde – hätte die Rominter Heide gern zu seinem Repräsentationsrevier gemacht. Damit wären die Wildbestände auf längere Zeit nachhaltig gesichert gewesen. Wahrscheinlich ist die Ablehnung aus Königsberg jedoch aus der Furcht vor Moskauer Mißliebigkeiten zu betrachten.

So verfestigte sich der Kontakt zwischen Bogdan Pawlowski und Königsberg wieder. Auch seine praxiserprobten Konzepte haben jedoch leider zu keinem Durchbruch gefunden. Denn mit jedem politischen Führungswechsel im Königsberger Gebiet setzt auch das Personalkarussell in den Behörden ein; die Jagdaufsichtsbehörde bleibt da nicht ausgeschlossen. Da heißt es, mit der Überzeugungsarbeit immer wieder von vorn zu beginnen ...

Grundlegendes Verdienst von Bogdan Pawlowski wird es bleiben, bei der Jagdbehörde die Umwandlung der nördlichen Rominter Heide zu einem Reservat bewirkt zu haben. Gerade der empfindliche Aderlaß an Kahlwild auf Drückjagden unterbleibt somit vorerst.

Stets sahen sich die geduldigen Mitarbeiter des „Kaliningrader Regionalvereins der Jäger und Angler" großen bürokratischen Hürden ausgesetzt, wollten sie deutschen und ausländischen Gästen die Jagd im Königsberger Gebiet ermöglichen. Allein schon für das Beantragen der Waffeneinfuhrgenehmigungen pro Jagdsaison mußte ein Mitarbeiter des Regionalvereins immer persönlich beim Moskauer Innenministerium vorsprechen.

1997 kam die ausschlaggebende Hürde hinzu. Um weiterhin Jagdtouristik betreiben zu können, hätte sich der Regionalverein in die amtliche russische Liste der zugelassenen Reiseveranstalter eintragen lassen müssen: Lizenzgebühren in fünfstelliger US-Dollar-Summe wären fällig gewesen. Angesichts der wenigen, in Relation zu einem wahrscheinlichen Jagderfolg zu verantwortenden Klienten wäre auch auf lange Sicht keine wirtschaftlich vertretbare Gewinnspanne mehr dabei herausgekommen.

Unterdessen gibt es genug reiche russische Jagdlizenzinhaber, die bereit sind, Jagdaufenthalte in Anlehnung an westliche Preislisten gegen angemessene US-Dollar-Beträge in bar zu begleichen. So ist es nachzuvollziehen, daß sich die Verantwortlichen einer Klientel widmen, die keine aufwendigen Verwaltungsakte bedingt.

Wer in deutschen Jägerkreisen meint, im Königsberger Gebiet noch „unter der Hand" jagen zu können, sei deutlich gewarnt. Abgesehen davon, daß er sich auf häufig ungenügende Leihwaffen verlassen müßte, stellte sich die große Hürde der Trophäenausfuhr. Wo sollte er legal ein amtlich ausgefülltes Veterinärzertifikat und die Trophäenausfuhrbescheinigung erhalten? Wer stünde schon gern wegen Wilderei und Schmuggel vor russischen Gerichten?

Die russischen Zöllner kontrollieren genau, denn sie erhalten hohe staatliche Erfolgsprämien: Welcher Jäger mag sich damit anfreunden, daß sein schwer errungenes und teuer erworbenes Geweih beschlagnahmt und gemäß amtlicher Vorschrift gewissermaßen auf der Stelle mit Benzin übergossen und verbrannt wird? Es gibt also faktisch keine Einspruchsmöglichkeit! Im Beschlagnahmen von Trophäen ist der deutsche Zoll ebenfalls ins Kalkül zu ziehen. Wie überall im Leben dürfte es zwar Mittel und Wege geben, die Restriktionen zu umgehen, doch stünden Geld- und Nervenaufwand in keinem vertretbaren Verhältnis angesichts eines zu ungewissen Ausgangs.

Die Zahl deutscher Privatreisender im Königsberger Gebiet sinkt von Jahr zu Jahr drastisch. Wer von den heimattreuen Ostpreußen den lange gesperrten Landesteil besuchen wollte, tat dies in den ersten Jahren seit der Öffnung, also 1991 und 1992. Ein russischer Offi-

Ein weiteres Rominter Geheimnis ist gelüftet: 1997 enddeckten Jagdredakteur Hans Joachim Steinbach und sein mitteldeutscher Waidgesell Eberhard Riedel den mannshohen Grabstein des 1939 vor Warschau gefallenen Forstmeisters Dr. Paul Richard Barckhausen im Südteil des Jagens 173

Forstmeister

zieller nannte den Zeitraum sehr treffend „Die romantische Phase". Dabei kam es zu vielen menschlich anrührenden Szenen zwischen früheren und heutigen Landesbewohnern. Das Bemühen um gegenseitiges Verstehen stand dabei im Vordergrund. Zahlreiche soziale Hilfsmaßnahmen seitens der deutschen Vertriebenen sprechen eindeutig dafür.

In Moskau fanden diese Zeichen der Mitmenschlichkeit ein negatives Echo im politischen Kalkül. Seit 1993 verbreitete man das haltlo-

Nicht nur Ostpreußen erliegen der Faszination Rominten: Die Sauerländer Waidmänner Jürgen und Erich Johannes (li., Mi.) halten die jagdgeschichtlichen Stätten in Zeichenmappen und Modellbauten fest. Der Niedersachse Dr. Christoph Hinkelmann (re.), Naturkunde-Referent am Ostpreußischen Landesmuseum, rief vielbeachtete Sonderausstellungen zum Thema ins Leben

se Gerücht einer „schleichenden Regermanisierung": Die etwa 20.000 im Gebiet ansässigen Rußlanddeutschen wurden dabei zu einer fünften Kolonne der Bundesrepublik hochstilisiert. West- und mitteldeutsche Medien griffen das sensationsheischende Schlagwort nur allzu gern auf, dabei in Kauf nehmend, daß den Rußlanddeutschen das Leben einmal mehr zur Schikane geraten mußte.

Wer das Königsberger Gebiet seit 1991 kennt und es heute bereist, kann keine wesentliche Besserung feststellen. Im Gegenteil: Überall verschwinden alte, sprich deutsche Gebäude. Nach mehr als 50 Jahren ohne Reparaturen ist auch ihre Widerstandskraft erlahmt. Fortan dienen sie als wilde Baustofflager. Ihre roten Backsteine werden zu den Hauswänden der Villen neureicher Russen.

Deutsche Kulturgüter, auch solche von abendländischem Rang, sind vor mutwilliger oder fahrlässiger Zerstörung auch weiterhin nicht gefeit. Die Restaurierung einiger weniger Kirchen stellt nur einen Tropfen auf den heißen Stein dar. Vieles hängt von den Rayon-Chefs ab; diese haben seit einigen Jahren vermehrt Angst, eines fernen Tages womöglich einmal wegen Kooperation mit den Deutschen angeklagt zu werden. Um den Erhalt jagdkulturell bedeutender Bauten sollten wir uns daher auch nicht der geringsten Illusion hingeben!

Und auch andere ostpreußische Attribute dürften in wenigen Jahrzehnten verschwunden sein: Die alten Bäume der Chausseen und Alleen. Abgestorbene Bäume werden so gut wie nie ersetzt, an neuen Straßenprojekten sucht man Anpflanzungen vergeblich. Die eh schon entseelte Agrarsteppe verliert vollends ihr Gesicht. Schmerzende Worte, die nur sträubend der Feder entfließen.

Eine noch beredtere Sprache bietet die Karte über die Versteppung und Versumpfung des Gebietes. Aufgrund der zerstörten bzw. ungepflegten landwirtschaftlichen Entwässerungssysteme zum einen und der schadhaften Kanalisationen und fehlender Kläranlagen der Ansiedlungen zum anderen liegt die Wasserwirtschaft stark darnieder. Trink- und Schmutzwasser vermengen sich in manchen Regionen bereits. So kam es z.B. in Insterburg und Heinrichswalde zu bakteriell bedingten Massenerkrankungen.

Nach dem Niedergang des „Heimwehtourismus" konnte leider kein Spartentourismus Fuß fassen, der andere Deutsche mit dem Königsberger Gebiet vertraut gemacht hätte, sei es nun durch Reiterferien, Anglerfahrten, Kanutouren etc. Wer also eine Reise plant, sollte sie nicht auf die lange Bank schieben, denn auch die touristische Infrastruktur wird wieder ausgedünnt.

Noch lassen sich z.B. die Vogelwarte Rossitten, Forstgebäude des südlichen Elchwaldes, die Bauten des Landgestüts Trakehnen, das wiedererstandene Landgestüt Georgenburg (zumindest äußerlich) betrachten. Noch kann man in grenznahen Zonen mit Spezialerlaubnis den nördlichen Elchwald und die nördliche Rominter Heide mit ih-

BA	=	GROSS BAUM
BI	=	BIRKENMÜHLE
EB	=	EBENRODE
EYU	=	EYDTKAU
GI	=	GILGE
GU	=	GUMBINNEN
HA	=	HASELBERG
HE	=	HEINRICHSWALDE
IN	=	INSTERBURG
KÖ	=	KÖNIGSBERG (PR)
KRN	=	KREUZINGEN
LA	=	LABIAU
RO	=	ROSSITTEN
ROM	=	HARDTECK
SCHL	=	SCHLOSSBACH
SCHLG	=	SCHLOSSBERG
TI	=	TILSIT
TO	=	TOLLMINGEN
TR	=	TRAKEHNEN
TRA	=	TRAPPEN

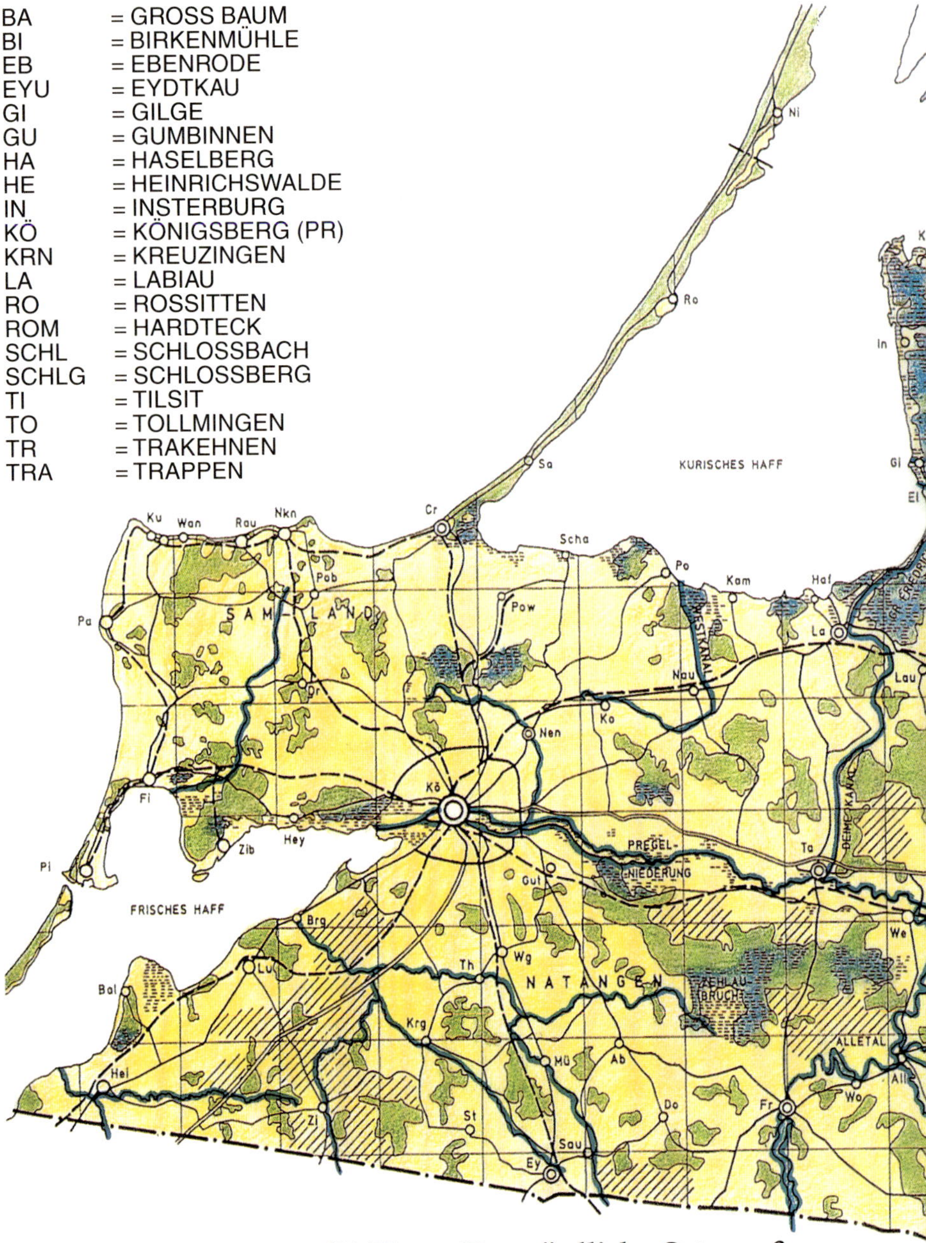

Karte aus E. E. Korkisch/H. Heinz: Das nördliche Ostpreußen
Eine Studie zur Landesstruktur. Freising 1996. Mit freundlicher Genehmigung von Prof. Ernst E. Korkisch, Dozent am Fachbereich Landesplanung der Fachhochschule Weihenstephan

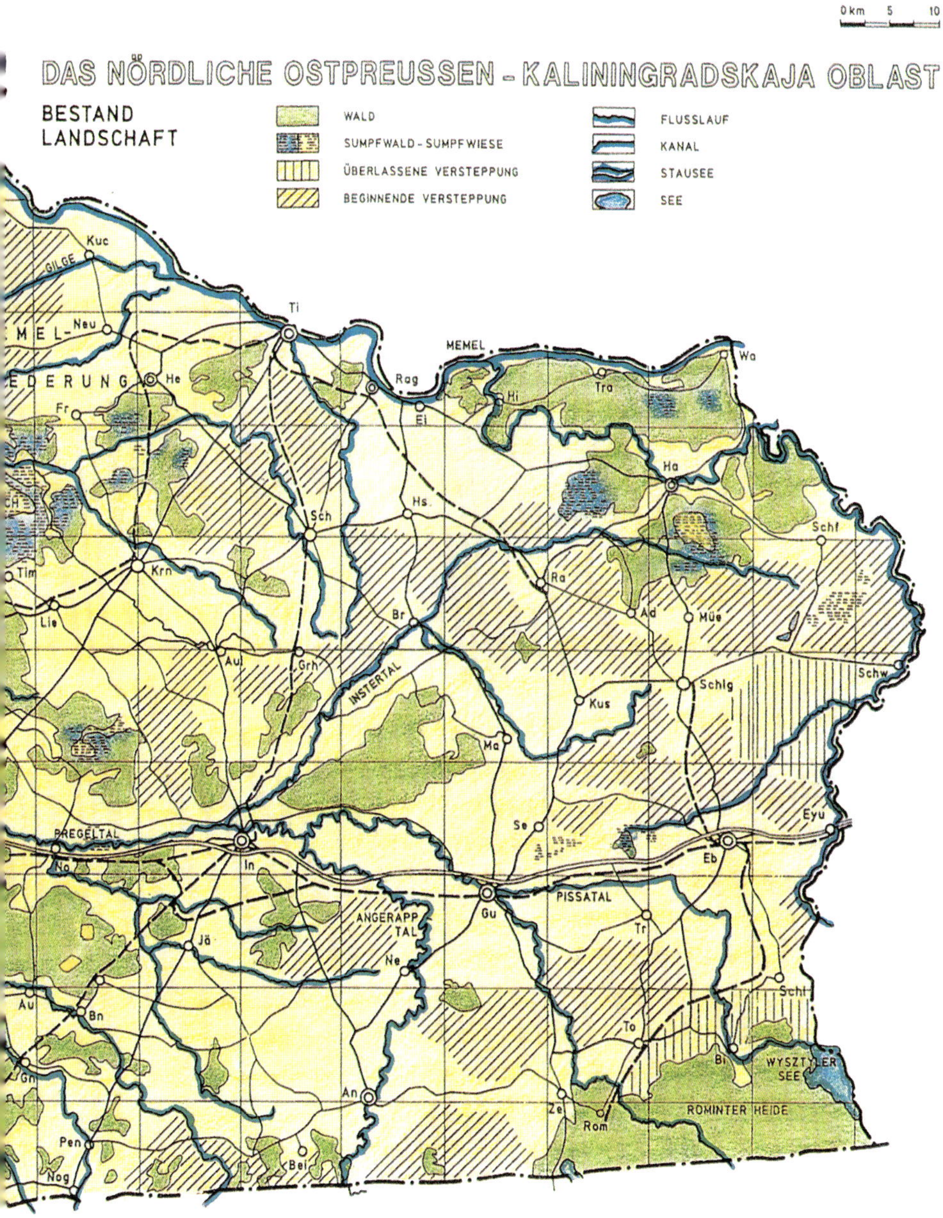
0 km 5 10
DAS NÖRDLICHE OSTPREUSSEN - KALININGRADSKAJA OBLAST
BESTAND
LANDSCHAFT
WALD
SUMPFWALD - SUMPFWIESE
ÜBERLASSENE VERSTEPPUNG
BEGINNENDE VERSTEPPUNG
FLUSSLAUF
KANAL
STAUSEE
SEE
Kuc
GILGE
Ti
Neu
MEMEL
Wa
He
Rag
Tra
Hi
Fr
Ei
Ha
Hs.
Sch
Schf
Krn
Ra
Tim
Br
Ad
Müe
Lie
Au
Grh
INSTERTAL
Schlg
Schw
Kus
Ma
Se
Eyu
PREGELTAL
In
Eb
No
Gu
PISSATAL
ANGERAPPTAL
Tr
Jä
Ne
Schl
Au
Bn
To
Bi
WYSZTYTER SEE
Gr
An
Ze
Rom
ROMINTER HEIDE
Pen
Bei
Nog

ren Ruinen aus alter Zeit „bewundern". Doch wie lange noch? Nach Aussagen russischer Diplomaten und hoher Grenztruppen-Offiziere bei Diskussionen im kleinen Kreis ist eine erneute Abschottung des Königsberger Gebiets bei einer sich fortsetzenden Osterweiterung der NATO durchaus erwägbar ...

Szenenwechsel: Das unter litauischer Hoheit stehende Memelgebiet, der nördlichste Ausläufer Ostpreußens. Jagd- und Forstwesen stehen zumindest in den wenigen waldreichen Regionen unter einem Kommando. Litauen hat sich in den vergangenen Jahren als Jagdland einen durchaus guten Ruf erworben, was die Trophäenqualität des Schalenwildes angeht. Allerdings haben das Elchwild durch Wilderei und der Rehbestand unter strengen Wintern in ihrer Bestandshöhe sehr leiden müssen. Dies gilt auch für das Memelland.

Gerade eine kombinierte Bock- und Keilerjagd bieten sich dort als „Schnupperjagd" an. Wer nicht auf kapitale Trophäen aus ist, wird das grandiose Naturszenario der Kurischen Nehrung als Revier schätzen. Im Juni herrscht stabiles Wetter, und die mitgebrachte Familie kann bereits ein Ostseebad an leeren Stränden nehmen.

Da die Revierverhältnisse höchst unterschiedlich sind, sollte man vor einer Reisebuchung die Referenzen anderer Gastjäger einholen. Bei Ankunft im Revier erklärt man lieber sofort, nicht mit „Gefechtsfeldbeleuchtung" schießen zu wollen; das spart kostbare Zeit und führt zu klaren Verhältnissen.

Im östlichen Zipfel des Memellands erstreckt sich der Forst Jura mit seinen früheren Forstämtern Wischwill und Schmalleningken auf einer Gesamtfläche von rund 15.000 Hektar. Er stellt das wahrscheinlich letzte Rückzugsgebiet des Auerhahns im gesamten Ostpreußen dar. Laut litauischem Jagdrecht unterliegt die Hahnenjagd jedoch ganzjähriger Schonzeit. Der Luchs als Widersacher fehlt nicht. Immer wieder mal werden auch Rothirsche um acht bis neun Kilogramm Trophäengewicht erlegt; das Edelwild ist ebenso Standwild wie der Elch. Der Stanglertyp herrscht eindeutig vor. Die reelle Chance, einen Elch zu erlegen, besteht dort eigentlich nur auf herbstlichen Schalenwild-Drückjagden.

Nimmt man eine Landkarte zur Hand, wird einem klar, daß diese Wälder in natürlichem Verbund mit den südlich des Stroms gelegenen Memelforsten zum einen und den nördlich der historischen Reichsgrenze gelegenen litauischen Forsten zum anderen stehen: 80.000 Hektar als Heimstätte des Wildes.

Die Schätze ostpreußischer Jagdkultur im Waidmannsherz bewahren: Das kaiserliche Jagdhaus Rominten (Mi.) mit der Hubertus-Kapelle (re.) und seinen Wirtschaftsgebäuden (li.) in einer historischen Luftaufnahme

Lassen wir einen weiteren Kartenblick abwärts wandern ins südliche Ostpreußen. Die Wälder Masurens symbolisieren den Rest jener dichten Großen Wildnis, die im Mittelalter bei der Erschließung des Landes stehen gelassen wurde, um feindliche Einfälle des polnischen Nachbarn zu verlangsamen.

Hinfort mit einem beliebten Volkslied-Klischee: Ostpreußen war keineswegs das gepriesene „Land der dunklen Wälder ...", sondern nach Schleswig-Holstein die waldärmste Provinz des Königreichs Preußen, gemessen im Verhältnis zur jeweiligen Gesamtfläche. Das gute Agrarland wurde intensiv genutzt; oft blieben nur sandige und feuchte Böden für die Forstwirtschaft über.

In den 60er Jahren öffnete die Volksrepublik Polen etliche Reviere der „Devisenjagd". Kein Wunder, wenn sich seit Jahrzehnten gerade die abwechslungsreiche, hügelige Landschaft Masurens mit ihren Endmoränen, den Rinnenseen und ausgedehnten Kiefernwäldern anhaltend steigender Beliebtheit der Gastjäger erfreut.

Wenn man scheinbare Weltabgeschiedenheit und eine ländliche Gastfreundschaft zu schätzen weiß, ist man dort als Jäger gut aufgehoben. Angesichts der hohen Rotwildbestände und der Bodengüte erhoffe man jedoch keine Spitzenböcke. Schon eine 250-Gramm-Krone (kurzgekappter Schädel mit schmalem Nasenbein) ist meist rar genug. Freunde braver Trophäen werden eher die fettbödigen Niederungen des Oberlandes und des Ermlandes aufsuchen. Wer *unbedingt* Kapitalböcke erwartet, begebe sich gleich in die polnischen Regionen von Radom und Kielce, sonst bleibt die Enttäuschung nicht aus.

Die besten süd-ostpreußischen Bockreviere bejagen die Polen übrigens lieber selber. Gewöhnen wir uns an den Gedanken, daß es auch dort bereits wohlhabende Menschen gibt, die nicht alles im Schoß der Touristik vermarkten.

Die Geweihqualität süd-ostpreußischer Hirsche ist vielerorts nicht zum besten bestellt: Berücksichtigt man sämtliche von Deutschen in den vergangenen Jahren erlegte Hirsche, liegt das durchschnittliche Geweihgewicht bei weniger als fünf Kilogramm, wie verschiedene deutsche Jagdreisevermittler in mündlichen Gesprächen äußerten. Denn die polnischen Organisatoren profitieren ganz gut von den Unterbringungs- und Servicekosten *vieler* Gastjäger. Weniger Klienten, die nur jagdbare Hirsche, also ab sechs Kilogramm Geweihgewicht, erlegen würden, brächten unterm Strich nach polnischer Rechnung weniger ein: „Warum also die Verhältnisse ändern?" Kaum andere Zustände herrschen in der Borkener Heide und der südlichen Rominter Heide.

Die Alterspyramiden vieler Rotwildbestände haben schon erheblich gelitten. Biologische Begleiterscheinungen, wie eine verspätete Brunft, bleiben nicht aus. Reife Hirsche sind Mangelware geworden. Erfreulich, daß zumindest in einigen anderen Regionen ein gegenläufiger Trend zu beobachten ist, so z.B. im Raum Landsberg (Ostpr) und Bartenstein.

Wer dort waidwerken will, muß neben einem wohlgefüllten Portemonnaie über einige Beziehungen verfügen. Denn in die erstklassigen Reviere laden sich auch gern polnische Politiker oder Offiziere ein. Und nicht jeder deutsche Jagdvermittler hat dort oder in anderen Spitzenrevieren Abschußkontingente parat.

Nicht wegzudenkendes Attribut ostelbischer Landschaftsidylle: Der Kranich. Nach einem Gemälde des westpreußischen Kunstmalers Reinhold Feussner

Fazit: Bei der Jagd im südlichen Ostpreußen steht nicht zuletzt der Landschaftsgenuß im Vordergrund. Dort findet der Reisende deutlich mehr Anklänge an das Land der Vorkriegszeit als im Königsberger Gebiet.

Wer nur auf kapitale Hirsche jagen will und an der überlieferten Landeskultur kein Interesse hegt, kann schließlich nach Bulgarien fahren oder nach Rostow am Don in Südrußland.

In den bekannten Revieren Alexanderwald und Krasnij Les stehen besonders edle Kronenhirsche. Dem Geweihtypus entsprechend, stammen sie mit hoher Wahrscheinlichkeit von einem kleinen Rudel Rominter Rotwild, das Kaiser Wilhelm II. Zar Nikolaus als Geschenk übersandte.

Eine ähnliche Gabe erhielt beispielsweise seinerzeit ebenfalls das dänische Königshaus, wovon noch heute die Hirsche im Hofjagdrevier ein deutliches Zeugnis geben. Auch in anderen Revieren fern seiner Heimat zieht Rominter Rotwild also seine Fährten und beeindruckt noch immer durch edle Stangenform, gewohnte Vielendigkeit und begehrte Becherkronen.

Meist fern der Heimat, zieht es auch uns ostpreußische Jäger in den Wald, besonders zur Herbstzeit. Und wenn wir dann hoffen, daß er unser Heimweh ein wenig lindert, ertönt plötzlich von hohem Himmel das Trompeten der Kraniche … und die Sehnsucht bleibt.

VIERZEHNTES KAPITEL

Hochwild meines Herzens

Hat die Sehnsucht nach Ostpreußen von uns Besitz ergriffen, kennt sie keine Pausen, keinen Unterlaß. Doch war es jüngst kein Kranichruf, der vom hohen Firmament zart in mein Ohr wallte und sie wiederum nährte. Vielmehr drang eine Stentorstimme durch den Telefonhörer fordernd auf mich ein: „Sysko, du hast mir doch immer gefühlsduselig vorgejammert, du wollest deinen Lebensbock *unbedingt* in Ostpreußen erlegen. Dabei weißt du selber ganz genau, wie verhältnismäßig gering die Chancen sind. Nun komm doch mit – denn die Sterne stehen dafür in diesem Jahr so günstig wie seit zehn Jahren nicht mehr und vielleicht auch in den nächsten zehn Jahren nicht!" – „Nee, ich habe etliche berufliche Gedanken, die gerade meinen Kopf durchschwirren und in Beschlag nehmen. Für eine Jagdtour habe ich beim besten Willen keine Zeit." – „Du kommst gefälligst mit, basta; die milde Witterung des letzten Winters war der Trophäenbildung äußerst zuträglich, wie mir die Polen meldeten. Es sind bereits erste hochjagdbare Böcke gefallen."

Bei aller Liebe und Wertschätzung für Elch, Brunfthirsch, Basse und Urhahn: Das „Hochwild" meines Herzens ist und bleibt der brave Rehbock. Da kann es schon mal passieren, daß selbst bei einem mittleren Sechser ein rasender Puls die zielende Hand erbeben läßt.

Was grazile Kraniche nicht vermocht hätten, schaffte nun dieser „niedersächsische Kleiderschrank" von Jagdvermittler. Manchmal muß man sich zu seinem Glück zwingen lassen; und so ließ ich mich wider besserer Vorsätze nach gekünsteltem Widerstand von Erich Masemann ins südliche Ostpreußen verschleppen.

Am Mittwoch, den 27. Mai 1998, stand der Rührige mit einem PKW-Kombi vor meiner Haustür. Schnell verschwand das Zauberzeug in dem geräumigen Fiat, und schon ging es gen Osten. Wer sein eigenes Fahrzeug nicht gefährden will, sollte einen Mietwagen nehmen. Einige wenige Verleih-Ketten bieten Fahrzeuge solcher Automarken an, die in der Diebes-Hitparade keine Rolle spielen und folglich über die Oder-Neiße-Linie hinaus benutzt werden dürfen.

Auf einem Rastplatz nordöstlich Berlin schlossen sich uns mit ihrem Wagen noch zwei niedersächsische Klienten Erichs an. Sie wollten auf mäßige Böcke im Südteil des Kreises Preußisch Eylau am Höhenzug des Stablack jagen.

Da unsere Zielgebiete im nordwestlichen Teil Süd-Ostpreußens lag, wählten wir im weiteren Fahrtverlauf nicht den gewohnten Weg über Bromberg bzw. Thorn. Vielmehr bogen wir bei Deutsch Krone ab und fuhren über Konitz und Preußisch Stargard weiter, um südlich Dirschau über die Weichselbrücke zu fahren. Auch diese Straßen sind in brauchbarem Zustand.

Hatten uns die Nacht hindurch Gewitter und Wetterleuchten Kurzweil geboten, verhüllte sich die Weichsel in einem Frühnebelschleier. Die Brücke wandelte sich gleichsam zu einem Tunnel, dessen milchküchige Wände vom Licht der Morgensonne warmtönig durchflutet wurden.

Preußisch Holland und Heilsberg ließen mit ihrem Umfeld unsere Reisegefährten über die Schönheiten des Ober- und Ermlandes erstaunen: Ostpreußen ist nicht nur im seenreichen Masuren sehenswert. Schließlich waren wir in der kleinen Stadt Landsberg (Ostpr) angelangt und verfuhren uns erstmals im nordwärts gelegenen Wald, bevor unsere Kolonnenfahrer ihre müden Häupter im angestrebten Quartier zur Ruhe betten konnten.

Wir befanden uns im südlichen Teil der von Höhen durchzogenen Stablack-Landschaft, die im sich anschließenden russischen Hoheitsbereich wie einst zu deutscher Zeit als Truppenübungsplatz genutzt wird.

Was für ein Wald! Ganz unruhig rutschte ich auf dem Fahrzeugsessel umher. Von Landsberg an verdichtet sich die kaum genutzte Wiesenlandschaft durch Gehölzinseln immer mehr, bis sie in ein vielgestaltiges Waldbild mündet. Für das Rotwild müssen in dem menschenarmen, doch mastreichen Areal fast paradiesische Verhältnisse herrschen. Trotz der Höhenlage bieten sumpfige Partien Hirsch und Keiler ruhige Heimstatt. Weltabgeschieden, wie für „Zonenrandgebiete" üblich, erscheint der herrliche Laubholz-Forst in unterschiedlichen Alters- und Artenklassen.

Unerbittlich durchschneidet ihn die polnisch-russische Demarkationslinie, die auf gewachsene Landesstrukturen keine Rücksicht nimmt. Da der russische Grenzzaun in diesem Bereich nicht sonderlich dicht ist, wechselt Wild immer wieder zwischen den Landesteilen hin und her. Das mochte den Polen lange manch alten, heimlich bummelnden Hirsch bescheren. Das ansteigende Raubschützentum im russischen Sektor könnte durch die Sogwirkung der leeren nördlichen Wildbahn jedoch einen umgekehrten Prozeß auslösen.

Schon zu deutscher Zeit waren der Stablack wie auch die östlicher gelegenen Preußisch Eylauer Forsten ein Geheimtip in Hinblick auf starke Rotwild-Trophäen. Und wenn sich seinerzeit nicht der Reichsjägermeister in gewohnter Manier selbst dorthin einlud, mochte dies mit dem bis heute hohen Aufkommen an Kreuzottern liegen, die er geradezu kindisch fürchtete.

In den polnischen Trophäenlisten rangieren jedenfalls immer mal wieder Hirsche aus dem Raum Landsberg und Bartenstein im oberen Bereich. Das bewies auch das auf einem Kunstschädel montierte Paßstangenpaar eines Hirsches, das wir in der polnischen Försterei Gallehnen betrachten konnten. Der im Revier vor wenigen Jahren erlegte Recke hatte es auf rund 13,5 Kilogramm Geweihgewicht gebracht. Vor so etwas kann man als ausgesprochener Rominten-Enthusiast nur kleinlaut den Hut ziehen: Die „Musik" spielt heute halt woanders ...

Das alte deutsche Gehöft, auf dem die Försterei untergebracht ist, machte einen recht ordentlichen Eindruck. Ein noch junger Hannoverscher Schweißhund döste in der Sonne. Bald schon verabschiedeten sich Erich und ich von den Niedersachsen, die im Verlauf der nächsten Tage zufrieden eine vielköpfige Strecke legen konnten.

Auf nach Bartenstein. In einem Hotel trafen wir auf einen weiteren Klienten, der beim dortigen Militärjagdclub in einer knappen Woche fünf Rehböcke mit Trophäengewichten zwischen 250 und 430 Gramm erbeutet hatte. Doch ein alter, wirklicher Kapitalbock mit Einstand in einem großen Getreidefeld hatte sich seinen Verfolgern entziehen können. Das Bartner Land präsentierte sich uns gleich eingangs von seiner besten Seite.

Zur gleichen Zeit erbeutete ein auf Gartenpungel wohnender belgischer Jagdgast eine 580-Gramm-Rehkrone – und freute sich als ausgesprochener „Fleischjäger" keineswegs! Solch ein Bock hätte mir dort zwei Jahre zuvor kommen mögen ...

Nach einer kleinen Reststrecke gen Osten und einem Verwirrspiel im Dschungel der für uns Deutsche so furchtbar ähnlich klingenden Straßennamen fanden wir durch die Lotsendienste eines jungen, sehr hilfsbereiten polnischen Autofahrers zu unserem Stadtrandquartier. In einem deutschen Siedlungshaus wurden wir fortan zünftig von einer polnischen Jägerfamilie bewirtet. Nachmittags erschien der Wildmeister des Jagdclubs mit den uns zugedachten Führern. Bogdan, Sohn unserer Wirtsleute, ein hochgewachsener Polizist, würde Erich führen. Mir stand fortan Piotr zur Seite, eher klein, ein sehniger Feldwebeltypus, der viele Jahre gedient hatte.

Ohne lange oder gar wodkaseelige Palaver steckten wir gemeinsam unsere Jagdziele ab: Brave bis kapitale Böcke ohne Gewichtslimit und Zufallskeiler. Vom ersten Augenblick an hatten wir Vertrauen zu unseren Führern. Und sie erwiesen sich in den folgenden Tagen tatsächlich als zu den Versiertesten gehörig, die uns jemals begegnet sind.

„Nur Abwurfstangen": Der von einem Polen am Stablack gestreckte Hirsch brachte es letztlich auf 13,5 Kilogramm Geweihgewicht

In seinem bescheidenen, postgelben Fiat Polski, dessen Beifahrersitz entfernt war, führte mich Piotr in ein abwechslungsreiches Mischwaldrevier, nachdem ich in einem bleiernen Nachmittagsschlaf wieder neue Kräfte gesammelt hatte. Der Orientierungsgang erbrachte etliche Pirschzeichen von Elch-, Rot-, Schwarz- und Rehwild, darunter starke Fährten. Dem recht hohen Grundwasserstand einiger Revierteile trugen intensive Entwässerungsnetze Rechnung. Elchwild ist dort Standwild. Schaufler genießen wegen ihrer geringen Zahl ausnahmslos Vollschonung.

Noch bei vollem Sonnenschein bewegte sich eine Bache mit ihren Frischlingen lautstark durch ein Bruch. Reiherenten strichen über eine Aufforstung hinweg. Auf dem Wirtschaftsweg lag ein toter Maulwurf, dem sich erste metallgrüne Aasfliegen auf den Balg setzten. Er selbst war aufgedunsen, so rund wie ein Kugelfisch. Lichtung um Lichtung glasten wir ab, doch kein weiteres Wild kam in Anblick.

Als wir uns auf dem gleichen Weg zurückwandten, kam uns eine Spaziergängerfamilie entgegen. Mein Führer belehrte sie, ihren kleinen Hund nicht unangeleint voraustrotten zu lassen. Später, auf der abendlichen Rückfahrt, erläuterte Piotr traurig: Zum Leidwesen des Wildes können polnische Jäger als „Segnung" der Demokratie nicht mehr so unter streunenden Hunden aufräumen, wie es nötig wäre. Auch die Überhand nehmenden Wölfe stehen mittlerweile bis auf wenige Landstriche im südöstlichen Polen unter Vollschonung … Psia krew!

Ich staunte nicht schlecht, als wir ein Linden-Stangenholz durchquerten. An Bestandsrändern entlangpirschend, schlugen wir den Weg schließlich ins offene Feld ein. Weite Maisschläge, da mochten sich später die Sauen freuen. Eine hohe, offene Kanzel vor Buchen-Baumholz bildete das im großen Bogen angegangene Ziel.

Ein ostpreußisches Panorama erschloß sich unter dem langsam herabsinkenden glutroten Sonnenball. Als wären wir um Jahrzehnte zurückversetzt, lagen im weiten, hügeligen Gelände die charakteristischen Abbauten. Schwarzbuntes Vieh belebte die Weiden.

Vor uns, im buschigen, bachdurchzogenen Gelände hatte an den Vortagen mehrfach ein starker Keiler gebrochen. Links in der Ferne zeigte sich ein Reh, fast in der Nähe eines Gehöfts. Ein Kranich stand lange regungslos auf einer Weide. Und geradeaus vor uns, wo in den Weiden ein weiterer, geschlossener Hochsitz stand, äste bald vertraut eine Ricke.

Glucksende, plätschernde Geräusche lenkten unseren Blick zu einem Graben, der sich direkt an unserem Hochstand vorbeischlängelte. Ein Biber schwamm, kaum den Kopf herausstreckend, zügig vorbei. Die zu kommunistischer Zeit aus Nordamerika angesiedelten Biber haben sich mehr als üppig vermehrt und besiedeln immer neue Landstriche.

Die Sonne hatte ihren Abstieg durch Abendwolken abpuffern lassen und blinzelte uns nurmehr wie durch eine Jalousie an. Der Ricke zur Linken hatte sich ein Bock hinzugesellt. Weit außerhalb der Schußweite ließ er sich bei seinen Gängen von Buschinsel zu Buschinsel als mittelmäßig ansprechen. Rechts in einiger Ferne eine Ricke, nein, ein Alttier.

Und ein Alttier näherte sich auch durch das mit reichlich Unterwuchs versehene Baumholz hinter uns. Schließlich bekam es eine Priese des unterdessen eingetretenen Küselwindes, und ab ging die Fahrt.

Das Büchsenlicht war eh fast völlig geschwunden, wir konnten abbaumen.

Erich hatte bereits Waidannsheil gehabt: Die Schußbahn seines Repetierers im Kaliber 8 x 68 S hatte ein mittelalter, braver Sechser zu eigenen Ungunsten gekreuzt.

Am Freitag, den 29. Juni, durften wir um 03.00 Uhr aufstehen. Piotr führte mich eine halbe Stunde später nordwärts in ein abgeschiedenes Revier nahe der polnisch-russischen Demarkationslinie. Noch ausgedünnter an menschlichen Siedlungen als andernorts präsentiert sich der grenznahe Bereich. Ein letztes Dorf durchquert, dann säumten stattliche Linden eine waldwärts gerichtete Chaussee. Die Reste eines großzügig angelegten Gutsgehöfts stimmten mich traurig. Verwahrlost wirkten zwei lange Wirtschaftsgebäude, einsam in der Landschaft stehend. Teils waren bereits rote Ziegel aus der Fachwerkkonstruktion gerissen. Das Herrenhaus war längst abgetragen.

Zu Fuß wandten wir uns einer weiteren, parallel zur ersten verlaufenden Linden-Chausse waldwärts zu. Im ersten Morgenlicht taumelte ein Großer Kohlweißling schlaftrunken vor uns her. In herrlicher, fast beohnmächtigender Intensität strömte Lindenblütenduft auf uns ein.

Wir hielten uns links an der teils welligen Waldkante und pirschten am Rand eines streckenweise schütteren Rapsschlages entlang. In der Ferne vor uns stand eine Ricke im gelben Blütenmeer. Der Raps war schon hoch, das Wild hatte sämtliche Trümpfe in seiner Hand. Trotz aller Aufmerksamkeit, trotz allen „Pirschenstehens" und oftmaligen Abglasens passierte es dann doch, allerdings vom windzugewandten Wald: „Bö, bö, bö!" Ein alter Schlaumeier wahrte heil sein Haupt.

Damtier und Schmaltier belebten eine Weide vor uns, für mich ein ungewohnter Anblick. Weiter ging es nach rechts am vielkantigen Waldrand entlang. Eine offene, harmonisch von einigen Kiefern umstandene Kanzel lud zum Verweilen, doch nur eine äsende Ricke im lichten Raps bot Kurzweil.

Nach geraumer Zeit pirschen wir ein Stück zurück und nutzten dann eine Grabenhecke als Deckung. Der bislang halbe Wind blies uns nun sanft ins Gesicht. An einem gegenüberliegenden Waldrand, fast ganz im Raps verborgen, ein guter Bock. Er machte uns leider zuerst aus und ging flüchtig in den Wald ab. Schon maulte ich innerlich, den Reisetermin wiedermal zu spät angesetzt zu haben. Auf dem Rückweg zum Auto biß uns eine grelle Morgensonne schmerzhaft in

Im Volkslied häufig besungen: „De Oadebar" ist zumindest im südlichen Ostpreußen noch in erfreulicher Zahl vorhanden

die Gesichter. Und da ich diesmal nur ein leichtes Heuschnupfen-Mittelchen nutzte, um nicht als lebende Schlaftablette umherzuwandeln, hatten die „bösen" Blütenpollen zudem ihre nachhaltige Freude. Übelste polnische Flüche in meinem Hirn linderten das aufkeimende Selbstmitleid.

Das Rapsfeld zwischen den beiden Linden-Chausseen östlich des Waldes wies ebenfalls einige Fehlstellen auf. Darin ein roter Bock. Angestrichen am Zielstock auf 200 Meter wollte ich aber nicht unbedingt schießen. Doch schon tauchte er im Raps unter. Nur das Gehörn zeigte sich: Sehr lange, kaum vereckte Stangen, die förmlich rückwärts flohen. Unsere Geduld wurde nicht belohnt. Der Bock strebte unnahbar in den Wald.

Auf der Rückfahrt erblickten wir zwei Kraniche und einen Storch. Und an erfolgsträchtiger Stelle förderte der schnelle Kontrollblick Piotrs einen jagdbaren Bock in weiter Wiesenlandschaft zutage. Nichts wie ran!

Rund 300 Meter trennten uns von dem recht unbekümmert Äsenden. Seine schlauchartige Wiese war links und rechts von Hecken gesäumt. So arbeiteten wir uns leise, doch zügig unter gutem Wind vor. Nach zwei Dritteln der Strecke durchschlüpften wir Hecke und Wassergraben, um uns beidbeinig knieend im Heckenschatten bereitzumachen.

Leicht war der Zielstock ins feuchtmoorige Erdreich eingedrungen, und sofort hatte ich meine Büchse ins Ziel geführt. Der hinter mir kauernde Führer gab im gleichen Moment seine Zustimmung und schon ertönte der Schuß aus meinem 98er. Der schrägstehende Bock erhielt auf rund 80 Meter die Kugel und brach nach zwei Metern verendet zusammen. Die Aktion hatte vom Erklimmen der Grabenböschung an keine ganze Minute gedauert.

Vor uns lag mit zerfetztem Herzen ein mäßiger Sechser mit stumpfen Sprossen, der Färbung nach trug er ein regelrechtes Moorgehörn. Der Dreijährige konnte guten Gewissens als Selektionsabschuß durchgehen. Um 07.30 war der Bock im Auto verstaut. Beim Wildhändler brachte der Aufgebrochene immerhin 26 Kilogramm auf die Waage.

Diesmal hatte ich angesichts der weiten Feldreviere auf meinen Favorit de Lux - 98er gesetzt. Der ist zwar durch seinen 65-Zentimeter-Lauf im Kaliber .300 Winchester Magnum sehr lang. Ein hochpräzises Zusammenspiel mit dem 10,7 Gramm schweren Kegelspitz-Geschoß und eifrige Übung gewähren allerdings hinreichende Weitschußtauglichkeit. Innerlich richtet die Laborierung beim Wild jedesmal ein regelrechtes Blutbad an.

Abends setzten wir uns dort in der Linden-Chaussee an, wo unsere morgendliche Waldrandpirsch begonnen hatte. Zuvor mußten wir uns aus einigen frisch geschlagenen Stangenhölzern eine grobe Leiter zimmern und zum leiterlosen, sprich wilddiebsfeindlichen Sitz in einer Lindenkrone tragen. Im Westen mündete die Chaussee direkt in den Wald ein. Im Norden und Süden schmiegten sich weite Rapsschläge an sie heran.

Keinerlei, wirklich keinerlei Zivilisationsgeräusch drang zu uns vor. Dafür ertönte ein unendlich vielstimmiges Vogelkonzert aus den Chausseebäumen und dem nahen Mischwald, wie ich es noch nie vernommen hatte. Selbst wenn im Verlauf des Abends nicht Jährlingsbock, Ricke, Dachs, Steinmarder und vorbeiziehende Schnepfe die Naturbühne belebt hätten, ich wäre wunschlos glücklich gewesen.

Piotr und ich konnten es als Waffennarren nicht lassen, mit meinem 98er spielerische Zielübungen zu machen, als sich geraume Zeit vor uns auf nur 60 Meter Entfernung im Raps ein etwa dreijähriger Sechser zeigte. Aus dem mochte ruhig noch was werden: Starke, V-förmige Stangen zierten sein Haupt. Und so erfreuten wir uns seines Anblicks ohne Jagdfieber durch´s Fernglas. Ein krönender – oder vielmehr – gekrönter Abschluß des Jagdtages.

Erich hatte wieder einen mittleren Sechser erlegen können. Richtig so, nur keine Chance vertun.

Kristalle funkelten auf dem Asphalt während der Anfahrt zur Frühpirsch. In östlicher Richtung umrundeten wir einen stattlichen See, und als wir das Fahrzeug verließen, grüßte nicht nur der bereits heraufdämmernde Morgen, sondern auch ein Raubwürger in naher Hekke. Ein Ansitz auf niedriger Kanzel in waldumrandeter Weide erbrachte nur den Anblick eines Schmalrehs.

Wärmefördernde Bewegung konnten wir durchaus gebrauchen. So drangen wir in den Laub-Mischwald vor. Mit seinem feuchten, reisig-gespickten Boden lud der zu anspruchsvoller Pirsch ein. Der auf einer Waldlichtung von Piotr vorausgesagte hochjagdbare Bock blieb fern, eine äsende Ricke unterstrich, daß wir ihn nicht etwa vergrämt hatten.

Gebräch und immer wieder Gebräch. Auffallend stark war die Buche vertreten. Gezäunte Schläge unterbrachen das Waldbild. An einem Feldwinkel gerieten wir wieder ins Freie. Neben weiten Wiesen und Getreidesaaten bereicherte Raps farbenfroh die Feldflur. Schon sanken wir an seiner Kante gleichzeitig auf die Knie und der Zielstock bohrte sich unter meinem Armdruck in den Boden.

Ein herrlich roter Bock zog Richtung Wald. Kein Schlechter: In Gegenlicht prangten seine taufeuchten, weitausgelegten Stangen im Zielfernrohr. 60 Meter, mehr waren es nicht. Gleich mußte er den Raps verlassen und würde über den schmalen unbebauten Streifen ziehen, um im Hochwald einzutauchen. Die Büchse sprach wie von selbst. Es war 06.30 Uhr.

Lungenschweiß beruhigte uns am Anschuß, doch war der Sechser noch flüchtig in den Wald abgesprungen. Der Schweiß versiegte schnell. 20 Meter weiter im Bestand fanden wir den längst Verendeten erst nach geraumer Sucherei. Das Kegelspitz-Geschoß hatte das Herz zerrissen, und durch die Wucht hatte eine Hälfte davon den halbfaustgroßen Ausschuß verstopft. Der Bock wog aufgebrochen 20 Kilogramm. Seine Gehörn hatte allerdings geprahlt. Bei einer bemerkenswerten Auslage von genau 15 Zentimetern kam es gerade mal auf 240 Gramm netto.

Der Weg zum Auto wurde von drei herumtollenden Hasen belebt. Nachdem wir den Bock verladen hatten, hielten wir auf einem nahegelegenen deutschen Gehöft. Das bewirtschaftete ein polnischer Waidgesell von Piotr. Ein gastfreundschaftlicher Kaffee, dann wies er uns in der Wiesenlandschaft noch rasch auf den Wechsel eines braven Bocks ein.

Nach einem ausgiebigen Frühschlaf im Jagdquartier war Putz- und Flickstunde angesagt. Als Hintergrundmusik grollten mächtige ostpreußische Gewitter. Während der Fahrt zur Abendpirsch überraschte uns ein Hagelsturm. Nördlich der Ländereien vom Morgen stießen wir zu Fuß über eine Jungbullenweide vor, besichtigten ein von Bibern gestautes Gewässer, um unseren Schritt erst an einer frisch gemähten Wiese zwischen zwei Gehölzen zu stoppen. Weißstorch und Fuchs, kaum 30 Meter voneinander entfernt, befanden sich eifrig auf Mäusejagd. Dem Bild mochten wir uns nicht verschließen und verharrten eine ganze Weile.

Eine Ricke äste in einer ungemähten Wiese. Auf unserer weiteren Pirsch wurde ein Bock nur wenige Meter entfernt in einem Gerstenschlag hoch und flüchtete leise: Gewiß ein gewitzter, alter Bursche. Mir hatte unterdessen die Gerste den Rest gegeben. Mit arg verquollenen Augenlidern langten wir beim Auto an.

Auf einer sehr hohen Kanzel bei einer nahegelegenen Buchen-Aufforstung saßen wir den restlichen Abend an, ohne nennenswerten Anblick zu genießen. In der Ferne lieferten Rehe eine lang anhaltende Schimpf-Kanonade. Uns konnten sie nicht meinen.

Vom Lindenblütenduft umwebt: Der Hochsitz in der Baumkrone bot weites Blickfeld

Am Pfingstsonntag, den 31. Mai, ging es wieder ins nördliche Revier. Bei unserer Anfahrt auf der Linden-Chaussee überfiel in Büchsenschußweite ein einjähriger Keiler den Weg und pflügte sich gleichsam durch die kniehohe Getreidesaat zur Rechten. Hussa, welch lebensstrotzendes Bild, das unser Blut sofort in Wallung brachte!

Gleichmütiger verlief unser Ansitz in der Baumkanzel der südlichen Parallelchaussee. Als entsprechender Anblick ausblieb, durchdrückte Piotr schließlich im weiten Bogen eine südlich, jenseits des großen Rapsschlags anschließende Waldung. Ein Damspießer, Ricken und ein schwacher Bock waren das Resultat.

Als mein engagierter Führer wieder neben mir Platz genommen hatte, mauste friedlich in der Frühsonne ein Fuchs vor sich hin. Piotr hatte unterdessen in Richtung der anderen Linden-Chaussee geglast und tippte nun unruhig auf meine Schulter.

Erbarmung, was für ein Mordsbock! Eine breite Baumlücke zwischen der anderen Chausse und dem Waldrand ermöglichte den Blick auf eine jenseits liegende Wiese. Dort stand der Bock. Etliche 100 Meter trennten uns, doch daß es zwischen seinen Lauschern „mehr als nur voll war", erschloß sich auch dem 10 x 40 Dialyt. Nichts wie ran. Von dem Bock hatte Piotr schon gesprochen, doch wehte der Wind dort nicht immer günstig. Kurzum, wir eilten unter gebotener Vorsicht bis zur fernen Wiese, der Kapitale schien jedoch vom Erdboden verschluckt.

Abends stand der Wind für uns günstig: Wir plazierten uns sehr rechtzeitig auf einer offenen Kanzel am dortigen Waldrand. Im Abendverlauf erschien zuerst ein einsam äsendes Schmalreh vor uns. Ein Schmalzmann verließ rumorend das Unterholz und wechselte in die Wiese. Später entdeckten wir nach und nach zwei Stück weibliches Damwild. Es äste am bebuschten Graben, der sich zwischen den östlichen Wiesenrand und das sich anschließende Getreidefeld in Nord-Süd-Richtung drängte.

Bei stark hereinbrechender Dämmerung machten wir diesseits und jenseits des Grabens auf mehr als 200 Meter schemenhaft drei teils jagdbare Böcke aus. Ein genaues Ansprechen war nicht mehr möglich. Unergründlich blieb die Ursache, warum sich die Böcke ein lang anhaltendes Schimpfkonzert lieferten.

Freudig faßte Erich die insgesamt zuversichtliche Lage auf und bekräftigte mein Ansinnen, nurmehr auf diesen speziellen Bock zu waidwerken. Dabei vermied es der wohlmeinende Ratgeber, mich mit weiteren, doch nur aufwühlenden Dessins zu versorgen. Wissend nikkend, zerteilten seine Finger beim Nachtmal geräucherte Maränen, und ich tat es ihm gleich.

Scheppernder als jeder museale Blechwecker trieb mich der Morgengruß von Erich am Pfingstmontag, den 1. Juni 1998, aus dem Bett. Noch früher als sonst kleideten wir uns an und sogen wortkarg den Früh-Kaffe in uns ein, um dann auf der Bank vor´m Hause unter verblassendem Sternenhimmel auf unsere Jagdführer zu warten. Als erster erschien Piotr. Nur keine Zeit verlieren, bald befuhren wir wie gewohnt die Chaussee nach Norden.

Noch war es dunkel, so daß einen angesichts der verborgenen Landschaft nicht etwa wehmütige Gedanken ereilen konnten. Doch was war das? Einer inneren Stimme gleich erfüllte wie aus dem Nichts kommend eine bekannte „Freischütz"-Melodie mein Ohr: Aus dem Terzett des Ersten Aktes war deutlich Maxens banger Sang zu hören, gipfelnd im wiederholten „... Ach, ich muß verzagen, daß der Schuß gelingt!" Warum diese Anwandlung, hatte ich nicht in den Vortagen mit „kaltem Mut" zwei Böcke durch saubere Blattschüsse auf die Decke gelegt? Immer mehr erfüllte das Terzett meinen Kopf, bis es sanft im guten Rat des Erbförsters Kuno verebbte.

Plötzlich wurde es vor uns auf dem Asphalt lebendig. Von links nach rechts stürmte geradezu ein Igel im Scheinwerferlicht über die Fahrbahn. Wie nah wir bereits waren: Deutlich zeichneten sich seine emsig strampelnden Beinchen ab. Ans Einigeln dachte er nicht. Piotr handelte schlagartig mit einem Fahrzeugschlenker. In den Rückspiegeln erkannten wir mit Wohlgefallen, daß dem kleinen Stachelritter nichts zugestoßen war, und machten unserer Erleichterung mit prustenden Lippen Luft. Ein wenig zu früh; nur wenige Minuten später wurde Piotrs Reaktionsschnelligkeit nochmals getestet. Nunmehr setzte ein Hase in nächster Nähe vor uns über die Fahrbahn, doch auch seine Wolle blieb unangetastet. Wann hat man schon einmal so eine abwechslungsreiche Anfahrt ins Revier?

Irgend etwas schien mit dem Fahrzeug nicht zu stimmen. Mein Führer ließ es langsam ausrollen. Da hatten wir´s auch schon: Ein platter rechter Hinterreifen. Werkzeug raus und her mit dem Reserverad ... schon dämmerte der Morgen herauf.

Nach kurzem Reparaturstop ging es wieder zügig in Richtung Revier. Endlich hatten wir das letzte Dorf durchquert und bogen in die Zielgerade der alten Linden-Chaussee ein. Kaum, daß uns die Astdächer beschirmten, rumpelte es wieder verdächtig. Der Reservereifen hatte unterdessen ebenfalls den Dienst quittiert! „Das gäbe glatt Stoff für eine spannende Romanszene", schmunzelte ich kurz, die doch sehr eigentümliche Situation eher als Traum, denn als Wirklichkeit wahrnehmend. Doch Sankt Hubertus führte an jenem Morgen eine noch ausgefeiltere Regie …

Im Chaussee-Sand zeichnete Piotr mit der Spitze meines Zielstocks flugs eine Geländeskizze, den wahrscheinlichen Wechsel des Bocks durch die Wiese und den von mir einzunehmenden Standort. Fragen? Keine! Er selbst mußte sich nun der Reifenreparatur widmen.

Mich umfing die im Frühlicht bereits voll erkennbare Feldflur, als ich im strammsten Avancierschritt unter dem Linden-Dach vorwärts strebte. Noch drei Kilometer wollten im Wettlauf mit der Zeit genommen sein. Da und dort ein kurzer Zwischenhalt, um in der Deckung eines Chaussee-Baumstamms das Gelände abzuglasen. Es zeigte sich jedoch kein Wild. Vorsichtiger, immer vorsichtiger näherte ich mich meinem Anstand. „Erstmals in all den Jahren ohne Pirschführer in heimatlicher Wildbahn auf Jagd", lautet der denkwürdige Eintrag im Tagebuch.

Längst befand ich mich in der Stunde höchster Bewährung, und ich ahnte es. Und endlich ahnte ich deutlich, *was* für ein Bock dort seine Fährte zog. Wieder drang Maxens zweifelnder Sang in mein geistiges Ohr.

Inzwischen hatte ich die Reste des Gutes links liegen lassen und erreichte sehr bald die flache Brücke im Wegverlauf. Unter ihr schlängelte sich, von Norden kommend, ein Bach seine Bahn. Rechts von ihm ein schmaler Pfad, dem sich ein weites Feld mit grüner, kniehoher Getreidessaat anschloß. Auf der anderen Bachseite folgte die ungemähte, hochbewachsene Wiese, dahinter der Waldrand, an dem wir am Vorabend angesessen hatten.

Ebenfalls jenseits des Bachs, jedoch südlich der zum Wald führenden Chaussee, wartete der Rapsschlag auf. Ihm würde sich nach Piotrs Angaben der Bock aus der Wiese her nähern. Am Westrand der Brükke stehend, sollte ich ihn abpassen. Dort rammte ich denn auch den Zielstock in den trockenen Boden. Hinter mir einige mannshohe Büsche. „Sascha ließ grüßen", ein paar zusätzliche Zweige, vor mir ins Erdreich gesteckt, konnten gewiß nicht schaden.

Die alte Jägerlehre, wonach der erstbezogene Stand stets der beste sei, kam mir trotz vorangeschrittenen Büchsenlichts nicht in den Sinn.

So ging ich über die Brücke auf einige junge, schulterhohe Eichen zu. Mochten mir einige ihrer Äste dienlich sein. Gerade hatte ich das Messer aus dem Gürteletui gefischt und aufgeklappt, zuckte ich förmlich zusammen.

Im linken Augenwinkel herrschte Bewegung. Auf dem Feldweg diesseits des Bachs näherte sich, es mochten noch 200 Meter sein, der Bock. Das offene Messer einfach in die Jackentasche gestopft, führte der nächste Griff zum Fernglas. Was schon mit bloßen Augen zu erkennen war, bestätigte sich jetzt erst recht: Es näherte sich *der* Bock. Nein, es schien vielmehr, als näherte sich eine kapitale Rehkrone, dem ein vermeintlich graziler Rehkörper gewissermaßen als Fahr-Lafette untergebunden wäre. Das angegraute Haupt des Bocks unter den starken, V-förmigen Stangen wirkte scheinbar klein. Da gab es nichts anzusprechen.

Hinweggefegt, die souveräne Ruhe der beiden vorangegangenen Jagderfolge! Der Puls bebte, während mich die Erkenntnis schmerzvoll durchblitzte, daß mein Zielstock jenseits der Brücke fußte.

Vor dem Haus der Gastgeber zur Strecke gelegt: Mit dem Verfasser freuten sich ebenfalls Erich Masemann und die polnischen Jagdführer Piotr und Bogdan

Ein heimatliches Symbol aus dem Bartner Land: Einen Tag nach dem Abkochen wog die kapitale Rehkrone 505 Gramm netto

Schwer mochte den Sechser die edle Hauptzier drücken; mit waagerecht vorgestrecktem Träger, als hätte er das standesgemäße Auftreten kapitaler Böcke eifrig in der jagdlichen Fachliteratur studiert, näherte er sich zügig entlang des Bachs.

Nun begann auch noch der halbe, bislang ostwärts gerichtete Wind zu küseln. Spätere Manöverkritik ergab, daß der erste Platz eben doch nicht der richtige gewesen wäre. Diese Feststellung ist bitte nicht als Ausrede zu verstehen, lieber Leser. Als erlösende Verzweiflungstat ließ ich die fertiggeladene Büchse von der Schulter gleiten und ging freihändig in Anschlag. Denn hinter mir bot kein Gebüschast hinreichenden Halt zum Anstreichen, und die Lindenbäume der Chaussee endeten bereits zehn Meter ostwärts. Auf die Idee, langsam in den Schneidersitz zu sinken, um knieend aufgelegt zu schießen, darauf kam ich Nervenbündel nicht. Der leicht schräg nach rechts heranziehende Bock, er mochte keine 100 Meter mehr entfernt sein, bot dem gleich mir pulsierenden Zielstachel des konstant achtfach vergrößernden Diatals kein sicheres Abkommen. Nach kurzer Rührerei – „Hubertus hilf!" – fiel der Schuß, und der Bock ging in geraumen Fluchten durch das kniehohe Getreidefeld quer ab. Ich hatte unverzüglich an der Wange repetiert, fuhr nun mit und wurde den zweiten, scheinbar wiederum erfolglosen Schuß los. – Genug der Stümperei. Nochmals sofort an der Wange repetiert, da sprintete ich auf die nächste Linde zu und schlug die Büchse an deren Stamm an. Ein, vielleicht zwei Sekunden angespannter Ruhe, schon befand sich der Bock im Blickfeld meines Zielfernrohrs, es mochten 150 Meter sein.

Was ich innigst erfleht hatte, trat ein: Der Bock verhoffte und sicherte, wieder Lehrbuchmanier zur Schau stellend, zu mir zurück. Nur Haupt samt Träger und die vage Rückenlinie ragten aus dem grünenden Getreidefeld hervor. Der Zielstachel fand im erahnten Blatt ruhigen Halt. Ich setzte alles auf die einzig verbliebene Karte und schickte das Kegelspitz-Geschoß auf ungewisse Fahrt durch den Halmenschleier. Der dritte Schuß ertönte, und a tempo sackte der Bock in sich zusammen. „War es vielleicht ein Krellschuß, oder hatte sich der Gekrönte in einer Furt, einem Entwässerungsgraben in letzter Sekunde bergen können?" Fix aufkeimende Zweifel angesichts einer ebenso seltenen wie edlen Beute, die einem Stück Hochwild in nichts nachsteht.

Bangen Herzens, ob ich die schmählich begonnene Waffentat doch noch zu einem Husarenstück gewandelt hätte, stopfte ich drei neue Patronen mit meiner Rechten aus den Patronenschlaufen des Jagdgürtels in das offene Magazin der Büchse. Die lag noch im Anschlag, während ich die Anschußstelle weiter im Zielfernrohr behielt.

Nichts rührte sich, „03.30 Uhr" bedeutete das Zifferblatt. Minuten, die mir zu Stunden auszuufern schienen, verstrichen. Schließlich nahm ich das Zielfernrohr ab, verstaute es in der Jacke, klappte endlich auch das Messer wieder zusammen und deponierte es am rechten Fleck. Dann ging ich mit schußbereiter Büchse in Richtung des Anschusses. Geräumig schlug ich in unterschiedlicher Entfernung Bögen. Dabei resümierte ich, daß mir auch im Fall eines Mißerfolgs zumindest das seltene Erlebnis bliebe, einen wirklichen Kapitalbock wenigstens beobachtet zu haben. Bleibt nicht den meisten Jägern solcher Anblick zeitlebens verwehrt?

Der herantuckernde Fiat Polski riß mich aus den Grübeleien. Schon hechtete Piotr durch das taunasse Getreide auf mich zu. Trotz seiner Reifenflickerei war er mit seinen Ohren ganz bei mir gewesen. Nach den ersten beiden Schüssen war es ihm ziemlich bang, doch beim dritten hatte er deutlich Kugelschlag vernommen!

Nun suchten wir nochmals raumgreifend. Plötzlich sprang Piotr regelrecht auf und schwenkte seine Arme. Als ich auf ihn zueilte, bückte er sich bereits wieder. Seine Hände hielten das gekrönte, taunasse Haupt, und beide fanden wir keine Worte. Zitternd glitten die Finger über die brav geperlten, dicken Stangen.

Der erste Schuß hatte eine leichte Wildbretverletztung im äußeren Bereich der rechten Hinterkeule verursacht, der zweite Schuß saß vor

„Bei uns Zuhause in Masuren ...": Schwermut überkommt die Landsleute, wenn sie ihre Erinnerungen so einleiten oder ausklingen lassen

der gleichen Keule im Gescheide. Die dritte Kugel durchschlug das Zwerchfell und zerfetzte das Herz.

Mit einem schwachkalibrigen Kipplaufgewehr wäre die Aktion anders ausgegangen. Streichelnd fuhr eine Hand über den Schaft des schlichten 98ers. Einzig das Diatal 8 x 56, unbestritten ein vorzügliches Spezial-Zielfernrohr zum Feldansitz auf Sauen und Füchse, könnte demnächst einem Vielzweckglas wie dem neuen Diavari V 2,5 – 10 x 50 weichen. Das Bessere ist des Guten Feind.

Ein Traum? Langsam trugen wir den Bock in den Schatten der alten Linden-Chaussee. Dann überreichte mir der bewährte Jagdführer einen Lindenbruch – was hätte mehr Symbolkraft besessen? Und unter den Linden hielten wir dem Gekrönten denn auch unsere Wacht.

Dankerfüllt eilten meine Gedanken auch zu den mir bislang nicht bekannten Gutseigentümern, deren Nachfahren in Norddeutschland leben sollen. Auch wenn sie wie die allermeisten von uns Ostpreußen nicht mehr Herr auf eigener Scholle sind, leistete ich ihnen heimlich Abbitte für den Ernteabschuß.

Nach dem Aufbrechen, der Bock brachte es später auf 21 Kilogramm, prüften wir sein ungefähres Alter anhand des rechten Unterkiefers: Sechs Jahre mochte er zählen. (Nur der Vollständigkeit halber, denn Knochen-Paraden und Punkte-Feilschereien sind mir zuwider: Die am gleichen Tag abgekochte Trophäe wurde einen Tag später in Allenstein offiziell vermessen. Sie fällt demnach unter die zehn punktestärksten Rehkronen im südlichen Ostpreußen seit Kriegsende. Das Gehörngewicht betrug netto 505 Gramm und zählte 148,65 I.P.)

Auf denn zum Jagdquartier, schließlich wollten wir den Kapitalen im Kreis der Waidgesellen verblasen. Soviel sollte sich bewahrheiten, die polnischen Jäger freuten sich ebenso *ehrlich* über mein Waidmannsheil wie Erich Masemann, der angesichts des turbulenten Jagderlebnisses die einzig treffenden Worte fand: „Es hat halt sollen sein."

Doch noch waren wir im Revier. Fast hatte Piotr den auskühlenden Bock im Wagen verstaut, da ging ich nochmals allein in Richtung Brücke. Dort wartete mein Zielstock auf mich. Während ich in der seichten, vom Lindenblütenduft erfüllten Frühlingsluft einherschlenderte, fiel auch das letzte bißchen Anspannung von mir ab. Und wenn wir uns auch im Bartner Land befanden, entströmte doch dem Mund die zweite Strophe des Masurenliedes, freilich nicht ganz unpassend:

„Wild brauset der Hain!
Drin spähet der Schütze des Wildes Spur,
kühn dringt er hinein,
durchspüret die Wälder, die Felder, die Flur.
Ihr schwebenden Wolken, gedenkt auch mein – im Hain!
O führt mich durch Wälder und Felder zur Heimat ein!"

Wieder hatte mich die ostpreußische Heimat reich beschenkt.

ANHANG

Wenn einer eine Reise tut

Wie oft ist in Gesprächen mit anderen Jägern folgender klassischer Satz zu hören: „... ja, und da hab ich eine Bockjagd im Nordosten von Polen gebucht. Und dann war ich plötzlich in Masuren, dieser herrlichen Landschaft. Und dann merkte ich, daß ich in Ostpreußen war. Leider haben wir in der Schule darüber nie was erfahren. Kaum von der Reise zurück, habe ich mir erstmal einige historische Bücher und Bildbände über das Land gekauft – wie schön muß es dort zu deutscher Zeit gewesen sein. Naja, zumindest die Natur lohnt immer noch eine Reise ... nächstes Mal, wenn es zur Blattjagd dorthin geht, nehme ich Frau und Kinder mit. Die können dann am See baden oder Kutschfahrten machen."

Recht so – allerdings sollte man bei (Jagd-)Reisen nach Ostpreußen umsichtige Vorbereitungen treffen, um sich nicht von vornherein den Urlaubsgenuß zu vereiteln, denn es gibt einige Fußangeln. Hier verschiedene unverbindliche Anregungen und Stichworte aus eigenem Erfahrungsschatz mit Gewehr, doch ohne Gewähr.

Da sich in den jungen Staaten Polen, Russische Föderation und Litauen, die Ostpreußen untereinander dreigeteilt halten, die Reisebestimmungen gelegentlich verändern, wird man Visa für die nördlichen Regionen und Waffengenehmigungen möglichst frühzeitig vom Jagdreisevermittler beschaffen lassen. Versierte Vermittler geben sich durch Detailkenntnisse zu erkennen und speisen Klienten nicht oberflächlich ab. Schon an der nächsten Grenze könnte man sonst sein blaues Wunder erleben.

Papierkram am Leibe:

- Reisepaß, der bei Einreise in das jeweilige Hoheitsgebiet noch mindestens sechs Monate gültig ist
- Führerschein, KFZ-Schein, grüne Versicherungskarte
- Gültiger Jagdschein
- Gültige Waffenbesitzkarte
- Voucher des Jagdreisevermittlers mit Unterkunfts- und Abschußgutschrift, Waffeneinfuhrgenehmigung, gegebenenfalls Waffentransitgenehmigung, eventuell Visa für das Königsber-

ger Gebiet unter russischer Hoheit und/oder das Memelland unter litauischer Hoheit, Vordrucke für EU-Veterinär-Zertifikate zur Trophäeneinfuhr bei der Heimreise
- Versicherungsunterlagen
- Fotokopien sämtlicher Unterlagen gesondert im Reisegepäck; im Verlustfall der Originalunterlagen nützlich bei Behördengängen

Nie ohne Versicherungen:
- Eine zusätzliche, den Neuwert deckende Versicherung ist bei hochwertigen Waffen und teurer Optik sinnvoll; die allgemeine Jagdhaftpflichtversicherung begleicht, wenn überhaupt, einen Schaden u.U. nur sehr geringfügig
- Bei KFZ-Fahrten ist eine Vollkaskoversicherung mit Insassenschutz angeraten
- Zusätzliche Krankenversicherung mit (Luft-) Rücktransportgarantie für Verunfallte

Vom Zauberzeug:
- In Ostpreußen genügt dieselbe Jagdkleidung wie in mitteleuropäischen Flachlandrevieren, Hut oder Mütze dienen als bedingter Zeckenschutz
- Lederhandschuhe zur Tarnung heller Hände, Mückenschleier und Mückenspray. Kniehohe Gummistiefel zu jeder Jahreszeit, zum Winteransitz warme Spezialstiefel
- Zielstock, Nicker und Mehrzweckmesser, leistungsstarke Stablampe
- Wer nicht zum ausgesprochenen Nachtansitz mit einem schweren 8 x 56 oder gar 15 x 60 ausrückt, kommt mit einem leichteren Glas, wie z.B. 7 x 50 oder 10 x 40, vollauf zurecht
- Als Waffe zur Schalenwildbejagung eignen sich besonders robuste Repetierbüchsen. Variable Zielfernrohre, z.B. 2,5 – 10 x 52 oder 3 – 9 x 42, werden den oft wechselnden Pirsch- und Ansitzbedingungen am besten gerecht. Da es häufig an guten Nachsuchehunden mangelt, empfehlen sich möglichst starke Kaliber mit schweren Geschossen, soweit der Schütze den Rückstoß verdaut
- Munition nur in der beim Reisevermittler angegebenen Stückzahl und Kaliberart, gesondert von der Waffe verwahrt, mög-

lichst in Originalverpackung, mitführen. Bei Ein- und Ausreise nie mehr „Bohnen" mitführen, als vor Reiseantritt deklariert; es könnte sonst zumindest die Absicht versuchten Wilderns unterstellt werden!

- Von der Jagd auf Feldböcke abgesehen, liegen die Schußdistanzen in der Regel unter 100 Meter. Vorheriges Üben am heimischen Schießstand oder wenigstens mit Pufferpatronen daheim – freihändig und angestrichen am Zielstock – vergrössert die Jagdchancen

Der Hausarzt kann uns fehlen:

- Schutzimpfungen gegen Tetanus, Diphterie, Polio sind kein Luxus. Stets daran denken: Ostpreußen ist extremes Zeckenland
- Im nördlichen Ostpreußen nie Leitungswasser trinken; dort selbst zum Zähneputzen Mineralwasser verwenden
- In Absprache mit dem Hausarzt eine Reiseapotheke zusammenstellen

Am eigenen Steuer (zumindest) hinfahren:

- In der Russischen Föderation neben der Grünen Versicherungskarte noch eine zusätzliche Bestätigung des Versicherungsgebers über die bestehende KFZ-Haftpflichtversicherung mitführen, das erspart u.U. viel Ärger
- In Polen, der Russischen Föderation und Litauen gilt striktes Alkoholverbot für Fahrer. Höchstgeschwindigkeiten in der Regel 40 oder 60 km/h innerörtlich, 90 km/h auf Landstraßen und 110 km/h auf Autobahnen. Von November bis März auch tagsüber Abblendlicht einschalten. Feuerlöscher mitführen
- In Polen tankt man problemlos, sogar bleifrei. Weiter nördlich kann´s Engpässe geben, dort sind Dieselwagen von Vorteil. Vorsicht vor gepanschtem Benzin bei fliegenden Händlern am Strassenrand
- Eine elektronische Wegfahrsperre nützt nur bedingt: Kostenträchtiger Vandalismus ist zu fürchten, oder das KFZ wird blitzschnell auf einen Speziallaster gehievt und so entwendet. Bei Stadtausflügen stets eine erwachsene männliche Person im Wagen belassen. Nie Fremde, z.B. Taxifahrer, „für 10,00 DM" mal eben kurz mit der Wache beauftragen!

Nachts entweder grundsätzlich immer sicher abschließbare Garagen, zumindest jedoch bewachte, umzäunte Parkplätze aufsuchen. – Auf der An- und Abreise sind angesichts des wertvoll beladenen Wagens selbst bewachte, umzäunte Parkplätze keine sichere Verwahrstätte, will man sich auf dem Stadtbummel unterwegs zwischendurch mal die Beine vertreten. Diese Hinweise entspringen nicht etwa einem Verfolgungswahn des Verfassers, sondern leiten sich aus tatsächlich erfolgten Verbrechen ab

Auf heimatlicher Weide: Trakehner Pferde werden in allen drei Teilbereichen Ostpreußens heute wieder mit Erfolg gezüchtet

Hoch über Land und auf Wellenkämmen:

- Luft- und Wasserwege empfehlen sich besonders für das nördliche Ostpreußen
- Fähren verkehren zwischen Kiel bzw. Mukran/Rügen und Königsberg bzw. Memel
- Die Flughäfen Powunden nordöstlich Königsberg und der litauische Flughafen Palanga nördlich Memel werden auch von westlichen Fluggesellschaften bedient, teils nur zur Hauptreisezeit

- Dem südlichen Ostpreußen nähert man sich während der Touristensaison über den Flughafen Groß Schiemanen südlich der masurischen Stadt Ortelsburg und ganzjährig über Danzig oder Warschau

Das leidige Geld:

- Nicht mehr als nötig in die jeweilige Landeswährung umtauschen. Wer sich mit 1-, 10- und 50-US-Dollar-Noten ausrüstet, überwindet etliche Sprachprobleme; Reiseschecks hingegen werden nicht überall angenommen
- Im- und Export der russischen Währung ist untersagt
- Freunde kann man sich nicht kaufen: Der Jagdreisevermittler wird verraten, was an Trinkgeldern und Gastgeschenken angemessen erscheint ... im übrigen sorgen schon genug deutsche Urlauber bei anderen Völkern für die Vermutung, wir seien eine Horde Dukaten-Esel

Bewährte Viel-Seitigkeit:

Hier eine Auswahl an Ostpreußen-Literatur zur Reisevorbereitung, als Nachklang oder zur Wissensvertiefung:

- AMBRASSAT, AUGUST: Die Provinz Ostpreußen. Ein Handbuch der Heimatkunde. Reprint: Frankfurt/M. 1978
- BOETTCHER, GUSTAV: Jagen in weiten Revieren. Berlin 1967
- DERS.: Des Waidwerks rechte Freuden. Berlin 1968
- DERS.: Auf der Wildbahn im Lande der Elche. Berlin 1970
- DERS.: Der Wildbahn ganze Herrlichkeit. Berlin 1974
- BOOCKMANN, HARTMUT: Ost- und Westpreußen. Reihe: Geschichte der Deutschen im Osten Europas. Berlin 1992
- DOHNA, LOTHAR GRAF ZU: Ostpreußen – ein verlorenes Paradies. Hamburg/Berlin 1991
- ESCHMENT, DIETRICH/ HEYDEN, DIETRICH/ SCHULZE, DIETRICH: Wald und Forstwirtschaft in Ostpreußen von der Frühzeit bis zum Jahr 1939. Eine Dokumentation. 2 Bde. Hannover 1994
- FREVERT, HEINKE: Meine Waidmänner und ich. München 1965
- DIES.: Da drückt Hubertus ein Auge zu. Melsungen 1990
- FREVERT, WALTER: Und könnt´ es Herbst im ganzen Jahre bleiben. Jagdliche und andere Erinnerungen. Hamburg/Berlin 1990
- DERS.: Rominten. München/Wien/Zürich 1989

- Gause, Fritz: Geschichte des Preußenlandes. Leer 1970
- Gautschi, Andreas: Rominten gestern und heute. Bothel 1992
- ders.: Der Rominter Hirsch. Sein Bild im Wandel des Jahrhunderts. Bothel 1994
- ders.: Die Wirkung Hermann Görings auf das deutsche Jagdwesen im Dritten Reich. Dissertation. Göttingen 1997
- Ders.: Der Reichsjägermeister – Fakten und Legenden um Hermann Göring. Suderburg 1998
- Gieseler, Wolfram: Der Elch und seine urwüchsige Landschaft. Erinnerung eines Forstmeisters an die Elchniederung in Ostpreußen 1937 bis 1945. Hannover 1980
- Grenz, Paul: Der Kreis Labiau. Ein ostpreußisches Heimatbuch. Marburg/L. 1973
- ders.: Die Geschichte des Kreises Stallupönen/Ebenrode in Ostpreußen. Marburg/L. 1981
- Hardt, Willy: Was gleicht wohl auf Erden. Melsungen 1967
- Hardenberg, Gerd: Reiseführer Ostpreußen. Südlicher Teil, Westpreußen und Danzig. Leer 1995
- Heling, Martin: Trakehnen. München/Bern/Wien 1979
- Hermanowski, Georg: Ostpreußen-Lexikon. Würzburg 1992
- ders.: Ostpreußen-Wegweiser. Würzburg 1989
- Hinkelmann, Christoph: Wald und Jagd in Ostpreußen. Rominten damals und heute. Bothel 1994
- Karallus, Hans: Wild, Wald und Jagd im Memelland. Erinnerungen eines memelländischen Försters. Leer 1974
- Kather, Linus: Halali in Ostpreußen. Esslingen 1977
- Kobylinski, Manfred v.: Auf Pirsch im Osten. Ostpreußische Jäger erzählen. Königsberg o.J.
- ders.: Bunte Strecke. Aus dem Leben eines ostpreußischen Jägers. Berlin o.J.
- Kramer, Hans: Elchwald. München/Basel/Wien 1963
- Lemke, Paul: Der Kreis Elchniederung. Ein ostpreußisches Heimatbuch. 2 Bde. Nordhorn 1995/96
- Mager, Friedrich: Wildbahn und Jagd Altpreußens im Wandel der geschichtlichen Jahrhunderte. Neudamm/Berlin 1941
- Mattke, Helmut: Ostpreußische Forst- und Jagdgeschichten. Tessin (Mecklenburg) 1998
- Mignat, Johannes: Der Kreis Goldap. Ein ostpreußisches Heimatbuch. Würzburg 1965

- NEUSCHÄFFER, HUBERTUS: Das „Königsberger Gebiet". Plön 1991
- OEPEN, HEINRICH V.: Jagen in Rominten. Hamburg 1982
- PEITSCH, HELMUT: Reiseführer Nord-Ostpreußen. Leer 1993
- ROTHE, WOLFGANG: Ortsatlas der Dörfer der „Rominter Heide" in den Landkreisen Goldap und Stallupönen in Ostpreußen. Essen 1995
- SYSKOWSKI, H.M.F.: Königsberg und das Königsberger Gebiet. Reihe: Reiseführer Ostpreußen. Würzburg 1994
- DERS.: Memelland mit Kurischer Nehrung. Reihe: Reiseführer Ostpreußen. Würzburg 1993

„Im Elchwald": Nach einem 1936 entstandenen Gemälde des exilrussischen Künstlers Dimitrij Prokofieff

(Nicht) in die Röhre gucken:
Der Video-Markt wird zum Thema Ostpreußen oft mit mäßigen, jedoch keineswegs preiswerten Cassetten beschickt. Es geht auch anders:

- KRISTOF BERKING (Orion-Heimreiter-Video, Kiel) beleuchtet in seinem gelungenen dreiteiligen VHS-Videofilm „Flug über Nord-Ostpreußen" das Königsberger Gebiet sowie das Memelland längst nicht nur aus der Vogelperspektive

- Als niveauvoller Brückenschlag zwischen Vergangenheit und Gegenwart verstehen sich die VHS-Video-Filme „Rominten. Eine ostpreußische Jagdlegende" und „Heimkehr ins verbotene Land. Ostpreußen zwischen Nehrung, Elchwald und Rominten" des Regisseurs DIETRICH WAWZYN (tele 7-Filmproduktion, Bergisch Gladbach)

Von Pait bis Kaiserlich Rominten:

- Wer auf den Spuren unserer jagdlichen Altmeister in den historischen preußischen Ostprovinzen wandeln möchte, bedient sich der im BUNDESAMT FÜR KARTOGRAPHIE UND GEODÄSIE, AUSSENSTELLE BERLIN, nachgedruckten Kartenserien, namentlich der „Kreiskarten" und „Großblätter" der Reihe „Karte des Deutschen Reiches 1 : 100 000" bzw. der noch detaillierteren Meßtischblätter der Reihe „Topographische Karte 1 : 25 000"
- Nicht nur Autofahrer schätzen die aktuellen, übersichtlichen Straßenkarten „Nördliches Ostpreußen mit Memelland" und „Südliches Ostpreußen", je im Maßstab 1 : 200 000, aus dem HÖFER VERLAG, Dietzenbach. Konsequente Zweisprachigkeit bei Ortsnamen etc. erleichtert die Orientierung in Hinblick auf Routenwahl wie historische Bezugnahme
- Kartenfreunde nutzen weiterhin die Broschüre „Das Kaliningrader Gebiet. Topographische Karte für Touristen, Fischer und Jäger. Maßstab 1 : 200 000". Direktbezug über die Buchhandlung Horst Zander, Tanneck 3, 21439 Marxen

Deutlich mehr als eine geistige Brücke:

- Allein schon das Ostpreußische Landesmuseum (Ruf 0 41 31/ 75 99 50; Montag ist Ruhetag) lohnt einen Besuch der romantischen Stadt Lüneburg. Kapitale Rominter Geweihe, Präparate, Dioramen und Jagdkunst sind „nur" ein Teilspektrum der Sammlung ... in der Ritterstraße 10

Nun aber „Hals- und Beinbruch sowie ein kräfiges Waidmannsheil", lieber Leser; vielleicht begegnen wir uns mal in Ostpreußen!

Der Königsberger Dom gemahnt: Seien wir bei unseren Reisen durch Ostpreußen der sieben Jahrhunderte deutscher Landesgeschichte eingedenk

Erscheint 1999

Der zweite Band der Reihe Waidwerk in Ostpreussen

„WILDBAHN DER SEHNSUCHT“

„Neudammerin“ wurde sie liebevoll nach ihrem langjährigen Erscheinungsort genannt:
Die Deutsche Jäger-Zeitung erfreute von 1883 bis 1973 viele Jägergenerationen. Auch heute erweist sich diese Zeitschrift noch als waidmännisches Schatzkästlein und führt uns in zeitlich wie räumlich längst entrückte Wildbahnen.

Zu den Wildbahnen der Sehnsucht zählt für viele von uns immer noch Ostpreußen. Pirschen wir also gemeinsam durch den Blätterwald der Neudammerin und erschließen uns in Jagdschilderungen, Fachbeiträgen und humorvollen Erzählungen dieses Jagdparadies.